国家社会科学基金一般项目
"出土资料与战国秦汉聚落形态演变研究"（18BZS029）成果

浙江师范大学出版基金资助
（Publishing Foundation of Zhejiang Normal University）

出土资料与战国秦汉聚落形态演变研究

符 奎 著

人民出版社

彩版一　三杨庄遗址第二处宅院主房（由北向南）

彩版二　三杨庄遗址第二处宅院东厢房（由西北向东南）

彩版三　三杨庄遗址第二处宅院西厢房（由南向北）

彩版四　三杨庄遗址第二处宅院主房出土瓦当（由东向西）

彩版五　三杨庄遗址第二处宅院南门外水井（由南向北）

彩版六　三杨庄遗址第二处宅院南门外编织遗迹（由南向北）

彩版七　三杨庄遗址第二处宅院厕所（由北向南）

彩版八　三杨庄遗址第三处宅院与周围农田（由西南向东北）

彩版九 三杨庄遗址第三处宅院西侧田垄（由西北向东南）

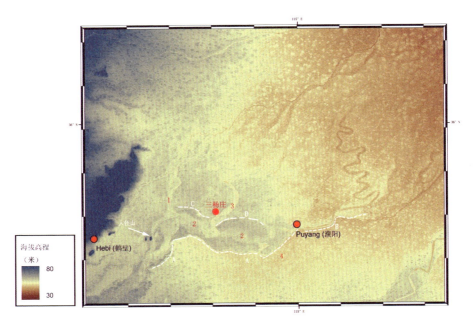

彩版十 华北平原数字高程模型图

彩版十一　海子遗址2018年发掘区全景
（上为北）

彩版十二　海子遗址汉代沟G1中段
（上为北）

彩版十三　海子遗址汉代房址 F1 残存墙基(西一东)

彩版十四　海子遗址汉代溷厕 HC5 清理后(上为北)

彩版十五　海子遗址汉代溷厕HC9(上为北)

彩版十六　海子遗址汉代水井J3(上为北)

序：战国秦汉聚落形态研究的新突破

　　符奎同志的《出土资料与战国秦汉聚落形态演变研究》一书即将出版，前些时候，他把书稿给我，让我看看，并提出让我写几句话。从 2015 年到 2017 年，符奎同志在中国社会科学院历史研究所（现更名为"古代史研究所"）博士后流动站做博士后，与我合作研究，出站后去浙江师范大学工作。无论在站还是出站后，我们之间的学术交流一直没有中断，我对他的研究也相对比较熟悉。而且，这些年我对秦汉基层社会研究比较关注，对基层组织形态的研究动态也很关心，于是便应允下来了。

　　大家知道，聚落形态是指人群的居住状态，包括了聚落的名称、人口、分布、形态、结构与功能等。聚落形态又是一个历史概念，由于社会发展阶段不同，聚落形态也在不断发展变化之中。战国秦汉就是中国古代从以血缘关系为纽带的聚落形态向以地缘关系为纽带的聚落形态转变时期。这一时期，随着中央集权国家形态的构建，国家权力不断向基层延伸，这些聚落也就不断被改造纳入国家行政管理之中，成为执行中央集权国家经济、政治与社会职能的最基层组织，一般称之为里、聚、落或聚落等。秦汉聚落形态与基层行政组织的关系向来是秦汉史研究中的一个重大问题,直接关系到秦汉中央集权的组织形态与运作方式,海内外有很多重要的研究成果。但是,过去由于材料所限,很多问题深入不下去,很多问题也发现不了。考古学的发展,尤其是简帛资料日益增多,为战国秦汉聚落形态研究提供了极大方便,研究成果急剧增加,研究方法逐渐成熟,也为系统探讨这一问题提供了可能。

本书系统勾勒了从商鞅变法到东汉时期聚落形态演变的历史,深入挖掘史料进行贯通性思考,并且上升到理论高度,体现了战国秦汉聚落形态演变研究的新突破。翻阅全书,从整体上看,主要具有以下特点。

第一,重视考古实物与简帛新资料的综合运用。近年来,考古遗址与出土简帛资料成为推动战国秦汉史研究发展的主要动力之一。在聚落遗址考古方面,如三道壕、三杨庄、海子等汉代聚落遗址,为汉代聚落研究提供了直观、可靠的资料。在简帛资料方面,岳麓秦简、里耶秦简、长沙五一广场东汉简牍、马王堆汉墓帛书《地形图》《驻军图》、天水放马滩木板地图等,都有丰富的里、丘等聚落资料。作者综合利用考古遗址与简帛聚落资料,取得不少新见。例如,第四章对三杨庄遗址汉代聚落的形成、废弃、耕作环境、耕作技术体系及其典型性等问题作了详细分析。对三杨庄遗址汉代聚落形态是否具有代表性这一学界关注的重大问题,作者从发展演变的动态角度,指出三杨庄遗址聚落相对分散的状态,反映了汉代聚落形态的演变过程,是聚落自然属性与社会属性综合作用的结果,具有普遍性和典型性。考古发掘呈现的是聚落某一时刻的静态状况,但我们研究时需要将这一静态状况放置到其动态演变的历史进程中,才能做到"透物见人",从而反映出当时社会发展的真实过程。动态演变视角的引入,使作者在三杨庄遗址汉代聚落的研究上取得了不少新见。又如第五章集中利用长沙五一广场简牍分析东汉聚落演变,除学界关注较多的丘之外,指出冢间、渚、州等随着人口增加也被开发为居民居住地。关于里与丘的关系，作者经过仔细分析，证明了里不仅是户籍登记单位，同时也是实际居住地，而丘则兼有实际居住地、耕作区与赋税征收单位等多种性质，反映了聚落演变对乡里行政的影响。这一新成果，体现了作者具备很强的运用简帛资料分析、解决历史问题的能力。

第二，多学科交叉思维的融会贯通。除涉及考古学、简帛学、历史文献学等学科之外，聚落研究还与地理学、农学以及环境科学等密切相关，可以说是一个多学科交叉的课题。作者融会贯通各相关学科的理论与知识，用以解决研究中遇到的难题。例如，三杨庄汉代聚落遗址位于黄河河滩地上，学界对聚落内畎亩相间农田遗迹的功能产生了不同看法。作者在分析秦汉时期冷热干湿等环境因素、遗址中汉代地层的土壤质地条件以及黄河河滩地的开发与利用历史之后，得出三杨庄遗址汉代农田形态的功能以抗旱保墒为主。这一结论建立在多学科证据的基础上，具有很高的可信度。三杨庄遗址出土了一件鼓形石磙，与用于作物脱粒的圆柱状石磙存在形态差异，关于其功能一时无法定论。作者根据《氾胜之书》《齐民要术》《王祯农书》等古农书关于"覆种"及其工具的记载，结合今天仍在使用的砘子，指出这件鼓形石磙主要用于播种后的镇压覆土。这件鼓形石磙的形状与农田遗迹畎亩相间的形态相适应，说明种子是种在畎内的，进一步证实了三杨庄遗址汉代农田形态主要功能是抗旱保墒的观点。选择在什么地方建立聚落，是由综合因素决定的。作者从考古学、简帛学、气象学、地质学、水文学、环境科学、农学等多学科交叉研究思维出发，综合利用自然科学与人文社会科学的相关资料与成果，从秦汉史、农业历史、环境史等角度展开研究，在研究方法上具有很强的创新性。

第三，学术观点的推陈出新。问题意识和观点创新是学术研究的本质特征。作者在已有研究基础上,利用新材料提出新问题,通过对问题的回答,梳理出聚落形态演变过程及其影响。例如,第五章在里丘关系问题上,利用长沙五一广场等东汉简牍资料,提出实际居住地究竟有哪些,户籍登记单位、实际居住地、耕作区、赋税征收单位与聚落形态演变的关系等问题,从而得出不少新见。在三杨庄遗址汉代聚落废弃原因这一问题上,因为聚落内出现了天凤元年(14年)币制改革的"货泉"铜钱,导致学界对始建国三年(11年)"河决魏郡"与聚落废弃之间的关系产生疑问。作者运用河流弯道环流理论研究后指出,三杨庄遗址汉代聚落形成时位于河道凸岸,"河决魏郡"之后,变成河道凹岸,在弯道环流的作用下逐渐废弃。利用"华北平原数字高程模型图",进一步确认了始建国三年(11年)黄河决口的位置在三杨庄遗址东侧靠近濮阳处的河道,从而对历史地理学者关于"河决魏郡"位置这一长期争议的问题提出了自己的看法。水利史上,争议颇多的王景治河究竟以治理汴渠为主,还是以治理黄河为主的问题,也迎刃而解。王景集中力量修筑了河堤,随着黄河河道的固定,汴渠的治理也因之取得成功。

第四,注重以宏观议题贯穿始终。受研究视角与方法多元化的影响,在考古实物与简帛资料日益增多的情况下,秦汉史研究也出现了"碎片化"现象,关于整体、宏观、理论问题的研究成果相对较少。作者以聚落形态为切入点,对战国秦汉时期乡里社会权力结构体系及其演变过程进行了分析,也成为贯穿全书的一条主线。作者认为,商鞅变法在乡里基层社会构建了一元化的权力结构体系,岳麓秦简所见里的拆分、合并及其与吏员任命之间的关系,无不反映了这一问题。什伍制度在西汉与东汉时期,得到了形式上及实质上的延续。《二年律令·户律》所谓"比地为伍",说明西汉在基层社会继承了秦的制度。随着人口的增加,丘等自然聚落广泛出现,但是长沙五一广场简牍"例游徼""例亭长""小伍长"等职务的设置,说明东汉时期仍然延续了秦、西汉一元化的基层社会治理与控制策略。这些观点我是赞同的。乡里社会权力结构体系是秦汉史研究的重大问题,通过聚落这一具体问题的探讨厘清这一问题的演变过程及趋势,对深化关于秦汉社会的认识具有重要价值,作者所做的努力值得肯定。

系统性、整体性、规律性、理论性探讨问题是历史研究的重要方法与目标。乡里聚落是秦汉传世文献经常见到的词语,出土文献又有大量新的补充,因而成为秦汉史研究的热点。古今中外对这个问题的研究又取得很多成绩,提出了很多观点。作者不畏艰难,爬梳材料,系统整理,充分吸取前人观点成果,重视理论与史料的结合,在很多问题上取得新突破,是值得肯定的。当然,这一研究还是阶段性的,还有很多简牍资料尚在整理公布之中。希望作者能够继续关注相关问题的新材料,今后进一步丰富完善自己的研究。

卜宪群

2024 年 9 月 18 日

目　　录

插 图 目 录

表 格 目 录

绪　　论

第一节　研究缘起

作为文明起源研究的基本理论与实践问题,判断一个地区进入文明社会的标准,是学术界讨论的热点。随着考古学的发展,文明社会形成的标准经历了从城市、文字、青铜器与大型宗教礼仪建筑等"要素说"向"聚落分级说"转化的过程。目前,依据聚落形态演变探讨文明形成已经成为学术界的共识,李伯谦指出,这"无疑是认识上、理论上的重大进展"①。进入文明社会以后,由于城市的出现,聚落分化为城市和乡村两种形态。

关于城市在人类历史上的意义,1950 年英国学者戈登·柴尔德(V. Gordon Childe)曾发表《城市革命》一文,他指出:"从历史学,特别是史前学的角度,把城市看作是社会进化过程中开启了一个新经济阶段的一场

①　李伯谦:《关于文明形成的判断标准问题》,载中国社会科学院考古研究所等编:《中国聚落考古的理论与实践(第一辑)——纪念新砦遗址发掘 30 周年学术研讨会论文集》,科学出版社 2010 年版,第 17 页;李伯谦:《文明探源与三代考古论集》,文物出版社 2011 年版,第 73 页;李伯谦:《感悟考古》,上海古籍出版社 2014 年版,第 196 页。

'革命'的结果和标志。"①张光直认为,柴尔德"城市革命"的中心概念,是由生产技术与贸易的发达而导致的经济起飞造成社会内生产与非生产活动人口的分化,形成"城市革命"的基本动力。但是,中国最早城市的特征,是作为政治权力的工具与象征。换言之,中国初期的城市,不是经济起飞的产物,而是政治领域中的工具,是统治阶级用以获取和维护政治权力的工具。② 中西早期城市的差别,一定程度上反映了中西文明起源的差异性。

据研究,战国时期城市的商业虽发达,更重要的还是军事与政治的重心,兼具多重性质。所以中国城市发展曲线并非从军政祭一体的城邦转化为商业城市,在增益商业性质时,军政性质不但未曾减退,反而加强。战国中期以后,由于战争导致人口逐渐减少,城市的商业性遂急遽退化。汉代的城市风格仍然脱离不了战国以来所塑造的复杂性质。中国以商业为主体的都市要晚到宋代以后才兴起,唐代之前还未形成。③ 可见,虽然战国秦汉时期的商品经济发达,城市内的商业活动增加,但是城市的性质仍以军事、政治为主。

战国秦汉在中国历史上具有重要的地位,这一时期统一多民族国家得到形成与巩固,高度发达的制度文明奠定了此后各王朝政治制度的基础。因此,如何理解战国秦汉聚落形态演变规律及推动力,是一个值得深入探讨的问题。不过,从资料方面讲,由于文献记载及考古发现以城市为多,关于乡村聚落的资料较少,这一客观局面又导致传统的研究呈现为重城市轻乡村的格局。

---

① V. Gordon Childe, "The Urban Revolution", *The Town Planning Review*, 1950, Vol.21, No.1, pp.3—17. 中文版见［英］戈登·柴尔德:《考古学导论》,安志敏、安家瑗译,陈淳审校,上海三联书店2013年版,第91页。

② ［美］张光直:《关于中国初期"城市"这个概念》,《文物》1985年第2期;张光直:《中国青铜时代》,生活·读书·新知三联书店2013年版,第28—42页。

③ 杜正胜:《周秦城市——中国第二次"城市革命"》,载《古代社会与国家》,允晨文化实业股份有限公司1992年版,第721—722页。

　　既然城市是政治领域的工具,那么,如何控制乡村聚落,建立基层社会的统治基础,就关系到如何认识战国秦汉社会结构与性质等重大问题。涉及的具体问题主要有:战国秦汉时期对聚落的控制方式、乡里社会权力体系的结构及其构建过程;聚落形态演变规律及其与社会经济、政治结构等因素之间的关系;地理环境对聚落形态的影响;等等。

　　随着考古学的发展,一些重要聚落遗址的发掘和大量秦汉简帛文献的出土,为战国秦汉聚落形态演变研究提供了新的资料。在聚落遗址方面,辽宁辽阳三道壕遗址、河南内黄三杨庄遗址、山东枣庄海子遗址等,为汉代聚落形态、基层社会组织与结构、建筑布局与技术、人地关系等领域的研究,提供了宝贵的实物资料,极大地促进了秦汉聚落考古等学科的发展。在简牍资料方面,里耶秦简、岳麓秦简、长沙五一广场东汉简牍、长沙走马楼吴简等出土文献中,有不少与聚落形态相关的资料,引起了学术界广泛关注。

　　综上所述,本书选择战国秦汉时期聚落为研究对象,利用里耶秦简、岳麓秦简、长沙五一广场东汉简牍等出土文献资料和三道壕遗址、三杨庄遗址、海子遗址等聚落遗址资料,探讨聚落形态演变与地理环境、社会经济、乡里行政、社会秩序等之间的关系,归纳战国秦汉聚落形态的时空特征及演变规律。

第二节　核心概念

　　本书研究对象是战国秦汉时期的聚落,主要以出土资料为中心,讨论战国秦汉聚落形态演变规律及其所反映的相关问题。聚落是史前考古研究的主要单位之一,战国秦汉属于历史时期考古研究的范围,那么战国秦汉聚落研究与史前聚落考古研究的联系与区别有哪些?本书所谓"聚落形态"主要包含哪些内容？需要先进行界定和说明。

一、聚落

聚落(settlement)有广义和狭义之分。广义上，聚落是人类各种形式聚居地的总称，它不仅是房舍等建筑物的集合体，还包括其他与居住相关的生产和生活设施等物质要素，是人们进行生产、生活以及娱乐等活动的场所。一般来说，聚落包括乡村和城市两大类。狭义上，聚落指乡村。①

与地理学"聚落"概念不尽相同，"聚落""聚""落"等是秦汉固有名称，有其自身的内涵。《史记·五帝本纪》："舜耕历山，历山之人皆让畔；渔雷泽，雷泽上人皆让居；陶河滨，河滨器皆不苦窳。一年而所居成聚，二年成邑，三年成都。"张守节《史记正义》："聚，谓村落也。"②可见，"聚"是与"邑""都"相对的概念，反映了人类居住地三个不同的发展阶段。与"邑""都"的人为规划性相比，"聚"更强调的是居住地自然形成的状态。

《汉书·沟洫志》："盖隄防之作，近起战国，雍防百川，各以自利。齐与赵、魏，以河为竟。赵、魏濒山，齐地卑下，作隄去河二十五里。河水东抵齐隄，则西泛赵、魏，赵、魏亦为隄去河二十五里。虽非其正，水尚有所游荡。时至而去，则填淤肥美，民耕田之。或久无害，稍筑室宅，遂成聚落。"③这里"稍筑室宅"的"稍"字是"逐渐"义，借以说明河滩地上室宅的修筑由少逐渐增多的过程，且事先并没有经过严格的人为规划，强调其形成的自然过程。《说文解

---

① 参见中国大百科全书总编辑委员会《地理学》编辑委员会等编：《中国大百科全书·地理学》"聚落""聚落地理学"（王嗣均撰）、"乡村地理学"（金其铭撰）等条(中国大百科全书出版社1990年版，第255—257、446页)；金其铭：《农村聚落地理》，科学出版社1988年版，第1页。
② 《史记》卷一《五帝本纪》，中华书局1982年版，第33—34页。
③ 《汉书》卷二九《沟洫志》，中华书局1962年版，第1692页。

字·艸部》："落,凡艸曰零,木曰落。"①《广雅·释诂》："落,居也。"②从居住
形式的发展进程来说,最初的"聚""落"应当是指人们刚刚定居下来的状态。

文献中对汉代一些少数民族聚居状态的描述,经常使用"邑落""邑聚"等
词汇。据《后汉书·东夷列传》记载,夫余国"以员栅为城,有宫室、仓库、牢
狱。其人粗大强勇而谨厚,不为寇钞。以弓矢刀矛为兵。以六畜名官,有马
加、牛加、狗加,其邑落皆主属诸加";挹娄"无君长,其邑落各有大人";东沃沮
"土肥美,背山向海,宜五谷,善田种,有邑落长帅";北沃沮"界南接挹娄。挹
娄人意乘船寇抄,北沃沮畏之,每夏辄臧于岩穴,至冬船道不通,乃下居邑
落"。③ 可以肯定的是,这些"邑落"已经是定居之所,形态较为原始,如扶余
国虽然已经有了所谓的宫室、仓库、牢狱等,但城仍然是木质的圆形栅栏,"邑
落"整体情况就可想而知了。处于同一社会发展阶段的马韩,也是"邑落杂
居,亦无城郭。作土室,形如冢,开户在上",④故此,关于这些聚落的记载,虽
然出现了"邑"字,并且一些"邑落"还修筑有栅栏等防御设施,但它们与中原
地区拥有城郭的"城邑"之"邑",不仅仅是规模上的差异,而且根本性质也不
相同,这是由他们所处的社会发展阶段及社会结构形式决定的。

整体而言,秦汉时期民族地区的居住形式仍处于"无城郭"的状态。《后
汉书·乌桓鲜卑列传》记载:乌桓"邑落各有小帅,数百千落自为一部。大人
有所召呼,则刻木为信,虽无文字,而部众不敢违犯。"⑤从社会发展阶段来说,

---

① (汉)许慎撰,(宋)徐铉校定:《说文解字》,中华书局 2013 年版,第 17 页。
② (清)王念孙著,张其昀点校:《广雅疏证》卷二上《释诂》,中华书局 2019 年版,第
121 页。
③ 《后汉书》卷八五《东夷列传》,中华书局 1965 年版,第 2811、2812、2816 页。
④ 《后汉书》卷八五《东夷列传》,第 2819 页。
⑤ 《后汉书》卷九〇《乌桓鲜卑列传》,第 2979 页。

他们仍然处于从游牧向定居转型发展的初期阶段,虽然已经出现了定居的趋势,但仍然没有建立功能完善的城郭。由于社会经济发展的区域不平衡性,这种少数民族邑落散居的情况早就存在,如《左传·文公十六年》记载:

> 楚大饥,戎伐其西南,至于阜山,师于大林。又伐其东南,至于阳丘,以侵訾枝。庸人帅群蛮以叛楚,麇人率百濮聚于选,将伐楚。于是申、息之北门不启。楚人谋徙于阪高。蒍贾曰:"不可。我能往,寇亦能往,不如伐庸。夫麇与百濮,谓我饥不能师,故伐我也。若我出师,必惧而归。百濮离居,将各走其邑,谁暇谋人?"乃出师。旬有五日,百濮乃罢。①

所谓"百濮离居,将各走其邑",一方面说明这种邑居的方式,是社会经济发展和人类聚集以方便生产生活、抵御各种威胁的结果;另一方面说明就其所处的社会发展阶段而言,当时严密的社会控制组织和系统尚未建立。虽然受秦、楚等国先进生产力和文化影响,甚至是武力的兼并与改造,但是中原地区与华夏族杂居的戎、蛮、夷、狄等民族,仍然处于社会结构与经济水平发展较低阶段,这些民族要么移风易俗与华夏族交融,要么向周边地区迁徙。直到秦汉时期,这一现象仍然广泛存在。

《史记·西南夷列传》记载:"西南夷君长以什数,夜郎最大;其西靡莫之属以什数,滇最大;自滇以北君长以什数,邛都最大:此皆魋结,耕田,有邑聚。其外西自同师以东,北至楪榆,名为嶲、昆明,皆编发,随畜迁徙,毋常处,毋君

---

① (周)左丘明传,(晋)杜预集解,(唐)孔颖达正义:《春秋左传正义》,载(清)阮元校刻:《十三经注疏》,中华书局1980年版,第1859页。

长,地方可数千里。自巂以东北,君长以什数,徙、筰都最大;自筰以东北,君长以什数,冄駹最大。其俗或土箸,或移徙,在蜀之西。"①可见,西南地区少数民族中,夜郎、滇、邛都等之所以定居下来,过"邑聚"生活,与他们的生计模式演进关系很大,此时他们已经开始"耕田",从事农业生产活动了。徙、筰都、冄駹则"或土箸,或移徙",而巂、昆明则仍然过着"随畜移徙,毋常处,毋君长"的生活。

与农耕相适应的是定居生活,如《史记·周本纪》记载周古公亶父修后稷、公刘之业,致力于耕种时,迫于戎狄的压力,迁徙至岐山之下,"乃贬戎狄之俗,而营筑城郭室屋,而邑别居之。"裴骃《史记集解》引徐广曰:"分别而为邑落也。"②这里徐广将"邑"解释为"邑落",但其含义与前引少数民族"邑落"已经不是一回事。正如王彦辉所言:"这个'邑别居之'的'邑'与少数民族松散的定居状态有所不同,即它有'城郭'防护,此即后来的'都邑'。徐广所谓'邑落'的'落'即有规划的'室屋',亦即《后汉书》李贤注所说:《广雅》:'落,居也。'案今人谓院为落也。"③故此,徐广是从后世"落"的概念来注释的,可见随着历史的发展,一些事物的概念和内涵也随之发生变化。

根据地理学聚落的概念,结合秦汉"聚落""聚""落"的内涵,一些学者试图在研究中对秦汉时期的"聚落"进行界定,以明确研究对象的边界。王彦辉指出秦汉时期"聚"或"聚落"的内涵大体有三:一是新形成的自然状态的聚;二是纳入乡里体制的"里聚";三是地名乡的"××"聚。④ 刘海旺通过对汉代文献的分析,认为:"这一时期'聚落'较为明确的内涵一般就是指乡以下的农

---

① 《史记》卷一一六《西南夷列传》,第 2991 页。
② 《史记》卷四《周本纪》,第 114 页。
③ 王彦辉:《秦汉时期的乡里控制与邑、聚变迁》,《史学月刊》2013 年第 5 期。
④ 王彦辉:《秦汉户籍管理与赋役制度研究》,中华书局 2016 年版,第 189 页。

耕聚居地。"①可见,"聚落"一词,具有一定的通称化意义。白云翔指出:"秦汉时期之聚落,即所谓狭义的聚落,主要是指一般的乡镇和村落,即秦汉时期县城以下的乡、聚、亭、里等基层聚落。"②这里的"乡""亭",不是指行政区划及治安机构意义的概念,而是指以乡亭所在地为中心的聚落。

一般而言,战国秦汉时期的"聚""落""聚落"指自然形成的聚居地,在逐渐被纳入乡里社会行政体系的过程中,"聚"具有了通称化的意义,《汉书·平帝纪》:元始三年(3年)夏,"立官稷及学官。郡国曰学,县、道、邑、侯国曰校。校、学置经师一人。乡曰庠,聚曰序。序、庠置《孝经》师一人"③。王莽甚至一度将有些县(侯国)改称聚。

总体上,本书所讨论的"聚落"包含了现代地理学的乡村,即狭义上的聚落概念,在战国秦汉时期主要指城市之外的乡里聚居地。不过,据现有史料和已有研究成果,战国秦汉时期"村"字尚未出现,正史始见于《三国志·魏书·郑浑传》:"入魏郡界,村落齐整如一,民得财足用饶。明帝闻之,下诏称述,布告天下,迁将作大匠。"④据侯旭东研究,"村"字至晚到西晋时出现,并用来表示聚落,晚至刘宋时,南方"村"成为自然聚落的通称,泛指城外百姓的实际居住地。⑤

---

① 刘海旺:《由三杨庄遗址考古发现试谈汉代聚落》,载中国社会科学院考古研究所、河南省文物考古研究所编:《汉代城市和聚落考古与汉文化》,科学出版社 2012 年版,第 58 页。
② 白云翔:《秦汉时期聚落的考古发现及初步认识》,载中国社会科学院考古研究所、河南省文物考古研究所编:《汉代城市和聚落考古与汉文化》,第 44 页。
③ 《汉书》卷一二《平帝纪》,第 355 页。
④ 《三国志》卷一六《魏书·郑浑传》,中华书局 1982 年版,第 511—512 页。
⑤ 侯旭东:《汉魏六朝的自然聚落——兼论"邨""村"关系与"村"的通称化》,载黄宽重主编:《中国史新论·基层社会分册》,联经出版事业股份有限公司 2009 年版,第 127—182 页,收入《近观中古史——侯旭东自选集》,中西书局 2015 年版,第 143—181 页。关于"村"的起源与演变,参见[日]宫川尚志:《六朝时代的村》,夏日新译,载刘俊文主编:《日本学者研究中国史论著选译》第 4 卷《六朝隋唐》,中华书局 1992 年版,第 67—108 页;马新、齐涛:《汉唐村落形态略论》,《中国史研究》2006 年第 2 期;马新:《中国古代村落形态研究》,商务印书馆 2020 年版。

正是因为"村"是一个时代相对较晚的概念,所以本书没有使用今天耳熟能详的"村"一词,而是使用了秦汉时期已有的"聚落"一词。

二、聚落形态

聚落作为人类的聚居地,是人类生产与生活的场所,随着人类生产与生活方式的变化,聚落形态必然随之发生变化。战国秦汉时期,基层聚落有里、聚、落、格、丘、屯等多种名称,它们的形态及功能亦不完全相同。那么,关于"聚落形态"的研究,主要包括哪些内容呢?

地理学、人类学、考古学等学科均将聚落作为研究的基本单位之一。关于聚落在考古学研究中的作用,张光直认为:"无论如何,从人类行为的角度来说,将聚落作为考古学的最重要的基本单位具有十分重要的理论意义。我们之所以选择聚落而非遗物作为考古学概念和操作的基本单位,是因为我们研究的首要兴趣是生活在具有共同的文化传统的社会群体之内的人。"[1]质言之,就是通过聚落及其形态演变探讨人类社会的历史进程。

史前考古和历史时期考古关于聚落的研究有一定区别。史前考古"聚落"研究,主要是通过聚落建筑物及其布局的演变、聚落层级化及分布规律的发展等问题,探讨人类社会的发展规律,如社会的复杂化、文明化等进程。所以,在史前考古研究中,聚落(settlement pattern)指特定时间范围内同一文化中相邻的一批遗址的分布特点及其组合关系。[2]

与史前考古需要从考古发现中推断人类行为不同,历史时期考古有可资借

---

[1]　K.C.Chang, *Rethinking Archaeology*, New York: Random House, 1967, p.39.中文版见［美］张光直:《考古学:关于其若干基本概念和理论的再思考》,曹兵武译,陈星灿校,生活・读书・新知三联书店 2013 年版,第 33 页。

[2]　刘兴林:《先秦两汉农业与乡村聚落的考古学研究》,文物出版社 2017 年版,第 266 页。

鉴的文献,一定程度上,人类行为是已知的。例如,就聚落的分级而言,结合考古发现,可以根据文献记载确定某一遗址是都城、郡治或县治,聚落的层级结构一定程度上是清晰的。故此,除了研究重点与旨趣存在不同之外,战国秦汉时期聚落形态的研究,还要借助文献,尤其是近年来大量出土的简帛资料开展研究。

地理学上,聚落研究主要包括三个方面的内容:聚落址,即房屋或房屋群与其邻近自然环境之间的关系;聚落形态,即房屋与房屋之间的关系;聚落的分布,即聚落的内容更为广泛的方面,如什么地方有人定居、什么地方无人定居、聚落有何限定。① 本书主要侧重聚落研究的前两个方面,即聚落址和聚落形态。研究中也涉及聚落分布的内容,但由于研究旨趣不是聚落的考古学研究,故不将其作为研究的重点。

第三节　学术史回顾

战国秦汉聚落的形态,关系到中国古代社会性质的认识问题,意义重大。在简帛等出土文献大量公布之前,相关研究主要是以传世文献为依据,受资料较少的限制,这一阶段的研究带有较强的理论推导色彩。简帛等出土文献在史学研究中广泛应用,深化了学界对战国秦汉聚落形态及基层社会的认识。随着聚落考古的发展,一些保存较好的聚落遗址被发现,进一步推动了战国秦汉聚落形态研究的进步。故此,关于战国秦汉聚落形态研究的进展情况,可以依据主要材料的不同,大致划分为以传世文献为主、以简帛资料为主和以聚落遗址为主的三个阶段。

---

① Emrys Jones, *Human Geography*, New York: Praeger, 1966, pp.114-115,参见〔美〕张光直:《考古学中的聚落形态》,胡鸿保、周燕译,陈星灿校,《华夏考古》2002 年第 1 期。

一、以传世文献为主的研究阶段

20 世纪 30 年代,在中国古代社会史论战背景下,侯外庐提出了"城市国家"说,指出:"城市是'宗子维城'制,是宗法的,不是经济的。它虽然'之屏之翰,百辟(君)为宪',统治着农村,可是在经济上,却形成'城市与农村不可分裂的统一体','经济制度的赘疣'……在文献上所看到的极少有经济意义上的城市,多半是宗庙社稷意义上的城市。"①这个学说从经济关系角度,分析了城市对农村的支配地位。

日本学者将由城市构成国家主要组成部分的殷周至春秋时期概括为"城市国家"或"邑制国家"。② 贝塚茂树、宫崎市定将"都市国家"视作人类社会发展的共同阶段,处于"氏族制度"与"领土国家"之间,并最终发展为帝国,如宫崎市定说:"我把都市国家看作是世界古代史的共同现象,希腊的都市国家也好,中国的都市国家也好,都应该把它们看成是世界古代史中的一环……'中国古代史',就是由都市国家向古代帝国发展的历史进程。从上古时期无数个具有都市国家性质的小聚落开始,到中心国家的成长发展,形成国家联合体,进而出现霸者,形成领土国家,最后走向古代帝国。"③

---

① 侯外庐:《中国古代社会史论》,人民出版社 1955 年版,第 120 页。《中国古代社会史论》原名《中国古典社会史论》,初稿完成于 1941 年,1943 年由重庆五十年代出版社出版,1946 年修订再版时更名为《中国古代社会史》,1948 年由上海新知出版社再版,1955 年更名为《中国古代社会史论》。关于《中国古典社会史论》的写作,侯外庐曾回忆道:"《中国古典社会史论》的写作动机,是 10 年前就形成的。那就是中国史学界开始论战,苏联学者也把亚细亚生产方式作为'空白'史提出来讨论的时候。"侯外庐:《韧的追求》,人民出版社 2015 年版,第 108 页。

② 日本对中国古代城市社会的研究状况,参见[日]江村治树《古代城市社会》,载[日]佐竹靖彦主编:《殷周秦汉史学的基本问题》,中华书局 2008 年版,第 20—47 页。《殷周秦汉史学的基本问题》日文版出版于 2001 年。

③ [日]宫崎市定:《中国における聚落形体の变迁について——邑·国と郷·亭と村とに对する考察》,原载《大谷史学》1957 年 6 月第 6 号;中译本《中国聚落形态的变迁——关于邑、国、乡、亭、村的考察》,载张学锋、马云超等译:《宫崎市定亚洲史论考》,上海古籍出版社 2017 年版,第 546—547 页。参见宫崎市定:《关于中国聚落形体的变迁》,黄金山译,载刘俊文主编:《日本学者研究中国史论著选译》第 3 卷《上古秦汉》,中华书局 1993 年版,第 1—29 页。

城邑(市)的出现,在世界史上具有普遍意义。古希腊城邦居民的主体是享有政治权利的公民,贝塚茂树试图在"邑"内部寻找市民(或战士)①,虽然早期中国的国家形式也具有城邦的外部特征,但是在所有制形态、社会结构和政治体制等方面,都具有一定的独特性。② 就政治体制来说,林甘泉指出:"中国古代城邦的政体是一种等级制的君主专制,而不是民主制或共和制。"③

针对贝塚茂树、宫崎市定等人"都市国家"理论中各政治实体之间为平等关系的观点,日本学界有学者提出了"邑制国家"说,对不同政治实体之间的等级与服从关系进行了分析,如松本光雄认为殷周时期的邑并非彼此对立存在,王城、国、都、鄙相互之间有着紧密的精神与物质的从属关系。④ 宇都宫清吉提出了氏族制邑制国家论。⑤ 增渊龙夫认为截止到春秋时期的"邑""国"等可以看作是一种氏族制的共同体。⑥ 松丸道雄认为殷周邑制国家,是由国都所在的"大邑",从属于"大邑"的"族邑",从属于"族邑"的"属邑",这种层层相属的关系构成。⑦ 松丸道雄此后又将"族邑"划分为"大族邑(数十公顷)"和"小族邑(数公顷)",指出殷代在四段累层关系的基础上形成了邑制

---

① [日]佐竹靖彦主编:《殷周秦汉史学的基本问题》,第74页。

② 参见侯外庐《中国古代社会史论》第五章《中国古代"城市国家"的起源及其发展》以及第六章《周代"城市国家"及其亚细亚特性》,第143—205页。

③ 林甘泉:《从〈左传〉看中国古代城邦的政治体制》,《中国社会科学院研究生院学报》1998年第6期,收入《庆祝杨向奎先生教研六十年论文集》编委会编:《庆祝杨向奎先生教研六十年论文集》,河北教育出版社1998年版,第92—101页,又收入《中国古代政治文化论稿》,安徽教育出版社2004年版,第52页。

④ [日]松本光雄:《中国古代の邑と民·人との関係》,《山梨大学学芸学部研究报告》三,1952年;《中国古代社会における分邑と宗と赋について》,《山梨大学学芸学部研究报告》四,1953年;参见[日]佐竹靖彦主编:《殷周秦汉史学的基本问题》,第73页。

⑤ 参见[日]佐竹靖彦主编:《殷周秦汉史学的基本问题》,第73页。

⑥ [日]增渊龙夫:《春秋战国时代の社会と国家》,《岩波世界講座歴史》4《古代4》,岩波书店1970年版,第139页。

⑦ [日]松丸道雄:《殷周国家の构造》,《岩波世界講座歴史》4《古代4》,岩波书店1970年版,第55页。

国家的外形结构。①

　　这些理论的产生,与对聚落形态的认识密切相关,如宫崎市定就认为"都市国家"的形成必须以高度发达的集村型聚落形态为前提,根据《续汉书·郡国志》和《水经注》的相关记载,他说:"上古时代的邑国,到了汉代而作为县、乡、亭等聚落存续下来的很多,而且这些聚落为上古时期的邑国自不必说,即使到汉代变成了一般的聚落名称之后,也可以想象其周围仍然保留着城郭。不仅延续上代邑国的聚落是这样,就是一般的汉代县、乡、聚、亭,其周围似乎也应有城郭围绕。"②这一观点获得了一些学者的支持,如张继海说:"汉代县城以下的聚落名称,除了宫崎市定所说的乡、聚、亭、城之外,还有邑、里和不带任何标志性名字的地名,共7种。它们虽然名称不同,但有一个共同特点,即多数都有城郭,是一座座的城。"不过他认为宫崎市定的观点有夸大之嫌,甚至过于绝对,从而将这一结论的适用范围限定在黄河中下游地区,并指出还有相当数量的小聚落没有城郭。③侯旭东指出宫崎市定"在文中曾提到存在没有城郭的小聚落,但在论证中却忽视了这一点"。④故此,宫崎市定在"都市国家"这一前提下,推导出汉代县、乡、聚、亭等聚落大部分筑有城郭的观点引起了质疑,如池田雄一认为"散村"式的自然聚落自龙山文化

---

　　①　[日]松丸道雄:《殷周春秋史总说》,载[日]佐竹靖彦主编:《殷周秦汉史学的基本问题》,第13页。宋镇豪按照商邑的规模及性质将它们分为:王邑、方国邑、臣属诸侯邑及前三类下领的小邑等四类。宋镇豪:《商代邑制所反映的社会性质》,《中国史研究》1994年第1期,收入宋镇豪:《夏商风俗》,上海文艺出版社2018年版,第30—49页。

　　②　[日]宫崎市定:《中国における聚落形体の変遷について——邑·国と郷·亭と村とに対する考察》,原载《大谷史学》1957年6月第6号;中译本《中国聚落形态的变迁——关于邑、国、乡、亭、村的考察》,见张学锋、马云超等译:《宫崎市定亚洲史论考》,第530页。

　　③　张继海:《汉代城市社会》,社会科学文献出版社2006年版,第62—70页。

　　④　侯旭东:《汉魏六朝的自然聚落——兼论"邨""村"关系与"村"的通称化》,载黄宽重主编:《中国史新论·基层社会分册》,第135页注29,收入《近观中古史——侯旭东自选集》,第148页注⑦。

以来就一直存在。①

这一阶段的研究,主要围绕"城市国家""邑制国家""都市国家"等概念展开,讨论的重心实际是商周时期的社会性质与国家结构等重大历史问题,关于战国秦汉时期聚落形态的讨论,实际上是这一问题的一个延续,如前文所述,宫崎市定认为上古时期的邑国到汉代发展为县、乡、亭等聚落。故此,就目前的研究而言,应跳出"都市国家"等理论框架,从聚落本身所具有的自然与社会属性等方面入手,全面总结和分析战国秦汉聚落形态的时空特征及演变规律。

二、以简帛资料为主的研究阶段

20 世纪 90 年代以后,随着战国秦汉简帛资料整理与公布速度的加快,促使各领域的研究都在不断走向深入。在秦汉聚落形态的研究方面,学者们利用新的资料,得出了新的认识,如自然聚落的广泛存在等观点已经成为共识,并进而以此为依据,对宫崎市定的"都市国家"理论进行了重新审视。

除《汉书·食货志》所描述的封闭式闾里外,②战国秦汉时期是否还存在

---

① 日本学者池田雄一指出:"龙山时期以降各个时期的遗址,如河北藁城台西村殷代聚落遗址(14 户)、河北省磁县下潘汪西周聚落遗址(5 户)、辽宁省辽阳三道壕西汉聚落遗址(7 户)等,均无法确认存在环绕沟、城墙、统一的家门朝向等,散村化的倾向没有改变。"又说:"仰韶时期的聚落相对来说共同性(氏族集团)很强,龙山时期以降,聚落中的各个家庭呈现出自立化的倾向,在地域社会中新的内核正在成长。'乡'字的本义是在氏族聚落中举行的集体饮食活动,但是到了《诗经》中,其义已经模糊,转化成为对较大范围地域的称呼,产生这一现象的背景是,氏族共同体的规则制度瓦解之后,聚落转变成为散村化分布的状态。"[日]池田雄一:《中国古代的聚落与地方行政》,郑威译,复旦大学出版社 2017 年版,第 9、46—47 页。

② 《汉书·食货志》载:"在壄曰庐,在邑曰里。五家为邻,五邻为里,四里为族,五族为党,五党为州,五州为乡。乡,万二千五百户也。邻长位下士,自此以上,稍登一级,至乡而为卿也。于是里有序而乡有庠。序以明教,庠则行礼而视化焉。春令民毕出在壄,冬则毕入于邑。其《诗》曰:'四之日举止,同我妇子,馌彼南亩。'又曰:'十月蟋蟀,入我床下,嗟我妇子,聿为改岁,入此室处。'所以顺阴阳,备寇贼,习礼文也。春将出民,里胥平旦坐于右塾,邻长坐于左塾,毕出然后归,夕亦如之。入者必持薪樵,轻重相分,班白不提挈。冬,民既入,妇人同巷,相从夜绩,女工一月得四十五日。必相从者,所以省费燎火,同巧拙而合习俗也。男女有不得其所者,因相与歌咏,各言其伤。"《汉书》卷二四上《食货志上》,第 1121 页。

自然聚落,学界主要有三种观点。

第一种观点,以日本学者日比野丈夫为代表,认为"里"是户口编制单位,百姓居住在自然聚落内。①

第二种观点,认为"里"既是行政聚落,又是自然聚落。除前述宫崎市定的看法外,杜正胜认为:秦汉时期,"不论城内社区或城外农庄都称作里,兼具自然聚落和行政单位两种性质"。② 马新、齐涛认为汉代乡村组织的特点是"里聚合一",即行政单元与自然聚落是一致的,指出:"无论这些行政单元如何变动,作为自然聚落单元的村落却没有根本性的变化——自龙山文化时代聚落分化后的乡村聚落,到汉代的聚,再到魏晋隋唐的名目多样的丘与村等等,无论是聚落的格局、功能,还是聚落的居民构成,都未发生根本性的变化……汉代的里实际上是因自然聚落而设,并大致与之合而为一。正因为此,每个里也都有自成一体的防卫与监控体系。一般来说,每个里都由壕沟、土墙环绕……到西汉末和东汉后期,为了防御需要,各里都于外围做高大结实的堑、营垒、营壁等,有的还筑有便于观察瞭望的门楼。这里的里实际上是一座小城堡。"③根据传世文献的描述,里的外部结构经过严格的人为规划,形态整齐划一,拥有壕沟、垣墙,甚至是门楼等设施。不过,聚落形态的变化与发展,受自然环境、经济水平、社会形态、风俗习惯等因素的综合影响。就社会结构而言,从龙山文化至隋唐时期,就经历了原始社会、奴隶社会以及封建社会等阶段,聚落形态肯定会随之发生一定程度的变化。

---

① 　[日]日比野丈夫:《乡亭里についての研究》,《东洋史研究》1955 年第 14 卷第 1、2 号合刊。

② 　杜正胜:《编户齐民——传统政治社会结构之形成》,联经出版事业股份有限公司 1990 年版,第 110 页。

③ 　马新、齐涛:《汉唐村落形态略论》,《中国史研究》2006 年第 2 期。

因此,对基层社会聚落形态进行分析时,需要用发展变化的动态眼光看问题。

第三种观点,认为城邑之里较为规整,乡野以自然聚落为主。张金光认为里有城邑中形态规整的居住里与乡村散户构成的行政里之别。城邑之里具有规划严整的特点,有垣墙环绕,有门,内分左、右,有监门司出入。散户乡村之里,根据村落居民多寡之不一,或一村为一里,或数个自然村合编为一里,其户数亦不甚整齐划一。并指出在分析里制时,既要注意城乡之别,又要考虑民居里与行政里之差。① 刘欣宁认为居延边地亦有邑中舍和田舍之别,城邑内之里既具有行政又具有空间意义,城邑外之里则仅具有行政意义,需要另一套空间标示系统相辅。② 黄今言认为汉代县以下的基层聚落和乡、里组织,从其性质及内涵来说,二者是有区别的。乡、里是按地区划分的基层行政组织,是汉廷实行政治统治的起点,也是汉王朝控制乡里"编户"的职能单位;而聚一般不具备行政组织的意义,只是一个个居民点或社会细胞。③ 这一结论可以被称为"里聚分离"的观点。

在探讨"村"的起源时,侯旭东指出:"从来源上看,聚落可分为两类,一类可称为'行政聚落',指汉代以后纳入县乡里编制体系的居住点,另一类则是'自然聚落',指在'行政聚落'所占据的物理空间以外形成的居住点。实际上,这种'自然聚落'并非永远处在乡里行政编制之外,而是不断被纳入其中,

---

① 张金光:《秦乡官制度及乡、亭、里关系》,《历史研究》1997 年第 6 期;张金光:《秦制研究》,上海古籍出版社 2004 年版,第 597—599 页。

② 刘欣宁:《居延汉简所见住居与里制——以"田舍"为线索》,载李宗焜主编:《古文字与古代史》第 3 辑,"中研院"历史语言研究所 2012 年版,第 435—452 页。

③ 黄今言:《汉代聚落形态试说》,《史学月刊》2013 年第 9 期,收入《秦汉史文存》,江西人民出版社 2016 年版,第 4—5 页。

甚至更有不少自形成之时起就不曾脱离过官府的控制。"①城外存在大量的自然聚落已经是不争的事实,随着地方行政系统的建立与完善,自然聚落逐渐被纳入基层行政体系之中。城邑之里与乡野之里区分的意义在于指出了里本身所存在的形态差别及国家行政对聚落形态的重大影响力。不过,那些已经纳入乡里行政编制的聚落,其形态是否改变,即国家在将自然聚落纳入行政编制中时,是否对它们进行了改造,从而使之成为与城邑之里一样具有整齐划一的形态,需要特别引起注意。

关于自然聚落纳入基层行政体系的方式,学者们有不同看法,如商鞅变法,"集小乡邑聚为县",②一部分学者认为是将"小乡邑聚"集中到县城中去,进行了统一的改造;另一部分学者反对这种观点,认为商鞅只是将分散于乡野的自然聚落纳入行政管辖而已。③ 侯旭东认为西汉时已经存在散居无围墙与沟堑的聚落,而对汉代新聚落出现影响更为持久的因素是人口的自然增长,在人口增长比较快的地区,作为"行政聚落"的乡里以外存在自然聚落的情况应是相当普遍的。④ 邢义田认为聚落不会因为行政管理的便利或里制的划一需

---

① 侯旭东:《汉魏六朝的自然聚落——兼论"邨""村"关系与"村"的通称化》,载黄宽重主编:《中国史新论·基层社会分册》,第134页,收入《近观中古史——侯旭东自选集》,第148页。
② 《史记》卷六八《商君列传》,第2232页。
③ 杜正胜反对商鞅"集小乡邑聚为县"是聚落改造的观点,认为商鞅改革的重点在重组地方行政制度,而非迁徙人口,另造聚落。杜正胜:《编户齐民——传统政治社会结构之形成》,第110页。王彦辉指出:"所谓'集小乡邑聚为县',不过是对小乡邑聚进行乡里编组而已,这些散在性的聚落是以自然状态纳入国家行政系统的,村落的宅院布局并没有打破,而且国都和大城之外的乡野大多也没有修筑防御性的城郭。"王彦辉:《秦汉户籍管理与赋役制度研究》,第213页。
④ 侯旭东:《汉魏六朝的自然聚落——兼论"邨""村"关系与"村"的通称化》,载黄宽重主编:《中国史新论·基层社会分册》,第127—182页,收入《近观中古史——侯旭东自选集》,第143—181页。

要而被迁移、分割或集中。① 冉艳红认为秦汉聚落更多应是延续了更早时期的聚落形态,特别是中原等开发历史较久的区域。② 鲁西奇认为传统中国的乡村聚落形态,一直以分散居住的小规模散村占据主导地位。文献记载所见汉唐宋元时期北方地区的集村,是经过长期发展、扩大或官府强制合并而形成的结果,南方地区散村向集村的发展,只是局部地区和部分村落的现象,没有普遍性。③ 马新提出不同看法,她认为战国秦汉村落继承了原始聚落以来的传统,集村仍是村落空间结构的主要形式。④ 王彦辉认为秦汉强化乡里体制过程中,散在性的聚落以自然状态纳入国家行政系统,宫崎市定"都市国家"理论不成立。⑤

长沙走马楼吴简中出现了大量"丘"的记载,为汉代聚落形态发展演变研究提供了新资料。尤其是走马楼吴简公布后,关于"丘"性质讨论的成果颇为丰硕,⑥成为学界关注的热点问题之一,直接推动了秦汉魏晋聚落研究的深

① 邢义田指出:"一般农村聚落即使纳入乡里编制,其原本取决于地理自然条件和农耕活动方便性的居住形态大概不会改变。也就是说,不会仅仅因为行政管理的便利或里制的划一需要而迁移、分割或集中。这迫使我们不得不考虑城邑之里和乡野聚落之里在形态上的不同。城邑中的里经过规划,格局较为整齐一致;乡野农村即使纳入里的编制,其分布和内部布局仍然更近乎随水土之宜而存在的农业聚落。"邢义田:《从出土资料看秦汉聚落形态和乡里行政》,载《治国安邦:法制、行政与军事》,中华书局 2011 年版,第 335 页。

② 冉艳红:《秦代乡里编组的形式:聚落设计与行政体制》,《中国历史地理论丛》2022 年第 4 辑。

③ 鲁西奇:《散村与集村:传统中国的乡村聚落形态及其演变》,《华中师范大学学报》2013 年第 4 期,收入《中国历史的空间结构》,广西师范大学出版社 2014 年版,第 374—425 页。

④ 马新:《试论战国秦汉时期的村落结构》,《中国史研究》2023 年第 3 期。

⑤ 王彦辉:《早期国家理论与秦汉聚落形态研究——兼议宫崎市定的"中国都市国家论"》,《中国社会科学》2014 年第 6 期;王彦辉:《秦汉户籍管理与赋役制度研究》,第 179—219 页。

⑥ 相关研究成果的综述,参见侯旭东:《长沙走马楼三国吴简"里""丘"关系再研究》,载武汉大学中国三至九世纪研究所编:《魏晋南北朝隋唐史资料》第 23 辑,武汉大学文科学报编辑部 2006 年版,第 14—26 页。

化。就"丘"与"里"的关系而言,主要有以下几种观点。

一、"丘"是基层社会的行政组织,如高敏认为三国时期吴国的长沙郡一带盛行以丘代里的制度,里名丘化具有普遍性,汉代的乡里组织,变成了乡、丘组织。① 吴海燕认为:"丘是最基层的赋税征收单位,应当和'里'同义,如把它看做没有行政意义的自然聚落显然不合适,它实际上是具备行政职能的基层行政组织。"②苏卫国等学者赞成这种观点。③ 张荣强也认为:"丘类似于里,也是一种基层组织。"④

二、"丘"是征收赋税组织,如日本学者小嶋茂稔认为吴简所见租税征收,均同时记有"乡"和"丘",显示存在"乡"—"丘"租税征收系统,"丘"应是为了征收租税而人为设置的组织。⑤ 沈刚认为:"丘是自然形成的一种土地占有单位,甚至就是一个地块,而非一种行政单位,它反映的是政府出于征税需要,依据传统形成的土地占有关系而划定的一种税收单位。"⑥

三、"里"是民户编制单位,是居民区,"丘"是土地区划单位,是耕作区,二者分属不同的行政系统,持这一观点的学者以于振波为代表。关于"里"与

---

①　高敏:《从嘉禾年间〈吏民田家莂〉看长沙郡一带的民情风俗与社会经济状况》,《中州学刊》2000 年第 5 期,后以《从〈嘉禾吏民田家莂〉看长沙郡一带的民情风俗与社会经济状况——读长沙走马楼简牍札记之五》为名收入《长沙走马楼简牍研究》,广西师范大学出版社 2008 年版,第 36—43 页。

②　吴海燕:《"丘"非"乡"而为"里"辨》,《史学月刊》2003 年第 6 期。

③　苏卫国、岳庆平:《走马楼吴简乡丘关系初探》,《湖南大学学报》2005 年第 5 期。

④　张荣强:《孙吴〈嘉禾吏民田家莂〉中的几个问题》,《中国史研究》2001 年第 3 期,收入《汉唐籍帐制度研究》,商务印书馆 2010 年版,第 291 页。

⑤　[日]小嶋茂稔:《"丘"についての一试论》,载长沙吴简研究会:《嘉禾吏民田家莂研究——长沙吴简研究报告集》第 1 集,东京,2001 年,第 30—41 页;参见王素:《长沙走马楼三国吴简研究的回顾与展望》,载北京吴简研讨班编:《吴简研究》第 1 辑,崇文书局 2004 年版,第 7 页。

⑥　沈刚:《长沙走马楼三国吴简所见乡、丘、里关系臆解》,载中国魏晋南北朝史学会等编:《中国魏晋南北朝史学会第十届年会暨国际学术研讨会论文集》,北岳文艺出版社 2011 年版,第 502—511 页,收入《长沙走马楼三国竹简研究》,社会科学文献出版社 2013 年版,第 46 页。

"丘"内的居民,于振波认为:"普通民户住在里中,户籍由里进行管理,而流动性较强的人口则暂住于丘,在官府的管理下从事屯田。"①

四、"里"是户籍编制单位,"丘"是居住地,如日本学者关尾史郎认为"丘"应该理解为长沙郡一带成为制度的乡以下的区划和单位,"里"为本籍,"丘"为实际居住地,②王素倾向这一见解,指出:"根据行政区划的'里'制定户籍,根据实际居住地的'丘'征收赋税。"③

五、"里"是人为的行政区划,"丘"为自然聚落。宋超指出:"传统的乡里体制是时已经式微,其职能更为单一化。然而,基层社会的运作却不能因此而停滞,于是人为区划——乡,统辖若干自然聚落——丘的模式则应运而生,成为取代传统乡里制度的一个新的运行模式。"④马新、齐涛认为:"里仍是基本的乡村管理单位,是户籍与人口管理的基本单位;丘作为自然聚落,其数量已大大超出了里,而且也开始被作为重要的地域记录单位。"⑤关于丘形成的原因,侯旭东认为:"假定西汉时人口居住在封闭的聚落中,面对人口的持续增加,原有的空间显然难以容纳,出现新的聚落势属必然,至晚东汉后期出现'丘'是很正常的。而形成'里'与'丘'的复杂对应关系则是由于居民自由迁

---

① 于振波:《走马楼吴简中的里与丘》,载《走马楼吴简初探》,文津出版社 2004 年版,第 75 页,后刊于《文史》2005 年第 1 辑。

② [日]关尾史郎:《长沙吴简所"丘"をめぐる诸问题》,载长沙吴简研究会:《嘉禾吏民田家莂研究——长沙吴简研究报告集》第 1 集,第 42—54 页。

③ 王素:《长沙走马楼三国吴简研究的回顾与展望》,载北京吴简研讨班编:《吴简研究》第 1 辑,第 25 页。

④ 宋超:《长沙走马楼吴简中的"丘"与"里"》,载长沙市文物考古研究所编:《长沙三国吴简暨百年来简帛发现与研究国际学术研讨会论文集》,中华书局 2005 年版,第 77—85 页;《走马楼吴简中的"丘"与"里"再探讨》,载长沙简牍博物馆等编:《吴简研究》第 2 辑,崇文书局 2006 年版,第 139—156 页,两文收入《秦汉史论丛》,中国社会科学出版社 2012 年版,第 372—383、384—398 页。

⑤ 马新、齐涛:《汉唐村落形态略论》,《中国史研究》2006 年第 2 期。

往新聚落,却又要保持旧有乡里名籍的结果。"①

长沙五一广场东汉简牍中也出现了大量的"丘",涉及"乡""丘""里""亭"之间的关系等问题,对考察"丘"以及汉代自然聚落等问题具有较大价值,王彦辉、沈刚结合相关材料,作了具有启发意义的研究,②但这一问题仍然值得继续探讨。此外,随着张家山汉简、里耶秦简、岳麓秦简、长沙东汉简等资料的陆续公布,关于战国秦汉乡里行政的史料日益丰富,深化了对基层社会的认识。但是,简牍资料不能直观地反映聚落的形态,促使聚落形态研究取得阶段性进展的,是保存完整的聚落遗址的考古发现。

三、以聚落遗址为主的研究阶段

2003 年发现的河南内黄三杨庄遗址,为汉代聚落研究提供了实物资料。刘海旺对三杨庄遗址汉代聚落形态作了经典性的概括,指出其田宅整体呈现为"田宅相接、田中建宅、宅与宅隔田相望"的空间布局关系。③ 孙家洲对贾让《治河三策》梳理之后,认为三杨庄遗址所见庭院不是汉代的寻常农村,而是在黄河滩地新垦殖区出现的新起庐舍。④ 程有为认为:"内黄三杨庄遗址很可能在黄河大堤之内的滩地上。黄河滩地由于时常可能被洪水淹没,而不属于国家统计在册的正规耕地。农民自发或经过当地政府许可,在滩地上耕种,并建筑住

---

① 侯旭东:《长沙走马楼三国吴简"里""丘"关系再研究》,载武汉大学中国三至九世纪研究所编:《魏晋南北朝隋唐史资料》第 23 辑,第 22 页。

② 王彦辉:《聚落与交通视阈下的秦汉亭制变迁》,《历史研究》2017 年第 1 期;沈刚:《再论吴简中的丘——从长沙五一广场东汉简牍谈起》,载复旦大学历史学系等编:《中国中古史研究》第 9 卷,中西书局 2021 年版,第 281—293 页。

③ 刘海旺:《由三杨庄遗址的发现试谈汉代"田宅"空间分布关系》,载中国社会科学院考古研究所等编:《西汉南越国考古与汉文化》,科学出版社 2010 年版,第 341 页。

④ 孙家洲:《从内黄三杨庄聚落遗址看汉代农村民居形式的多样性》,《中国人民大学学报》2011 年第 1 期。

宅……因为这种田地和住宅都带有临时性质,其布局就不像堤外的属于乡里的永久性聚落那样,很多家的院落连成一片,聚族而居,土地全在聚落之外。"①后来,他再次重申自己观点,认为三杨庄汉代庭院与农田遗存可能反映了黄河堤内滩地上的农民住宅与土地的布局状况,它不一定反映汉代整个农村聚落的共同特性。汉代聚落的主要样式应该是住宅相对集中在一处,周围为农田。②张斌认为汉代的田庐也可以分为两类,一类仍保留原始简易的形制,是居住于里邑的农民设于田中便于劳作、栖息的棚舍;另一类则已经发展为较稳定的住宅,三杨庄发现的汉代聚落遗址就属于后者。③ 以上研究仅就三杨庄遗址所表现出来的汉代聚落形态进行了细致的个案分析,指出了其特殊性。

随着研究的深入,学者们还以三杨庄遗址为中心,通过与文献及其他汉代聚落遗址的比较,试图探讨汉代聚落的一般状况。如刘海旺结合汉代间里制度,认为:"与邻居的相邻是田地的相邻相接,宅院之间具有相当的距离。这就是当时的农业间里空间分布方面的大致景象。"④而在对三道壕遗址、小寨遗址、邵家沟遗址、三杨庄遗址等聚落形态作比较之后,刘海旺进一步指出:"汉代农耕聚落是由一座座生活设施较为完善的单体居址(庭院)组成,单体居址设施一般由住房、水井、厕所等基本要素组成,大多还要有封闭的院墙,以形成一个独有的空间。居址(庭院)分布较为松散、孤立,相距或近或远,互不

① 程有为:《内黄三杨庄水灾遗址与西汉黄河水患》,《中州学刊》2008 年第 4 期,收入《程有为学术文集》,大象出版社 2017 年版,第 67 页。
② 程有为:《内黄三杨庄汉代庭院遗址与汉代聚落样式探讨》,载中国社会科学院考古研究所、河南省文物考古研究所编:《汉代城市和聚落考古与汉文化》,第 63—72 页,收入《程有为学术文集》,第 68—79 页。
③ 张斌:《汉代的田庐》,《中国农史》2016 年第 2 期。
④ 刘海旺:《首次发现的汉代农业间里遗址——中国河南内黄三杨庄汉代聚落遗址初识》,载《法国汉学》丛书编辑委员会编:《法国汉学》第 11 辑《考古发掘与历史复原》,中华书局 2006 年版,第 72 页。

相接。庭院布局尽管没有统一规定,但居址(庭院)的方向均较为一致,大小相近。聚落内道路经过规划,主次道路有序分布,大致呈网格状。聚落内居民受到官府的有效管理等。"①韩国河、张继华对汉代普通聚落的分布情况、汉代普通聚落的基本形态、汉代聚落考古等内容进行了分析。② 刘海旺对河南考古调查和考古发掘发现的汉代聚落遗址进行梳理和分析后,对中原地区汉代聚落的形态特征及相关问题进行初步探讨,认为汉代聚落继承了先秦时期聚落布局和形态的基本传统,具有普遍性、多样性。③ 符奎认为三杨庄遗址不仅说明了汉代聚落形态的多样性,本身也是当时聚落的典型形态,其典型性在于它既是当时普遍存在的聚落形态,又反映了汉代聚落发展演变过程。④

　　与关注汉代聚落形态的共性不同,还有学者以三杨庄遗址为中心,对秦汉时期各类聚落形态的差异进行了分类总结。如刘兴林通过对汉代农业聚落的考古学考察,认为汉代农业聚落包括大城中带有围墙的里居、有围墙的邑里、没有围墙的相对集中的里居、散居形式的自然聚落等多种形式。⑤ 张凤从分布的地域环境、房屋建筑结构与聚落基本布局、聚落形态所表现出来的经济文化等方面,对秦汉时期农业与游牧聚落进行了比较。⑥ 邢义田从秦汉时期的古地图与聚落遗址等方面入手,对该时期的聚落形态进行梳理,认为"汉代农村聚落内部布局形态非一,不像文献中说的那样整齐划一。这迫使我们

---

① 刘海旺:《由三杨庄遗址考古发现试谈汉代聚落》,载中国社会科学院考古研究所、河南省文物考古研究所编:《汉代城市和聚落考古与汉文化》,第61页。

② 韩国河、张继华:《汉代聚落考古的几个问题》,《中原文物》2015年第6期。

③ 刘海旺:《中原地区汉代聚落试探》,《中原文物》2016年第5期。

④ 符奎:《三杨庄遗址汉代聚落的形态》,《中国农史》2019年第5期。

⑤ 刘兴林:《汉代农业聚落形态的考古学观察》,《东南文化》2011年第6期;刘兴林:《先秦两汉农业与乡村聚落的考古学研究》,第274—282页。

⑥ 张凤:《秦汉时期农业文化与游牧文化聚落的比较研究》,《考古》2011年第1期。

不得不考虑城邑之里和乡野聚落之里在形态上的不同。城邑中的里经过规划,可能较为规整,乡野农村即使纳入里的编制,其居址布局显然并不一定十分整齐。"①这一观点得到王子今的肯定,他在《内黄三杨庄遗址考古发现与秦汉乡村里居形式的考察》一文中指出:"其实,如果对现今中国乡村实际情形有一定的知识,就可以理解农村聚落居住格局的形成有各种因素,但是确实首先是'农户的自然聚居'。所谓'村落齐整如一'者,其实是非自然的、非普遍的、非共性的,往往是管理者以行政力量人为造成的形式。"②白云翔从整体上对秦汉时期聚落的考古发现进行了总结,指出迄今为止秦汉时期聚落大都发现于平原和山前冲积地带,属于"平地型"聚落,在结构和布局上主要表现为以辽阳三道壕遗址为代表的"聚集式"和以三杨庄遗址为代表的"散点式"两种,并对聚落的经济生活及其类型等问题进行了研究。③

　　针对目前汉代聚落考古与研究的现状,刘庆柱就未来的工作如何开展进行了探讨,指出:"应该将农业聚落遗址作为切入点,在中原及其周边地区选择一些保存较好的聚落遗址,进行有计划的、全面的、多学科结合的考古发掘与研究。这方面的田野考古工作可能需要通过相当长一段时间的积累,才能逐步深化其研究、逐步究明其文化内涵。"④由此,足见当前秦汉聚落考古与研究工作亟须加强。

---

① 邢义田:《从出土资料看秦汉聚落形态和乡里行政》,载黄宽重主编:《中国史新论·基层社会分册》,第48页,收入《治国安邦:法制、行政与军事》,第286页。

② 王子今:《内黄三杨庄遗址考古发现与秦汉乡村里居形式的考察》,载中国社会科学院考古研究所、河南省文物考古研究所编:《汉代城市和聚落考古与汉文化》,第81—82页。

③ 白云翔:《秦汉时期聚落的考古发现及初步认识》,载中国社会科学院考古研究所、河南省文物考古研究所编:《汉代城市和聚落考古与汉文化》,第48—53页,收入《秦汉考古与秦汉文明研究》,文物出版社2019年版,第67—80页。

④ 刘庆柱:《汉代城市与聚落考古研究》,载中国社会科学院考古研究所、河南省文物考古研究所编:《汉代城市和聚落考古与汉文化》,第39页。

在三杨庄遗址个案研究的推动下,借鉴先秦聚落考古研究的成功经验,不少学者对秦汉时期不同区域聚落的形态、分布与变迁进行了研究,取得不少成果。例如,程嘉芬对汉代司隶地区聚落选址与环境的关系、聚落的空间分布、聚落体系所反映的社会组织结构及特征等问题作了深入分析;①王焕对鲁东南苏北沿海地区汉代聚落的等级与性质等问题作了研究;②朱莉娜、贾俊侠通过对汉代关中地区聚落形态及其政治经济景观的研究,认为两汉时期关中地区密布城邑及较大聚落,城是民众的普遍居住形态,东汉末,城郭急剧减少,人口或向较大城市集中,或在郊野过起了村落生活;③张潇对河北平原中南部汉代聚落遗址作了初步研究。④ 以三杨庄遗址为中心,刘海旺对汉代农耕聚落作了系统的考古学研究;⑤陶传祥对汉代基层聚落变迁过程、原因及管理等问题作了分析;⑥日本学者渡边信一郎对龙山文化到汉代聚落形态的演变作了长时段的分析,指出龙山文化时期已经形成了三级乃至四级制层级结构的聚落群,经过春秋战国县制的重组,成为由郡—县—乡—里构成的汉代郡县制度的统治基础。⑦ 韩国学者金秉骏从墓葬与县城距离的角度分析了汉代聚落的分布变化。⑧

① 程嘉芬:《汉代司隶地区聚落体系的考古学研究》,吉林大学 2015 年博士学位论文。
② 王焕:《鲁东南苏北沿海地区汉代聚落形态研究》,山东大学 2014 年硕士学位论文。
③ 朱莉娜、贾俊侠:《汉代关中地区聚落形态及其政治经济景观》,《唐都学刊》2013 年第 3 期。
④ 张潇:《河北平原中南部汉代聚落遗址的初步认识》,载河北省文物局等编:《方等与张家台》,文物出版社 2017 年版,第 155—161 页。
⑤ 刘海旺:《汉代农耕聚落考古学研究》,郑州大学 2017 年博士学位论文。
⑥ 陶传祥:《汉代基层聚落变迁研究》,兰州大学 2017 年硕士学位论文。
⑦ [日]渡边信一郎:《中国第一次古代帝国的形成——以龙山文化时期到汉代的聚落形态研究为视角》,魏永康译,杨振红审校,载《中国史研究》2013 年第 4 期。
⑧ [韩]金秉骏:《汉代聚落分布的变化——以墓葬与县城距离的分析为线索》,《考古学报》2015 年第 1 期。

可以说,三杨庄遗址发现后,一定程度上改变了战国秦汉考古重城市、轻聚落的局面,推动了秦汉聚落考古的发展。但目前的研究仍然具有一定的局限性,历史时期考古与史前考古的一大区别,就在于历史时期考古有大量文字资料可以为解释人类行为提供佐证,尤其是近年来大量简帛文献的出土,提供了更加丰富的传世文献中所未见的史料,这就要求在研究中需要将考古学研究与文献研究结合起来,以得出更加全面、客观、科学的认识。

综上所述,随着新资料的不断发现,学界对战国秦汉聚落形态的认识逐渐深化,但仍有较大的拓展空间,表现在以下几个方面。

第一,新出简牍与聚落遗址拓展了研究空间。新公布的岳麓秦简"尉卒律"等材料,表明秦对闾里户数与形态等作了详细规定;长沙五一广场东汉简牍关于"丘"的记载,为探讨"丘"的起源及汉代自然聚落等问题提供了新资料;2017 年发现的山东枣庄海子遗址是一处具有相当规模且有界沟或界墙的汉代聚落,这与居址分散的三杨庄遗址形成对比。这些新资料为系统认识战国秦汉聚落形态演变提供了更加丰富的资料,拓展了研究空间。

第二,基层社会秩序与聚落形态演变关系的分析有待加强。战国秦汉时期,国家公权力在基层社会的渗透对聚落形态产生了重要影响。随着新资料的公布,学界对乡里行政等问题的研究越来越深入,但基层社会秩序与聚落形态演变之间的关系,仍缺乏系统研究。

第三,从聚落自身属性出发的系统性研究相对不足。聚落具有自然和社会双重属性,但目前学界关注点仍集中于论证自然聚落的广泛性方面。有鉴于此,需要加强对聚落自身属性的研究,系统总结和分析战国秦汉聚落形态的时空特征及演变规律。

目前,关于战国秦汉聚落形态的出土资料初步具备了系统化与多样性的特征,如里耶秦简、岳麓秦简、张家山汉简、长沙东汉简牍、长沙走马楼吴简等,在时间上构成了较为完整的序列;山东枣庄海子遗址、河南内黄三杨庄遗址、辽宁辽阳三道壕遗址等,在空间上具有了多样性的特征。故此,利用出土资料对战国秦汉聚落形态进行系统研究的时机已经成熟。

第四节　思路与方法

随着考古学的发展,越来越多的简帛资料、聚落遗址被发现,使战国秦汉聚落形态演变研究具备了更为充分的条件。本书主要利用出土资料,如里耶秦简、岳麓书院藏秦简、张家山汉简、长沙五一广场东汉简等新出简牍材料,以及河南内黄三杨庄遗址、山东枣庄海子遗址等聚落遗址,分析在社会转型和发展过程中,影响聚落形态演变的自然与社会因素,并总结战国秦汉聚落形态演变的规律及其与国家基层社会治理政策和基层社会权力体系之间的关系。

具体研究思路和方法如下。

一、研究思路

作为人类生产、生活的物质载体,聚落的形态肯定会随着地理环境、经济技术、社会政治等因素的变化而变化,呈现为一种动态的模式。因此,不能以静止的眼光看问题。也就是说,战国秦汉时期聚落形态的研究,既要分析自然环境和生计模式差异等因素造成的地域性问题,又要分析随着社会的发展聚落形态所呈现出来的"长时段"演变特征。

研究过程中,需要注意的问题主要有两个:首先,由于地域范围广阔、经济水平不一、风俗习惯差异等原因,战国秦汉时期聚落的形态具有多样性的特征,在史料有限的情况下,如何对战国秦汉聚落形态演变作出符合历史事实的总结,是需要注意的第一个问题;其次,传世文献中关于战国秦汉聚落形态的资料较少,近年来新的考古发现及简牍中有不少新资料,如何准确运用这些新资料,并将其与传世文献恰当地结合在一起进行研究,是需要注意的另一个问题。

二、研究方法

聚落形态演变与自然环境及资源、生计模式及技术、社会组织及权力体系等因素密切相关,彼此之间相互依存、相互影响。可以说,聚落形态演变是社会发展史的缩影,一定程度上反映了人类历史的进程,这也正是史前考古将聚落作为研究单位之一的根本原因。在诠释人类历史客观进程的种种史学理论和思潮中,马克思主义唯物史观是目前最为科学、最为系统的理论,因此,本书在马克思主义唯物史观的指导下进行研究。具体将应用以下方法。

第一,考古学与文献学相结合的方法。本书所使用的资料主要为聚落遗址和简帛文献,这就要求需要对新出资料进行考古学研究,以判断它们的时代、类型等。而对新出土的文字材料,需要进行文献学的研究,如文字的释读,简册的连缀、复原等。这些是进一步研究的基础。

第二,宏观与微观研究相结合的方法。简帛资料及聚落遗址的发现,带来了不少亟待解决的具体问题,如遗址的年代、简帛文献的性质、文字的释读、名物制度的含义等。近年来,战国秦汉史研究的一大特点,就是新资料一经公布,学术界都会迅速围绕上述具体问题产生大量的研究成果。然而历史是一个整体,面对大量的新出资料,应坚持宏观与微观研究相结合的方法,以全面系统地反映战国秦汉历史的整体面貌。

第三,"二重证据法"。自王国维提出"二重证据法"之后,学界运用该方法进行研究,已经取得了卓越的成果,"二重证据法"也因此成为中国古代史研究的不二法门。许多学者对"二重证据法"理论进行了反思,并在实践中加以继承和发展。"二重证据法"提出的前提是新资料的发现,本质上讲,"二重证据法"就是全面占有资料,系统分析资料的研究方法。本书的研究主要利用聚落遗址、简帛文献等出土资料,故此,在研究中将自始至终贯彻"二重证据法"理论,全面而系统地分析史料,以期望得出科学客观的结论。

第五节　目标与结构

本书研究目标是总结战国秦汉聚落形态演变规律,并分析聚落形态演变与国家基层社会治理政策及权力体系的关系。在结构安排上,主要以研究资料为中心,大致按照时间先后,分专题研究相关问题。

一、研究目标

战国秦汉聚落形态演变、国家权力在基层社会实现方式以及二者之间的相互关系,是中国历史学科的重要课题之一。目前学术界关于秦汉聚落的研究取得了一定的成果,但仍然处于起步阶段,通过对这一问题的系统研究,将进一步深化对秦汉时期聚落和基层社会权力体系关系等问题的认识,从而推动中国古代史,尤其是秦汉史、简帛学等学科的发展。

春秋战国时期是中国古代社会一个重要的转型期,秦汉社会是这个转型期的主要结果之一。因此,关于战国秦汉时期聚落形态演变与当时国家的基层社会治理政策及社会控制方式的研究,将具有十分重要的现实意义,可以为当今基层社会政策的制定等提供可资借鉴的历史经验。

总体而言,秦及西汉初期聚落形态的演变呈现为间里化的发展趋势,基层社会的权力体系是一元化。西汉中期以后,随着社会的稳定、经济的发展,聚落形态的演变开始出现新的趋势,呈现为更加丰富的多样性,如长沙五一广场东汉简牍所反映的里丘关系等。基层社会权力结构体系也出现了变化。这些均体现了中央集权体制下,国家对基层社会支配体系的演变。

二、结构与内容

本书主要依据的史料是出土简帛与聚落遗址,并结合传世文献进行分析。在结构安排上,遵照战国秦汉时代顺序,以出土资料为中心,分专题讨论战国秦汉聚落形态演变及其与基层社会治理政策等问题之间的关系。

具体来说,主要包含以下内容。

第一章"城市化与间里化:商鞅变法与聚落形态的演变"。本章主要分析商鞅变法对聚落形态的影响。商鞅变法"集小乡邑聚为县",本质是通过推行郡县乡里制度,建立国家在基层社会的权力体系。里是基层社会最基本的组织单元,一方面利用什伍组织及伍长等构建有别于宗法分封制下以"宗族"为纽带的社会秩序,另一方面利用里的建筑形态进行严格的社会控制。间里建筑形态的作用与行政组织的职能之间是相辅相成的关系。当然,这并不是说分布于乡野的自然聚落已经完全被整合,而且商鞅变法作为一场持续的自上而下的改革运动,其所制定的政策在实践中也会不断地被调整和完善,直到适应社会的实际需要,这对当时聚落的规模及形态都会产生一定的影响,从而使聚落形态表现出多样化特征。

第二章"自然性与多样化:秦汉聚落形态的发展与变化"。本章主要利用新出秦汉简帛资料分析秦汉聚落形态演变的总体趋势。北京大学藏秦简证实"落"的普遍性。分散型聚落反映了聚落形成和发展的自然过程,间里化聚落则反映了行政手段对聚落形态的影响。汉代聚落形态的人为规划性减弱、自然性增加,这与社会稳定、经济发展以及基层社会控制策略的转变等因素有关。秦汉基层社会控制政策的差异是聚落形态间里化与自然性特征产生的主要原因之一,而地理环境差异、风俗习惯不同等因素决定了聚落形态具有多样性特征。秦汉聚落形态演变规律与特征是基层社会控制政策差异的外在表现,其目的本质上是构建稳固的乡里社会秩序,这一政策成功与否,也直接影响了国家的命运。

第三章"一元化与规划性:秦乡里权力体系对聚落形态的影响"。本章主要以《岳麓书院藏秦简(肆)》为中心,探讨乡里权力体系等问题。秦曾根据里户数多次对里的规模进行调整。岳麓秦简"尉卒律"对里典和里老设置条件的繁杂规定,表明间里合并与拆分的目的是使里吏的设置与行政成本及效率趋于合理化。里老和里典一样,是经过县廷正式任命的里吏,并与里典一样承担里的治理等法定责任,故此,它不可能是里内代表民间社会秩序的力量所在。秦的基层社会政策显然是一元化的控制与治理模式,并不存在所谓的二元模式,试图通过这些政策的实施达到以中央集权为最终目的的直接控制。

第四章"典型性与普遍化:三杨庄遗址汉代聚落的形态"。本章主要以河南内黄三杨庄遗址为个案,分析汉代聚落形态演变的特征。三杨庄遗址汉代聚落位于黄河由东向转为东北向弯道的凸岸一侧,受河水弯道环流影响,这里适合发展农业生产和人类居住,从而形成了聚落。聚落始建年代约在西汉晚期,新莽末年或东汉初年,受新莽始建国三年(11年)"河决魏郡"的影响而遭到废弃。三杨庄遗址说明了汉代聚落形态的多样性。三杨庄遗址是汉代聚落的典型形态,其典型性在于它既是一种普遍存在的形态,又反映了汉代聚落发展演变的过程。

第五章"环境与社会的互动:长沙东汉简牍所反映的聚落形态"。本章主要根据长沙东汉简牍资料分析地理环境对聚落形态的影响。长沙东汉简牍反映里既是户籍登记单位,又是实际居住地。随着人口的增加,需要开发更多的土地资源,不少丘、冢间、渚及州等自然地貌逐渐形成聚落。其中,丘已经普遍化,成为组织农业生产与税收的基本单位。新形成的聚落仍然实行"比地为伍"的社会控制策略,如丘内设有小伍长等。社会治安方面,州内设有例游徼,交通要道置例亭长,以防止奸匿行为的发生。由此可见,东汉基层社会治理措施仍然延续了秦、西汉的策略,乡里社会的权力体系仍然奉行一元化的治理与控制策略。

第一章　城市化与闾里化:商鞅变法与聚落形态的演变

郡县制度建立以后,秦汉基层社会实行的是闾里制度,然而相关文献中出现了为数不少的"聚""落""聚落"等记载,那么它们具体的含义是什么? 与闾里的关系如何? 这是近年来学界关注较多的热点问题。目前学术界在探讨秦汉聚落形态时,虽然已经注意到了文献中"聚"等含义较广,但是在具体问题的分析上,过于强调它们的自然形成特征,认为它们是与规划整齐的闾里相对的自然聚落。从"长时段"历史进程的角度分析,"聚"的概念和内涵在秦汉时期是不断变化的,这一时期聚落形态的演变受到多种因素的影响。秦汉时期城市内的闾里已经具备完善的社会控制功能。作为乡野居民的聚集地,一方面,在国家行政权力的干预下逐渐闾里化;另一方面,由于地理环境、社会形态、经济水平以及国家基层社会控制策略等方面存在差异,使得秦汉聚落形态呈现出多样化的特征。

第一节　商鞅变法对聚落形态的影响

春秋战国是中国历史上的转型期,在生产力发展的推动下,春秋各国均实施了改革和变法,社会结构逐渐发生变化。战国时期,区域性君主专制中央集权国家形成。秦国商鞅变法以富国强兵为主要目的,在地方行政制度上推行县制,县下设乡里,以强化中央集权。

一、春秋战国社会的转型

根据历史发展过程中所表现出来的社会特征,可以将中国历史划分为不同的时期。其中,春秋战国时期(前770—前221年)是中国古代历史上一个具有划时代意义的时间段。这一时期正好与德国哲学家卡尔·雅斯贝斯(Karl Jaspers)所谓的世界历史上的"轴心时代(Axial Period)"大致相符,[1]中国社会在这一时期内发生了承前启后的历史性转折。

关于春秋战国时期的社会转型,中国古人早已有了一定程度的认识和总结,[2]

---

[1]　卡尔·雅斯贝斯(Karl Jaspers)在《历史的起源与目标》(1949)一书中,提出了"轴心时代"(Axial Period)的概念,他认为在公元前500年左右的时期内和在公元前800年至200年的精神过程中,出现了最深刻的历史分界线,今天理解的人类开始出现,并首次感受到精神作用力(spiritual tension)。在中国出现了孔子、老子等诸子百家;印度出现了《奥义书》(Upanishads)和佛陀(Buddha);伊朗出现了琐罗亚斯德(Zarathustra);在巴勒斯坦先知们纷纷涌现;希腊出现了荷马(Homer)、柏拉图(Plato)、修昔底德(Thucydides)、阿基米德(Archimedes)等哲学家或历史学家,他们在互不知晓的地区从理性的角度重新反思自身和世界,形成了不同的文化传统,对世界产生深远的影响。参见[德]卡尔·雅斯贝斯:《历史的起源与目标》,魏楚雄等译,华夏出版社1989年版。Karl Jaspers, *The Origin and Goal of History*, New Haven: Yale University Press, 1953.

[2]　顾炎武说:"春秋时犹尊礼重信,而七国则绝不言礼与信矣;春秋时犹宗周王,而七国则绝不言王矣;春秋时犹严祭祀、重聘享,而七国则无其事矣;春秋时犹论宗姓氏族,而七国则无一言及之矣;春秋时犹宴会赋诗,而七国则不闻矣;春秋时犹有赴告策书,而七国则无有矣。邦无定交、士无定主,此皆变于一百三十三年之间。"(清)顾炎武著,(清)黄汝成集释:《日知录集释》卷一三《周末风俗》,上海古籍出版社2014年版,第295页。

但多为春秋战国之际社会转型的表面现象。总体来说,生产力的进步引起了春秋战国时期经济、政治、军事、文化、思想等领域的全面发展与变化,导致中国古代社会在这一时期开始转型。① 经过广大学者长期不懈地努力,目前学术界对这一转型的基本内涵已经有了较为清晰的认识,主要表现为两点:一、由血缘宗法社会向地缘政治社会的转型;二、由分封制下的权力分散型社会向高度中央集权制社会的转变。②

纵观春秋战国时期中国社会转型的过程,可以发现其具有以下历史特点:春秋时期(前770—前476年)的社会转型还处于"自下而上"的酝酿期,各诸侯国在争霸和自强的过程中,虽采取了一些必要的改革措施,推动了社会转型的进一步发展,但相对来说,这种转型比较缓慢,属于在生产力发展推动下的"自发"过程。而进入战国(前475—前221年)以后,各国在兼并战争等新的社会形势下,纷纷开展了变法图强,使社会转型进入"自上而下"的剧烈期,从春秋时的"自发"过程转变为"自觉"过程。

二、商鞅变法与县制的推行

在中国古代社会发生转型的历史背景下,商鞅在秦国开展了一场影响深

① 郭沫若:《中国古代社会研究》,上海联合书店1930年版;郭沫若:《奴隶制时代》,新文艺出版社1952年版;童书业:《春秋史》,开明书店1946年版;杨宽:《战国史》,上海人民出版社1955年版;韩国磐:《试论春秋战国时土地制度的变化》,《厦门大学学报》1959年第2期;Cho-yun Hsu,*Ancient China in Transition:an Analysis of Social Mobility*,*722-222 B.C.*,Stanford Calif:Stanford University Press,1965;田昌五、臧知非:《周秦社会结构研究》,西北大学出版社1996年版;陈来:《古代思想文化的世界——春秋时代宗教、伦理与社会思想》,生活·读书·新知三联书店2002年版;卜宪群:《春秋战国乡里社会的变化与国家基层权力的建立》,《清华大学学报》2007年第2期;晁福林:《春秋战国的社会变迁》,商务印书馆2011年版;等等。

② 辛田:《春秋战国时期社会转型研究》,陕西师范大学2006年博士学位论文,第5—6页;辛田:《春秋战国时期社会转型研究》,陕西人民出版社2006年版,第3页。

远的变法。其中,在地方行政制度上最重要的改革措施就是推行县制。对此,商鞅本人曾详细地加以阐述,如《商君书·垦令》①云:

> 百县之治一形,则从,迁者不敢更其制,过而废者不能匿其举。过举不匿,则官无邪人。迁者不饰,代者不更,则官属少而民不劳。官无邪则民不敖。民不敖则业不败。官属少,征不烦。民不劳,则农多日。农多日,征不烦,业不败,则草必垦矣。②

可见,在地方行政上采取县制的主要目的在于施行官僚政治,以加强中央集权,并达到"法令可贯彻,吏治可清明,农业生产亦可发展"③的效果。于是,在第二次改革时,商鞅大力地推行县制。司马迁在《史记》中对此事多次加以记载。例如:

> 《史记·秦本纪》:"(秦孝公)十二年(前350年),作为咸阳,筑冀阙,秦徙都之。并诸小乡聚,集为大县,县一令,四十一县。为田开阡陌。东地渡洛。十四年,初为赋。"④
>
> 《史记·商君列传》:"于是以鞅为大良造。将兵围魏安邑,降之。居三年,作为筑冀阙宫庭于咸阳,秦自雍徙都之。而令民父子兄弟同室内息者为禁。而集小乡邑聚为县,置令、丞,凡三十一县。为

---

① 《商君书》是商鞅及其以后的某些法家学说汇编。据高亨考证,《商君书·垦令》当是商鞅所作,作为"垦草令"的方案献给秦孝公。参见高亨:《商君书注译》,中华书局1974年版,第10页。
② 高亨:《商君书注译》,第27—28页。
③ 杨宽:《战国史料编年辑证》,上海人民出版社2016年版,第373页。
④ 《史记》卷五《秦本纪》,第203页。

田开阡陌封疆,而赋税平。平斗桶权衡丈尺。"①

《史记·六国年表》:秦孝公十二年(前350年),"初聚小邑为三十一县,令。为田开阡陌。"②

《秦本纪》《商君列传》《六国年表》中所记商鞅设置新县的具体数目出现了差异。日本学者泷川资言《史记会注考证·秦本纪》:"诸本'三'作'四',今从古钞本,与《年表》、《商君传》合。"③但在《史记会注考证·六国年表》又说:"依《本纪》'三十一'当作'四十一'"④。

王引之曾指出"四字古文与三相似,而误为三"⑤。关于古书三、四字因积画而误,段玉裁考证得最为详细,他在《说文解字注》中指出:

三,籀文四。此算法之二二如四也,"二"字两画均长,则"三"字亦四画均长。今人作篆多误。《觐礼》"四享",郑注曰:"四当为三,书作三四字,或皆积画,字相似,由此误。"《聘礼》注云:"朝贡礼纯四尺。"《郑志》答赵商问:"四当为三。"《周礼·内宰》职注:"天子巡守礼,制币丈八尺,纯四职。"《郑志》答赵商问亦云:"四当为三。"《左传》"是四国者,专足畏也",刘炫谓"四当为三",皆由古字积画之故。⑥

---

① 《史记》卷六八《商君列传》,第2232页。
② 《史记》卷一五《六国年表》,第723页。
③ [日]泷川资言考证,杨海峥整理:《史记会注考证》卷五,上海古籍出版社2015年版,第280页。
④ [日]泷川资言考证,杨海峥整理:《史记会注考证》卷一五,第907页。
⑤ (清)王引之撰,虞思征等校点:《经义述闻》卷三二《形讹》,上海古籍出版社2018年版,第1956页。
⑥ (清)段玉裁注:《说文解字注》,中华书局2013年版,第744页。

严耕望在论及此次商鞅设县一事时指出:"此为秦国地方行政制度一大进展,亦不云置郡以统之。秦之京畿以内史领县治民,不置郡,盖始于此时。"①可见严氏认为商鞅此次新设之县是隶属于秦内史管辖的。徐卫民进一步对秦内史置县进行了研究,论及 44 县,并认为当时秦国的统治地盘还不大,商鞅所设四十一县大多在关中地区。后来随着秦的发展和统一,县的数字处于增加的态势,但作为内史的置县,变化并不是太大,故此四十一县是正确。②不过,这里不仅需要注意商鞅变法设置新县的具体数目及其范围,还需要特别注意的是它们的性质。

县制的起源甚早。李家浩认为:"'县'的出现至少可以追溯到西周。那时所谓的'县'是'县鄙'之'县',指王畿以内国都以外的地区或城邑四周的地区。"③虞云国对春秋时期史料中的县进行了分析,认为"县"一词具有三种既有联系又有区别的含义:一、指县鄙;二、指都邑;三、指作为后来行政区划的县制的概念。④ 周振鹤将县制起源归为三个不同的历史发展阶段:"县的意义在春秋战国时期有三个阶段的发展,即县鄙之县、县邑之县与郡县之县。"⑤那么,秦孝公十二年(前 350 年)商鞅推行的县,是县鄙、县邑还是郡县之县呢?据《史记》记载,在此之前,秦国曾多次设县(表1)。

---

① 严耕望:《中国地方行政制度史·秦汉地方行政制度》,上海古籍出版社 2007 年版,第4—5页。

② 徐卫民:《秦内史置县研究》,《中国历史地理论丛》2005 年第 1 辑,收入《秦汉历史地理研究》,三秦出版社 2005 年版,第 565—581 页。

③ 李家浩:《先秦文字中的"县"》,《文史》第 28 辑,中华书局 1987 年版,第 49—58 页,收入《著名中年语言学家自选集·李家浩卷》,安徽教育出版社 2002 年版,第 15 页。

④ 虞云国:《春秋县制新探》,《晋阳学刊》1986 年第 6 期,收入《学史帚稿》,黄山书社 2009 年版,第 1—13 页。

⑤ 周振鹤:《县制起源三阶段说》,《中国历史地理论丛》1997 年第 3 辑,收入《中国地方行政制度史》,上海人民出版社 2019 年版,第 16 页。

表 1　战国秦设县情况表

时间	设县情况	史料来源
秦武公十年(前 688 年)	伐邽、冀戎,初县之。	《史记·秦本纪》
秦武公十一年(前 687 年)	初县杜、郑。	《史记·秦本纪》
秦厉公二十一年(前 456 年)	初县频阳。	《史记·秦本纪》
秦惠公十年(前 390 年)	县陕。	《史记·六国年表》
秦献公六年(前 379 年)	初县蒲、蓝田、善明氏。	《史记·六国年表》
秦献公十一年(前 374 年)	县栎阳。	《史记·六国年表》

《史记·六国年表》同时还提道:"(秦孝公)十三年(前 349 年),初为县,有秩史。"既然在此之前已经有县,为何又说"初为县"呢? 徐喜辰认为在秦孝公十二年商鞅推行县制以前的县,或即是"县鄙"之意,在此之前秦国似无县制。① 陈剑也认为在商鞅之前的县属于早期县制的内容。②

周振鹤提出了确立郡县之县的四条标准,即:一是郡县之县不是采邑,而完全是国君的直属地;二是长官不世袭,可随时或定期撤换;三是其幅员或范围一般经过人为的划定,而不纯粹是天然地形成;四是县以下还有乡里等更为基层的组织。③ 在此基础上,有学者又将郡县制度下县的特征概括为:官僚制、区划性、乡里组织。④

关于商鞅所设之县,仅就太史公在《史记》里的记载分析,可知:首先,从"县一令""置令丞""初为县,有秩史"等内容来看,其设置了令、丞等"不世

① 徐喜辰:《论国野、乡里与郡县的出现》,《社会科学战线》1987 年第 3 期。
② 什么是早期的县制呢? 简单地说,早期县制就是公邑之制。在西周时期,王都是最大的邑,统摄天下,直辖王畿,王畿之内,又有两种性质的邑,以分封的形式出让部分统治权给采邑主的是采邑;王所直辖的是公邑。参见陈剑:《先秦时期县制的起源与转变》,吉林大学 2009 年博士学位论文,第 60、175 页。
③ 周振鹤:《县制起源三阶段说》,《中国历史地理论丛》1997 年第 3 辑,收入《中国地方行政制度史》,第 26 页。
④ 陈剑:《先秦时期县制的起源与转变》,第 80 页。

袭"的官吏进行管理,具有官僚体制的特征;其次,从"并""集""聚"等描述来说,表明了其幅员是经过了人为的规划;最后,其来源是"乡""邑""聚"等各类聚落,虽然在重新规划后,其形态将会发生一定程度上的变化,但其区划性十分明显,而且组成了县下更为基层的组织。因此,商鞅新设之县,已经与秦国此前县的性质不同,是典型的郡县制度下的县,从而使秦国地方行政制度发生了根本性的改变。这种改变正是春秋战国时期社会转型的一种表现,它打破了以宗法血缘关系为纽带的居民划分,而代之以地缘关系为主的地方行政体系。① 孙闻博指出:"秦商鞅变法全面推行县制,彻底实行公邑化,统一置令、丞、有秩吏,县制最终确立。"②

在搞清楚商鞅县制的性质之后,现在可以将目光转移到商鞅设置这些新县的具体过程上,即所谓商鞅合并小乡、邑、聚的具体方案上来。较早涉及这一问题的李亚农曾指出:

> 商君不单在全国范围内实施了县制,并且"集小都乡邑聚为县",这里的所谓邑,即采邑的邑,是居民点,而且是领主们的封疆之内的居民点,邑中居民就是领主的农奴。在实施县制之后,邑已不叫着邑,而叫着集或聚,这是新名词。现在商君把集、聚和都邑(仍在

① 如田昌五和臧知非在解释战国县的性质和功能时,指出:春秋县制或者是兼国为之,或者是因自然居邑发展而来,没有统一的规划,其性质还受到采邑制的较大影响,没有最后冲破宗族城市国家的藩篱,县公、县尹、县大夫之职一般都是终身制,有的还是世袭制,在县内亦君亦臣;其治民基本上沿用采邑制的传统,并不具备地方政府的职能;其居民划分也没有完全打破宗族血缘关系,没有系统的以地缘为基础的基层行政组织。战国则不然,县普遍地成为地方政府,是君主集权的有力手段,是封建领土国家的最有效的行政管理体制。参见田昌五、臧知非:《周秦社会结构研究》,第 225 页。

② 孙闻博:《中国古代县制起源新论》,《历史研究》2024 年第 1 期。

封建领主支配下的居民点)通通集中到县城中去了。由于秦国地广
人稀,即使把乡、聚集中到县城中的结果,充其量不过是构成了一些
"万家之都",并不妨碍农民出城去耕种,而对于边境上的居民来说,
又得到了国家的保护,免得遭受邻国的侵凌;另一方面,则完全断绝
了农奴对领主的人身隶属的关系,从而彻底地铲除了封建领主在农
村中的势力。①

李亚农认为商鞅是把当时小乡、邑、聚等聚落里的居民全部都集中到了县城中
去了,得出这种观点的理由之一,应当是认为这种做法可以"断绝了农奴对领
主的人身隶属的关系",这实际上是将商鞅县制对当时社会关系所产生的影
响作为考虑问题的出发点,即以春秋战国时期社会转型的历史事实为依据作
出的判断。

从逻辑上来说,商鞅推行县制时可采取两种方案:一、在保留原有聚落位
置与形态的基础上,将它们统一划归到某一个县的管辖之下,这仅仅是一种行
政权力的划归,表明隶属关系,而不涉及聚落内部结构与形态的变革及调整。
二、彻底地抛弃原有聚落,将其中的居民迁入到经过规划的另一形态的聚落中
居住。从太史公记载商鞅推行县制时所采用的"并""集""聚"等动词上,还
不能确定这次地方行政制度改革到底采用的是哪一种方案。

张继海在论述汉代城市社会时,曾指出:"商鞅变法,对地方上的小邑聚
进行了改革……《史记·秦始皇本纪》'太史公曰'引贾生之言曰:'秦小邑并
大城,守险塞而军。'即指此事。邑是小聚落,可能有城墙,也可能只有简陋的

---

① 　李亚农:《欣然斋史论集》,上海人民出版社 1962 年版,第 1049—1050 页。

土墙。'秦小邑并大城',集中了人力物力,增强了防御能力,也便利了政治和经济上的管理。这是秦战胜六国的一个原因。高祖六年'令天下县、邑城',在某种程度上也可以说是汉承秦制。"①可以说,商鞅变法推行县制时将小乡邑聚的居民迁到大城中去的推测是合理的。

如前所述,商鞅县制在性质上与春秋时期的县是不一样的,日本学者增渊龙夫指出:"所谓'以之为县'并非保持邑的原有氏族制秩序,承认其原来自主的形式,对其实行不变其体制的支配,而是破坏其氏族制秩序,分解其完整的形式,对其实行直接的支配。"②正是基于商鞅县制具有对原有氏族秩序瓦解作用的理解之上,西嶋定生认为:

> 如果这只是把小聚落由县这一机构统辖起来,由这事而使族的结合解体,那将是困难的,那并不是设置起适合于郡县制的县……因此,"集小(都)、乡邑、聚"或者"并诸小乡聚";或者还有"取(聚)小邑"云者,实际情况是从这些小聚落把人集拢起来,并不是让这些小聚落原封不动地包括进县里边来了事。③

结合商鞅变法"令民父子兄弟同室内息者为禁"的措施,他认为单纯的分居,并不能使族的秩序解体,必须破坏其地缘性,地缘性的破坏就是将分居另住的家族的一部分迁往他处,如设置的新邑。"而集小乡邑聚为县",则是主要设

---

① 张继海:《汉代城市社会》,第67页。

② [日]增渊龙夫:《说春秋时代的县》,索介然译,载刘俊文主编:《日本学者研究中国史论著选译》第3卷《上古秦汉》,第204页。

③ [日]西嶋定生:《中国古代帝国的形成与结构——二十等爵制研究》,武尚清译,中华书局2004年版,第520页。

置在秦的边境地区,即咸阳以东的新的领域,这些新邑的住民是从国内各小聚落集结来的移居者。① 西嶋定生的以上推测是否符合历史事实呢?

从中国古代宗族与聚落形态之间的关系及其演变的大势来说,商鞅变法确实是一个具有历史意义的转折点。秦晖指出:"春秋以前中国是个族群社会,以封地为族姓、又以族姓为地名是常见的现象。但自秦以下,族群社会被官僚制帝国的编户齐民社会或曰'吏民社会'所取代,乡村聚落的命名也就十分彻底地非族姓化了。秦汉时代的闾里、吴简中所见的丘,三国以下的村、坞、屯、聚,其名几乎都与族姓无关。"②可见,商鞅变法关于地方行政制度的改革,确实加快了中国血缘社会向地缘社会迈进的步伐。

秦在统一之前和之后,均有如西嶋定生所谓的徙民赐爵并设县的记载,如秦昭襄王二十一年(前286年):"(司马)错攻魏河内。魏献安邑,秦出其人,募徙河东赐爵,赦罪人迁之。……二十二年……河东为九县。"③秦始皇三十三年(前214年):"西北斥逐匈奴。自榆中并河以东,属之阴山,以为四十四县,城河上为塞。又使蒙恬渡河取高阙、阳山、北假中,筑亭障以逐戎人。徙谪,实之初县。"④秦始皇三十六年(前211年):"迁北河、榆中三万家。拜爵一级。"⑤这些史料一定程度上证实了西嶋定生推测的合理性。

从另一个角度来分析,战国时期日益惨烈的战争,也会对当时的聚落形态

---

① [日]西嶋定生:《中国古代帝国的形成与结构——二十等爵制研究》,武尚清译,第519—522页。

② 秦晖:《传统中华帝国的乡村基层控制:汉唐间的乡村组织》,载黄宗智主编:《中国乡村研究》第1辑,商务印书馆2003年版,第1—31页,收入《传统十论——本土社会的制度、文化及其变革》,复旦大学出版社2004年版,第39页。

③ 《史记》卷五《秦本纪》,第212页。

④ 《史记》卷六《秦始皇本纪》,第253页。

⑤ 《史记》卷六《秦始皇本纪》,第259页。

产生影响。贾谊《过秦论》说：

> 自缪公以来，至于秦王，二十余君，常为诸侯雄。岂世世贤哉？其势居然也。且天下尝同心并力而攻秦矣。当此之世，贤智并列，良将行其师，贤相通其谋，然困于阻险而不能进，秦乃延入战而为之开关，百万之徒逃北而遂坏。岂勇力智慧不足哉？形不利，势不便也。
>
> 秦小邑并大城，守险塞而军，高垒毋战，闭关据阨，荷戟而守之。诸侯起于匹夫，以利合，非有素王之行也。其交未亲，其下未附，名为亡秦，其实利之也。彼见秦阻之难犯也，必退师。安土息民，以待其敝，收弱扶罢，以令大国之君，不患不得意于海内。贵为天子，富有天下，而身为禽者，其救败非也。①

关于这段史料，朱东润认为"形不利，势不便也"之前的一段是用历史事实证明关中地势利于坚守，此后是作者替秦子婴设想的防守方案。② 也就是说，"秦小邑并大城，守险塞而军，高垒毋战，闭关据阨，荷戟而守之"，并非指秦孝公十二年（前350年）商鞅设县一事，而是贾谊为秦王子婴出谋划策之言，但这或许正是基于秦国先王们在战争中所采取的既定策略发出的议论。

一个后世的例证颇能说明战争对聚落形态的影响，《汉书·王莽传》载：

> 宜急选牧、尹以下，明其赏罚，收合离乡。小国无城郭者，徙其老弱置大城中，积藏谷食，并力固守。贼来攻城，则不能下，所过无食，

---

① 《史记》卷六《秦始皇本纪》，第277页。
② 朱东润主编：《中国历代文学作品选（上编）》第2册，上海古籍出版社1979年版，第21页。

势不得群聚。①

当然,这是战时所采取的紧急处理方式,在战争警报解除后,这些徙入大城中的"老弱"是否返回原来的聚落中去,并没有说明。在战争常态化的战国时期,无论是国家层面的防御,还是分散聚落里居民的自保,徙居大城并一致地对抗外来之敌,恐怕都是符合历史发展事实的。故此,在商鞅合并秦国的乡、邑、聚等小聚落、设置新县的时候,是存在着将聚落的整体或大部迁移到县城中,以组成新形态聚落的可能性。这在客观上当然会对原有社会结构产生一定的冲击,乃至出现西嶋定生所谓"族的结合解体"。但是如果将其理解为商鞅所选择的唯一方案,也是有悖于历史事实的。

三、基层社会组织的结构

秦统一六国以后,围绕着郡县制和分封制,秦朝内部产生了分歧,以丞相王绾为代表的分封制派得到了大多数朝臣的支持,而以李斯为代表的郡县制派坚决反对施行分封,并获得了秦始皇的大力支持。② 秦始皇最终选择的郡县制度继承了商鞅县制的基本内容。近年来出土秦简中有大量关于地方行政制度的内容,其中有许多涉及县及其以下基层组织的结构。如里耶秦简:

8-157　卅二年正月戊寅朔甲午,启陵乡夫敢言之:成里典、启陵Ⅰ邮人缺。除士五(伍)成里匄、成,成为典,匄为邮人,谒令Ⅱ尉

---

① 《汉书》卷九九下《王莽传》,第4172—4173页。
② 《史记》卷六《秦始皇本纪》,第238—239页。

以从事。敢言之。Ⅲ

8-157背　正月戊寅朔丁酉,迁陵丞昌却之启陵:廿七户已有一典,今有(又)除成为典,何律令Ⅰ癋(應)?尉已除成、匀为启陵邮人,其以律令。/气手。/正月戊戌日中,守府快行。Ⅱ正月丁酉旦食时,隶妾冉以来。/欣发。壬手。Ⅲ①

8-661　☑朔己未,贰春乡兹☑Ⅰ

　　　　☑☑为南里典痒,谒☑Ⅱ

　　　　☑☑下书尉,尉传都☑☑Ⅲ

8-661背　☑贰春乡治☑☑Ⅲ②

16-5背　三月丙辰,迁陵丞欧敢告尉、告乡、司空、仓主,前书已下,重听书从事。尉别都乡司空,司空传仓;都乡别启陵、贰春,皆勿留脱。它如律令。钜手。丙辰,水下四刻,隶臣尚行。③

16-9正　【廿】六年五月辛巳朔庚子,启陵乡庳敢言之。都乡守嘉言:渚里不☑劾等十七户徙都乡,皆不移年籍。令曰:移言。·今问之劾等徙☑书,告都乡曰启陵乡未有枼(牒),毋以智(知)劾等初产至今年数☑【皆自占】,谒令都乡自问劾等年数。敢言之。☑

16-9背　☑☑迁陵守丞敦狐告都乡主以律令从事。逐手。即☑
　　　　甲辰,水十一刻刻下者十刻,不更成里午以来。狌半④

---

① 陈伟主编:《里耶秦简牍校释(第一卷)》,武汉大学出版社 2012 年版,第 94 页。
② 陈伟主编:《里耶秦简牍校释(第一卷)》,第 196 页。
③ 湖南省文物考古研究所、湘西土家族苗族自治州文物处:《湘西里耶秦代简牍选释》,《中国历史文物》2003 年第 1 期;里耶秦简博物馆等编著:《里耶秦简博物馆藏秦简》,中西书局 2016 年版,第 207 页。
④ 湖南省文物考古研究所、湘西土家族苗族自治州文物处:《湘西里耶秦代简牍选释》,《中国历史文物》2003 年第 1 期;里耶秦简博物馆等编著:《里耶秦简博物馆藏秦简》,第 208 页。

从以上所引里耶秦简的内容来看，迁陵为县，其下设置有都乡、启陵乡及贰春乡。乡下设置成里、渚里和南里等。① 由此可见，县以下的基层组织包括乡、里两级。而都乡是指县廷所在之乡，那么启陵、贰春两乡可能远离县廷，② 这从启陵乡设有"邮人"之职可窥见一斑。再如里耶秦简：

5-1 元年七月庚子朔丁未,仓守阳敢言之:狱佐辨、平、士吏贺具狱,县官Ⅰ食尽甲寅,谒告所过县乡以次续食。雨留不能投宿齎。Ⅱ来复传。零阳田能自食。当腾期卅日。敢言之。/七月戊申,零阳Ⅲ舋移过所县乡。/齮手。/七月庚子朔癸亥,迁陵守丞固告仓啬夫:Ⅳ以律令从事。/嘉手。Ⅴ

5-1 背 迁陵食辨、平尽己巳旦□□□□迁陵。Ⅰ

七月癸亥旦,士五(伍)臂以来。/嘉发。Ⅱ③

"谒告所过县乡以次续食"，说明县、乡之间有着一定的空间距离，要不然何谓"以次"呢？至于启陵乡下的成里与渚里的地理位置关系，则暂无法下结论。假若以某些汉代"乡里"的位置关系④来逆推的话，则秦的里与里之间也可能存在分散布局的情况。不过，可以肯定的是县—乡—里的行政结构体系十分

① 里耶秦简所见迁陵县乡里情况，参见晏昌贵、郭涛：《里耶简牍所见秦迁陵县乡里考》，载武汉大学简帛研究中心主办：《简帛》第 10 辑，上海古籍出版社 2015 年版，第 145—154 页；晏昌贵：《秦简牍地理研究》第四章《里耶简牍所见秦迁陵县乡里研究》，武汉大学出版社 2017 年版，第 189—231 页。

② 据刘自稳考证，贰春乡和启陵乡分布在距县廷为中心的县城二十里至百里的范围内。刘自稳：《试析里耶秦简的所属机构》，《国学学刊》2020 年第 3 期。

③ 陈伟主编：《里耶秦简牍校释(第一卷)》，第 1 页。

④ 如马王堆汉墓地图所反映的里分布形态。

明显,且乡与乡之间在地理位置上是分散的。

除以上史料外,龙岗秦简中也出现了"取传书乡部稗官"①的记载。由此可见,即便是在商鞅变法到秦始皇统一中国的百余年间,各种制度也存在着变化的可能性,但客观存在的史实是在县城之外仍然散布着诸如乡、里等形态的聚落。商鞅在推行县制时,所采用的将形态各异的小聚落整体或大部迁徙到县城里去,并重新分配田宅的方案绝不是当时唯一的选择,也存在着在聚落内部重新规划居住形态以及分配田宅的可能性。此外,从相关的史料上,见不到商鞅变法被废止的记载。相反,种种迹象表明,商鞅所采取的措施,在秦发展、强大的过程中,以至于在统一六国之后,仍然被继续执行与完善,并使之扩展到更广阔的地域范围内。

第二节　聚落形态的城市化和闾里化

与闾里外部形态相配合,商鞅变法采取"比地为伍"的社会治理措施,在闾里内置伍长等以加强控制。这一措施对聚落形态产生重要影响,秦国聚落形态逐渐被城市化与闾里化。

一、闾里什伍组织的建立

商鞅推行县制所采取的具体方案是什么? 只有通过仔细分析商鞅前后两次变法所采取的措施,从根源上理解其在地方行政制度改革上的目的,才能得出合乎历史的结论。商鞅第一次变法的主要措施是:

---

① 中国文物研究所、湖北省文物考古研究所编:《龙岗秦简》,中华书局 2001 年版,第74 页。

令民为什伍,而相牧司连坐。不告奸者腰斩,告奸者与斩敌首同赏,匿奸者与降敌同罚。民有二男以上不分异者,倍其赋。有军功者,各以率受上爵;为私斗者,各以轻重被刑大小。僇力本业,耕织致粟帛多者复其身。事末利及怠而贫者,举以为收孥。宗室非有军功论,不得为属籍。明尊卑爵秩等级,各以差次名田宅,臣妾衣服以家次。有功者显荣,无功者虽富无所芬华。①

商鞅此次变法的首条措施是"令民为什伍,而相牧司连坐",这就是所谓的"什伍制度"。什伍制起源甚早,在秦国也非始于商鞅,早在秦献公十年(前375 年)就已经推行了"为户籍相伍"②制度。林剑鸣说:"这一编制的意义在于:取消了'国'和'野'的界限,凡秦国统治下的人民一律被编入'伍',实际就等于在法律上承认原来的'野人'与'国人'处于同样的地位。"③

商鞅变法时期,为完善户籍制度所采取的"令民为什伍,而相牧司连坐"措施,既使国家掌握了更多的"编户齐民",扩展了赋税和兵役等来源,又赋予了其控制基层社会的重要作用。这在秦简中表现得十分明显。

《睡虎地秦墓竹简·秦律杂抄》:"军新论攻城,城陷,尚有棲未到战所,告曰战围以折亡,段(假)者,耐;敦(屯)长、什伍智(知)弗告,赀一甲;棽伍二甲。"④

《龙岗秦简》:"☐☐不出者,以盗入禁苑律论之;伍人弗言者,与

---

① 《史记》卷六八《商君列传》,第 2230 页。
② 《史记》卷六《秦始皇本纪》,第 289 页。
③ 林剑鸣:《秦史稿》,中国人民大学出版社 2009 年版,第 140 页。
④ 睡虎地秦墓竹简整理小组编:《睡虎地秦墓竹简》,文物出版社 1990 年版,第 88 页。

同灋(法)。☑"①

《睡虎地秦墓竹简·法律答问》:"'伍人相告,且以辟罪,不审,以所辟罪罪之。'有(又)曰:'不能定罪人,而告它人,为告不审。'今甲曰伍人乙贼杀人,即执乙,问不杀人,甲言不审,当以告不审论,且以所辟?以所辟论当赀(也)。"②

《睡虎地秦墓竹简·秦律杂抄》:"匿敖童,及占癃(癃)不审,典、老赎耐。·百姓不当老,至老时不用请,敢为酢(诈)伪者,赀二甲;典、老弗告,赀各一甲;伍人,户一盾,皆罨(迁)之。"③

里耶秦户籍简牍 K27:第一栏:南阳户人荆不更蛮强

第二栏:妻曰嗛

第三栏:子小上造□

第四栏:子小女子驼

第五栏:臣曰聚

伍长④

里耶秦户籍简牍 K1/25/50:

第一栏:南阳户人荆不更黄得

第二栏:妻曰嗛

第三栏:子小上造台

子小上造

---

① 中国文物研究所、湖北省文物考古研究所编:《龙岗秦简》,第79—80页。
② 睡虎地秦墓竹简整理小组编:《睡虎地秦墓竹简》,第116页。
③ 睡虎地秦墓竹简整理小组编:《睡虎地秦墓竹简》,第87页。整理者注:典、老,即里典(正)、伍老,相当后世的保甲长。
④ 湖南省文物考古研究所编著:《里耶发掘报告》,岳麓书社2007年版,第203页。

子小上造定

第四栏:子小女子㝅

子小女移

子小女平

第五栏:五长①

以上秦简中有关什伍制度下伍组织的描述,②证实了其真实存在和在地方行政组织中所发挥的重要作用。同时,什伍制度与乡里制度之间有着密切的联系。据臧知非对先秦时期什伍乡里制度起源与发展的研究,春秋时期聚族而居的状况被打破,国野界限日趋泯灭,为了加强对人民的统治,国家在普遍施行乡里制、建立地方政权的时候,只好按地域来划分居民,宗族血缘关系开始与国家地方行政分离。战国时,国家为了获得足够的劳动力、充足的兵源,故而强化乡里制度和户籍管理,乡里长吏严厉执行什伍连坐法,一律按地

---

① 湖南省文物考古研究所编著:《里耶发掘报告》,第 203 页。
② 关于"什伍制度"中的"什",学界意见有分歧,有学者认为"什"只是"十人为什"的军事编制,而非"十家连坐"(罗开玉:《秦国"什伍"、"伍人"考——读云梦秦简札记》,《四川大学学报》1981 年第 2 期);有学者则提出了"什"和里是同一级组织的两种称法,只不过"什"是就里的编制伍数而言,而里是这级组织的正式名称,所以秦"什伍"制就是里伍制(吴益中:《秦什伍连坐制度初探》,《北京师院学报》1988 年第 2 期);当然也有学者结合睡虎地秦简相关资料认为秦代主五家的曰伍老,主十家的曰什典(如安作璋、熊铁基:《秦汉官制史稿》,人民出版社 2022 年版,第 548 页;全晰纲:《秦汉乡官里吏考》,《山东师大学报》1995 年第 6 期;李晓筠:《论秦汉时期乡村机构的设置——从简牍等考古材料说开去》,《鲁东大学学报》2011 年第 2 期);张金光认为秦地方行政里下并无"什"的组织,更不存在"什典"之职,里下即为伍,五家为伍,伍之长曰伍老(张金光:《秦乡官制度及乡、亭、里关系》,《历史研究》1997 年第 6 期;张金光:《秦制研究》,第 594—605 页);卜宪群指出:与文献记载一样,简帛中关于什的材料也很缺乏……其原因尚待进一步探讨,也待简帛的进一步发现(卜宪群:《简帛与秦汉地方行政制度史研究》,《国学学刊》2010 年第 4 期)。

域关系把居民编入户籍,宗族血缘关系从国家基层政权中消失。①

从表面上看,商鞅第一次变法时推行的什伍制度,与乡里制度,尤其是闾里制无涉。但是春秋战国以后日益成熟的闾里制是什伍组织存在的基础,可以说,在制度设计上,二者之间一定程度上构成了"皮之不存,毛将安附焉"的紧密关系。而中央以及郡县的政令也必须依靠乡里和什伍的协助才能传达和贯彻于基层社会内。马端临说:"役民者官也,役于官者民也。郡有守,县有令,乡有长,里有正,其位不同,而皆役民者也。"②《汉书·韩延寿传》:"置正、五长,相率以孝弟,不得舍奸人,闾里仟佰有非常,吏辄闻知,奸人莫敢入界。"③因此,商鞅变法完善什伍制度,实际上就是对地方行政管理体制的改革,推行闾里制。

对此,张金光曾指出:"商鞅变法,'集小都乡邑聚为县',既集而为县,则必当有集为乡、集为里之基础编制,也就是说行政里的编制则必然有打破自然村而有所归并者……秦于乡野可能多自然村合编里的现象,这标志国家行政区划制度走向更高级的阶段。对商鞅变法'集小都乡邑聚为县',人多只知其'为县'、'为伍',却忽视了'为县'与'为伍'之间的中间环节的创立。其实,在'集为县'的同时,乃是新的县、乡、里、伍行政系统规范化的确立。"④也就是说,任何一项制度的改革,不可能是孤立存在的,与其他改革措施彼此之间是广泛联系、相互支撑的。

---

① 臧知非:《先秦什伍乡里制度试探》,《人文杂志》1994 年第 1 期,收入《战国秦汉行政、兵制与边防》,苏州大学出版社 2017 年版,第 23—33 页。

② (元)马端临撰,上海师范大学古籍研究所、华东师范大学古籍研究所点校:《文献通考·自序》,中华书局 2011 年版,第 5 页。

③ 《汉书》卷七六《韩延寿传》,第 3211 页。

④ 张金光:《秦乡官制度及乡、亭、里关系》,《历史研究》1997 年第 6 期;张金光:《秦制研究》,第 600—601 页。

商鞅第一次变法的时候,已经开始对当时秦国的地方行政制度进行改革,通过实施什伍、乡里制度来加强君主对百姓的直接控制。只不过,史官们更加关注的是"相牧司连坐。不告奸者腰斩,告奸者与斩敌首同赏,匿奸者与降敌同罚"的政治措施和法律条文,而忽略了对什伍制度存在基础"阎里"制度的记载。阎里与秦汉时期人们的生活息息相关,是户籍登录的基本单位。如里耶秦简记载:

8-894　　故邯郸韩审里大男子吴骚,为人黄晰色,隋(椭)面,长七尺三寸□Ⅰ年至今可六十三、四岁,行到端,毋它疵瑕,不智(知)衣服、死产、在所□Ⅱ①

这一简文可以和前引里耶秦简 16-9 结合起来阅读。16-9 简记载:启陵乡渚里的劲等十七户迁往都乡时,启陵乡没有将他们的"年籍"一并移交都乡,于是都乡守发文书向启陵乡询问。但是启陵乡没有"牒",也不知道劲等的年数,因此请都乡自行询问。8-894 简所谓"年至今可六十三、四岁",可能是在调查备案时,自行询问或是结合其体貌特征得出的年数。吴骚本人原籍为邯郸韩审里,他是如何辗转来到千万里之遥的南方郡县,不得而知。其他秦汉简牍中有关户籍登录的详细信息,已为史学界所熟知,此处已不必再反复征引。总之,里作为户籍登录的基本单位,实际上是地方行政体系最基本的不可分割单位。

---

① 陈伟主编:《里耶秦简牍校释(第一卷)》,第 244 页。

二、聚落形态的城市化与闾里化

在理解了商鞅第一次变法对基层组织进行改革的基本史实和内涵后,再来看商鞅第二次变法采取的所谓"集小乡邑聚为县"等措施背后隐藏的历史真相。商鞅第一次变法实施什伍制度显然是成功的,但这种成功带有改革初期试验的性质,在取得成效之后,必然会将其加以推广。

这里需要谈论的一个问题是改革所涉及的范围。按照杨宽意见,商鞅所设置的县,是在秦国尚未施行县制的地方把乡、邑、聚(村落)合并起来而成为县。① 齐思和也认为:"秦之有县,既远在孝公之前,则所谓初取小邑为三十县者,盖至孝公之时,秦既有县,又有邑聚,杂淆不便管理。商君乃合并小乡邑聚为县,使秦之地方制度皆改为县,整齐划一,便管辖也。"② 而日本学者守屋美都雄认为商鞅 31 县之数,作为表示商鞅时代秦全部领土的国势,已经不算太少,以前曾认为这 31 县可能只设置在咸阳以东新拓展的地域内,现在大致可以认定,它们应遍及秦的全部领土,即商鞅把秦国全部地区都编入县的体制之中。③

从《史记》等资料的记载看,商鞅第二次变法是为了巩固第一次变法的成果,并将变法引向更深一个层次,以便使之取得全面的和最终的胜利。第一次变法的措施显然带有限制旧贵族的性质,如"明尊卑爵秩等级,各以差次名田宅,臣妾衣服以家次""有功者显荣,无功者虽富无所芬华"等规定。第二次变

---

① 杨宽:《商鞅变法》,上海人民出版社 1955 年版,第 43 页。

② 齐思和:《商鞅变法考》,《燕京学报》1947 年第 33 期,收入《中国史探研》,中华书局 1981 年版,第 136 页。

③ [日]守屋美都雄:《中国古代的家族与国家》,钱杭等译,上海古籍出版社 2010 年版,第 71 页。

法则更多的是涉及根本制度问题，如"为田开阡陌封疆，而赋税平"的措施，是直接对土地制度进行改革；再者，"令民父子兄弟同室内息者为禁"，显然是对第一次变法"民有二男以上不分异者，倍其赋"的深化。此外，对度量衡制度的改革，也属于更深层次强化君主专制的变法措施。

"集小乡邑聚为县"，正是将第一次改革时未涉及的全国范围内普遍存在的各类小聚落正式纳入乡里组织里面来。前引臧知非文已经分析得十分透彻，什伍乡里制度的形成是在春秋国野界限泯灭的历史背景以及战国时期的客观形势下，国家为了获得充足的劳动力及兵源，将境内的所有居民一律按地域关系编入户籍的结果。

在将各种形态的小聚落纳入到县制下乡里结构内的时候，必定会对这些聚落的外部形态和内部结构做出调整。但是，是否如西嶋定生所说的需要将它们拆散，然后重新安置进设计好的"里"内，才能使"族的结合解体"呢？史实或许并非如此，西嶋定生或许正是将两个大致同时期发生的历史现象，即族的解体和县的设置，按照自己的理论结合在一起了而已。西嶋定生提出单纯的分居不能使"族"的结合解体，这一观点是合理的，然而所谓通过破坏其地缘性促使族解体的观点有些片面。

春秋战国时期正处于从血缘宗法社会向地缘政治社会的转型时期，但是族的解体并不是简单通过从地缘上将其强制拆散就能达到。地缘政治是社会性质转型的表现与结果，而不是途径和方法。如果不从经济、政治、人身依附关系、社会思想观念等方面，彻底地切断单个的个体与族的结合，使之独立出来，就不可能使之完成向"编户齐民"的转变。实际上，商鞅整个变法的方案都促进了族的解体，这些方案彼此联系紧密，互为支持，不是哪一个单独的措施所能独立完成的。

首先，"令民相什伍"，即实行什伍乡里制度。它将黎民百姓纳入"编户齐民"体系中，是一种新的居民组织形式，通过严格的户籍制度，扩大并完成君主对"齐民"的社会控制，这既是变法的主要目的之一，也是变法的手段之一。

其次，"民有二男以上不分异者，倍其赋""令民父子兄弟同室内息者为禁"，这是强制地将个体从对族的依附关系中，也就是从血缘宗法关系中解放出来，使之成为一个对新的社会统治关系而言相对自由的个体，但是这个个体还不能获得完全的自由。因为，他此时受到经济、政治以及社会关系等层面的束缚。

再次，"有军功者，各以率受上爵"，是建立新的社会阶层间的流动途径，一个社会要稳定，要想成功地转型，就必须有相对稳定和运行良好的社会阶层间流动的途径。通过施行以"军功"为评价体系的新社会流动途径，完成了个体与君主之间政治联络的纽带，这实际上是君主控制"齐民"最根本的方法之一。

复次，"明尊卑爵秩等级，各以差次名田宅，臣妾衣服以家次"。这一措施有两层含义：一是按爵位高低"名田宅"，就是在经济上实现了与族的解体，即获得了经济的自由；二是建立了新的社会等级制度和观念，在思想层面彻底改变先前的社会荣辱、人生价值评价体系和标准，在社会上形成"有功者显荣，无功者虽富无所芬华"的风气。

又次，"为田开阡陌封疆，而赋税平""平斗桶权衡丈尺"，它们涉及土地制度和度量衡制度的改革，表面上看似乎与族的解体没有直接关系，实际上是制度层面上解决新的社会关系下社会问题的途径。

最后，"僇力本业，耕织致粟帛多者复其身。事末利及怠而贫者，举以为收孥"，通过奖励与惩罚措施，鼓励农业生产，与商鞅变法"耕战"目的有直接关系，是促进新的社会关系下君主直接控制的"编户齐民"在经济上健康向上发展的途径。

通过以上的分析,可以肯定地说,西嶋定生的观点是片面的,过分地强调地域在切断族的结合解体中所发挥的作用,而忽略了其他因素,明白这一点之后,结合历史背景,再来分析一下商鞅推行的县制和什伍乡里制度。

春秋战国时期君主为加强集权,就要与那些依靠血缘关系获得采邑的贵族作斗争,迫使他们将手中的权力移交出来,商鞅所采取"宗室非有军功论,不得为属籍"以及推广县制,都是基于这一根本目的而采取的措施;什伍乡里制度也是同旧贵族斗争的手段之一,就是采取措施将作为社会基础的民众掌握在自己的手中,使之变成归君主直接控制的"编户齐民",从而巩固君主的统治基础。战国时期的兼并战争则极大地加剧了这一过程进展的速度。贵族阶级的族,在思想上已经一定程度地被君主所抛弃,他们获得"属籍"的唯一途径就是军功,从而减少了采邑的分封,扩大了郡县制县的来源。而君主想要拥有更多的"编户齐民"就需要促使基层社会的族解体。

基层社会中促使族解体的推动力量是乡里制度。通过对原有各类形态聚落的整合,将它们纳入闾里制度中,在地方行政制度层面上促使了原有族的解体。正如卜宪群深刻地分析道:"商鞅'并诸小乡聚,集为大县,县一令,四十一县',正是在具备了'户籍相伍'的基础上完成的基层社会行政组织建设,其重要意义并不在于县制本身,而在于确立了县对其下属机构的管理权力,并将原先散落的人群组织改造并纳入到乡里什伍等统一的国家基层行政政权中来。"①

将自然聚落纳入闾里制度时,有两种处理办法:一是整体迁往新设的县城,形成结构齐整的"城市里";二是一定程度地将某些自然聚落合并、聚集,

---

① 卜宪群:《春秋战国乡里社会的变化与国家基层权力的建立》,《清华大学学报》2007年第2期。

但并不将其并入县城。这两种情况显然不是泾渭分明、截然分开的。结合前面有关商鞅实施县制两种方案的分析,可知商鞅第二次变法,在地方行政制度上的改革,应该因地制宜地分别采取了上述两种方案。

商鞅以加强中央集权和君主专制为根本目的,发起了一场以打击旧贵族势力及改变传统社会结构体系为主的变法运动,其中一项措施就是对地方行政制度的改革,具体来说就是推行郡县制度性质的县制以及乡里制度,从而形成了县—乡—里三级地方行政管理体系。在第一次变法推行乡里什伍制度取得成功的基础上,商鞅第二次变法时将其推向全国,将广泛存在的各种形态"小乡邑聚"纳入乡里制度中来,实施过程中分别采用了将自然聚落迁入城市和一定程度地整合某些小聚落的两种方案,这就导致战国秦汉时期出现了城市之里与乡野之里的分化。

综上所述,战国时期秦国出现了一个具有普遍性的历史现象,那就是聚落形态的城市化和闾里化。随着秦的统一进程,城市化和闾里化的聚落逐渐遍布全国。虽然由于种种原因,全国范围内肯定存在其他形态各异的聚落,但作为政府主导和提倡的聚落形态,闾里化的聚落显然处于主体地位,其他各种形态的聚落均面临着被政府运用行政手段将其纳入闾里制度的局面。西汉初年,闾里化仍然是聚落形态演变的主要趋势,但是在经济发展、社会稳定和人口增长等新的形势下,聚落形态在西汉中后期出现了自然化的发展趋势,这一点将在第二章中再展开详细论述。

第三节　闾里的起源、规模与形态

西周时期已经出现了里,这时的里具有血缘和地缘双重特性。春秋战国时期闾里制度以其鲜明的地域组织结构和在基层社会控制中的作用,适应了当时社会发展客观形势的需要,因而逐渐被确立为地方行政制度中关键的一环。战国秦汉时期闾里制度已经十分完善,闾里成为聚落的主要形态。关于闾里的规模,文献记载不尽相同,根据出土简帛资料,秦以25家至30家为多,随着人口的增加,汉代闾里户数规模逐渐扩大,从而形成新聚落,对聚落形态的整体面貌产生影响。关于闾里的形态,城市之里较为规整,乡野之里在整体布局上,可能应以分散性为主。

一、闾里的起源

西周金文中已经出现了"里"字:

矢令方彝:"眔卿事寮、眔诸尹、眔里君、眔百工、眔诸侯:侯、田、男;舍四方令。"(西周早期,《殷周金文集成》16-9901)[1]

召圜器:"赏毕方土五十里。"(西周早期,《集成》16-10360)[2]

史颂簋:"友里君百姓。"(西周晚期,《集成》4232)[3]

传世文献中也有相关记载,如:

---

[1]　中国社会科学院考古研究所编:《殷周金文集成》第16册,中华书局1994年版,第36—37页;中国社会科学院考古研究所编:《殷周金文集成释文》第6卷,香港中文大学中国文化研究所2001年版,第26—27页。同时出土的矢令方尊刻有相同的铭文(《集成》11-6016)。

[2]　中国社会科学院考古研究所编:《殷周金文集成》第16册,第279页;中国社会科学院考古研究所编:《殷周金文集成释文》第6卷,第199页。

[3]　中国社会科学院考古研究所编:《殷周金文集成》第8册,中华书局1987年版,第152—153页;中国社会科学院考古研究所编:《殷周金文集成释文》第3卷,第354页。

《书·酒诰》:"越在外服,侯、甸、男、卫、邦伯,越在内服,百僚、庶尹、惟亚、惟服、宗工,越百姓里居,罔敢湎于酒,不惟不敢,亦不暇。"①

《逸周书·商誓解》:"王若曰:告尔伊旧何父。□□□□几、耿、肃、执,乃殷之旧官人序文□□□□,及太史比、小史昔,及百官里居献民……予既殛纣承天命,予亦来休命。尔百姓里居君子,其周即命。"②

《逸周书·允文解》:"收武释贿,无迁厥里"。③

《逸周书·尝麦解》:"邑乃命百姓遂享于富,无思民疾,供百享归祭,间率里君以为之资。野宰乃命冢邑县都祠于太祠,乃风雨也。"④

据王国维考证,上述文献中的"里居"当为"里君"之误,"'居',疑为'君'之误,史颂敦:'里君百生,帅虞盩于成周,休于成事。''里君百生',恐即本诸《书》之'百姓里居'也。里君者,一里之长,此亦古之成语。"⑤西周时期的里君是学界长期关注的重大历史问题,涉及从血缘组织到地缘组织转化途径与过程的认识。裘锡圭、朱凤瀚、张政烺、李宗侗、李零、林沄等均对"里君"及相

① (汉)孔安国传,(唐)孔颖达疏正义:《尚书正义》,载(清)阮元校刻:《十三经注疏》,中华书局 1980 年版,第 207 页。
② 黄怀信、张懋镕、田旭东撰,黄怀信修订,李学勤审定:《逸周书汇校集注(修订本)》,上海古籍出版社 2007 年版,第 449—456 页。
③ 黄怀信、张懋镕、田旭东撰,黄怀信修订,李学勤审定:《逸周书汇校集注(修订本)》,第 97 页。
④ 黄怀信、张懋镕、田旭东撰,黄怀信修订,李学勤审定:《逸周书汇校集注(修订本)》,第 746—748 页。
⑤ 王国维讲授,刘盼遂记:《观堂学书记》,《国学论丛》1930 年第 2 卷第 2 号。

关问题提出有益的见解。①

关于里的设置区域,陈絜指出,就现有资料和研究成果看,西周时代与春秋时期(至少是春秋中期以前)的"里",通常是指各级中心聚落尤其是城邑之内的基层聚落单位。② 王进锋认为西周时期城市的城区地带、郊区地带以及乡村之地均有里的设置。③ 可见,里的设置具有一定的普遍性。

里作为基层居民组织,它的性质是血缘组织还是地缘组织,学界有不同的看法。日本学者白川静认为:"里君"为氏族的代表。④ 陈英杰认为西周时期的里是一种超血缘的地域性组织。⑤ 臧知非指出:"从国家形态和社会结构层面考察,在西周宗族城邦时代,里是以宗族血缘关系为基础的民居单位和土地管理单位的统一体。"⑥王祁认为"里君"与"百姓"并列,是指里组织的管理者和里组织中各家族、宗族的族长。里中的家族、宗族是血缘组织,建立在众多

---

① 裘锡圭:《关于商代的宗族组织与贵族和平民两个阶级的初步研究》,《文史》第 17 辑,中华书局 1983 年版,第 1—26 页,收入《古代文史研究新探》,江苏古籍出版社 1992 年版,第 296—342 页,又收入《裘锡圭学术文集·古代历史、思想、民俗卷》,复旦大学出版社 2012 年版,第 121—152 页;朱凤瀚:《商周家族形态研究》,商务印书馆 2022 年版;朱凤瀚:《先秦时代的"里"——关于先秦基层地域组织之发展》,载唐嘉弘主编:《先秦史研究》,云南民族出版社 1987 年版,第 194—212 页;张政烺:《古代中国的十进制氏族组织》,《历史教学》1951 年第 2 卷第 3、4、6 期,收入《张政烺文史论集》,中华书局 2004 年版,第 277—313 页;李宗侗:《中国古代社会新研》,中华书局 2010 年版,第 134—135 页;李零:《西周金文中的职官系统》,载《李零自选集》,广西师范大学出版社 1998 年版,第 112—123 页;林沄:《"百姓"古义新解——兼论中国早期国家的社会基础》,《吉林大学社会科学学报》2005 年第 4 期,收入《林沄文集·古史卷》,上海古籍出版社 2019 年版,第 229—242 页。
② 陈絜:《周代农村基层聚落初探——以西周金文资料为中心的考察》,载朱凤瀚主编:《新出金文与西周历史》,上海古籍出版社 2011 年版,第 106 页。
③ 王进锋:《西周时期里的管理形态——兼论里与邑的关系》,《社会科学》2018 年第 1 期。
④ [日]白川静:《金文通释》卷 3 上第 24 辑《史颂簋》,白鹤美术馆 1969 年版,第 180 页;刘庆柱、段志洪主编:《金文文献集成》第 44 册影印本《金文通释》,线装书局 2005 年版,第 396 页。
⑤ 陈英杰:《金文中"君"字之意义及其相关问题探析》,《中国文字》新 33 期,艺文印书馆 2007 年版,收入《西周金文作器用途铭辞研究(上、下)》,线装书局 2008 年版,第 723—771 页。
⑥ 臧知非:《周代里制性质索隐》,《史学集刊》2024 年第 2 期。

血缘组织之上的里组织是地缘式组织结构。即使到了春秋时期,这种二元性的里组织依旧存在。① 由此可见,西周早期就已经出现了以里为单位的聚落组织,当然其性质肯定与秦汉时期的里不尽相同,但其已经具有较强的地缘政治色彩,对以血缘为纽带的宗族势力起到了一定的监视与遏制作用,实为后世里制之滥觞。

春秋战国时期,社会正处于前所未有的转型期,闾里制作为一种具有抑制血缘氏族作用的聚落组织,被君主用作加强君主专制和中央集权的工具。故此,春秋时期各国在地方行政制度上纷纷实施闾里制,建立里一级行政组织(表2)。

表2　春秋诸侯国里设置情况表②

国别	文献资料	出处
齐国	"管子于是制国:五家为轨,轨为之长;十轨为里,里有司;四里为连,连有长;十连为乡,乡有良人焉。"	《国语·齐语》
宋国	"子墨子归而过宋,天雨,庇其闾中,守闾者不内。"	《墨子·公输》
郑国	"将仲子兮,无逾我里,无折我树杞。"	《诗·郑风》
陈国	"定王使单襄公聘于宋,遂假道于陈,以聘于楚。……膳宰不致饩,司里不授馆。"韦昭注曰:"司里,里宰也,掌授客馆。"	《国语·周语》
楚国	"老子者,楚苦县厉乡曲仁里人也。"	《史记·老子列传》

战国时期,地方行政制度进一步得到了发展,其组织结构也更加合理和完善,各类文献的记载充分反映了这一点,如:

《周礼·地官·大司徒》:"令五家为比,使之相保;五比为闾,使

---

① 王祁:《"里君百姓"与西周"里"组织形成》,《历史研究》2024年第4期。
② 仝晰纲:《春秋战国时期乡村社区的变异及其社会职能》,《文史哲》1999年第4期。

之相受;四闾为族,使之相葬;五族为党,使之相救;五党为州,使之相赒;五州为乡,使之相宾。"①

《周礼·地官·遂人》:"以土地之图,经田野,造县鄙形体之法。五家为邻,五邻为里,四里为酂,五酂为鄙,五鄙为县,五县为遂。皆有地域沟树之使,各掌其政令刑禁,以岁时稽其人民,而授之田野,简其兵器,教之稼穑。"②

《鹖冠子·王鈇篇》:"其制邑理都,使曎习者五家为伍,伍为之长;十伍为里,里置有司;四里为扁,扁为之长;十扁为乡,乡置师;五乡为县,县有啬夫治焉;十县为郡,有大夫守焉。命曰官属。郡大夫退修其属,县啬夫退修其乡,乡师退修其扁,扁长退修其里,里有司退修其伍,伍长退修其家。事相斥正,居处相察,出入相司。"③

《银雀山汉墓竹简·田法》:"五十家而为里,十里而为州,十乡〈州〉而为州〈乡〉。州乡以地次受(授)田于野,百人为区,千人为或(域),人不举或(域)中之田,以地次相……五人为伍,十人为连,贫富相……"④

《银雀山汉墓竹简·六韬》:"……行殷(盘)庚之正(政),使人人里其里,田其田,□……"⑤

①　(汉)郑玄注,(唐)贾公彦疏:《周礼注疏》,载(清)阮元校刻:《十三经注疏》,中华书局1980年版,第707页。
②　(汉)郑玄注,(唐)贾公彦疏:《周礼注疏》,载(清)阮元校刻:《十三经注疏》,第740页。
③　黄怀信撰:《鹖冠子汇校集注》,中华书局2004年版,第178—181页。
④　银雀山汉墓竹简整理小组编:《银雀山汉墓竹简[壹]》,文物出版社1985年版,第146页。
⑤　银雀山汉墓竹简整理小组编:《银雀山汉墓竹简[壹]》,第121页。

　　无论是《周礼》的"比—闾—族—党—州—乡"系统,或"邻—里—酂—鄙—县—遂"系统,还是《鹖冠子》的"伍—里—扁—乡—县—郡"系统,亦或者是《国语·齐语》《管子·小匡》的"轨—里—连—乡"系统①,等等,它们都是要建立从上至下贯通的地方行政或军事系统。建立这种以里为基本单位的地方行政或军事体系,最终目的是为了实现国家对基层社会的控制。如《管子·禁藏》曰:

> 　　夫善牧民者,非以城郭也。辅之以什,司之以伍。伍无非其人,人无非其里,里无非其家。故奔亡者无所匿,迁徙者无所容。不求而约,不召而来。故民无流亡之意,吏无备追之忧。故主政可往于民,民心可系于主。②

所谓"奔亡者无所匿,迁徙者无所容"就是强调国家对编户齐民的全面控制,以建立"主政可往于民,民心可系于主"的君主与编户齐民之间联系贯通的地方行政体系与基层社会控制模式。春秋战国正是这种新型地方行政体系和闾里制度逐渐成熟与走向实践的时期,文献记载的种种颇为不同的说法,跟地域差异、各国制度不同、闾里制度本身尚不完善等因素有着密切的关系。不过,战国时期,里作为地方行政制度的一个环节,在理论及实践上均已经成熟,且

---

　　① 与《国语·齐语》记载相同,《管子·小匡》载:"制五家为轨,轨有长。十轨为里,里有司。四里为连,连为之长。十连为乡,乡有良人。三乡一帅。"黎翔凤撰,梁运华整理:《管子校注》卷八《小匡》,中华书局2004年版,第400页。《管子·立政》的记载,可能偏重于军事组织:"分国以为五乡,乡为之师。分乡以为五州,州为之长。分州以为十里,里为之尉。分里以为十游,游为之宗。十家为什,五家为伍,什伍皆有长焉。"黎翔凤撰,梁运华整理:《管子校注》卷一《立政》,第65页。

　　② 黎翔凤撰,梁运华整理:《管子校注》卷一七《禁藏》,第1023页。

其重要的社会控制功能也已显现出来。尤其是商鞅变法时,在秦国推行的县制及闾里制度,对秦汉时期的聚落产生了重要影响,使闾里成为主要的聚落形态。

二、闾里的规模

传世文献、简牍以及考古资料中,有不少关于秦汉时期闾里制度的记载,学者对此多有研究。但是,关于闾里的规模,尤其是每里内居住者户数问题,各类文献中记载的数据颇为不同,有 25 家、50 家、72 家、80 家、100 家等不同说法。① 与这些成说类似,史料记载的当时社会上客观存在的每里户数也有很大差异。近年来,新出土的秦简,为探讨秦划分里的户数标准问题提供了新资料。

里耶北护城壕内出土了一批秦简,张荣强认为是秦代迁陵县南阳里户版,并指出:"这批木简是单独出土的,除拼接复原所得的 24 枚户籍简外,其余皆为无字残简。24 枚木简(整简 10 枚、残简 14 枚),一简一户,应当就是南阳里的所有民户。"②有学者认为这批简牍所反映的"南阳"一地所含家户数量至少得有 21 户。③ 不过,刘瑞对这批简牍的年代和性质产生了质疑。④ 前引里耶秦简 16-9 中有"渚里不□劾等十七户徙都乡"一语,陈絜认为此所谓 17 户,

①　参见周长山:《汉代的里》,《大同职业技术学院学报》2001 年第 2 期;周长山:《汉代城市研究》,人民出版社 2001 年版,第 142—143 页。

②　张荣强:《湖南里耶所出"秦代迁陵县南阳里户版"研究》,《北京师范大学学报》2008 年第 4 期,收入《汉唐籍帐制度研究》,第 25 页。

③　陈絜:《里耶"户籍简"与战国末期的基层社会》,《历史研究》2009 年第 5 期。

④　刘瑞从考古地层学角度分析,认为这批户籍简牍在出土于西汉地层、无文献和考古资料表明其时代为秦的情况下,不仅不能定其为秦代户籍资料,更不能据之对秦代户籍等相关制度开展分析演绎。见刘瑞:《里耶古城北城壕出土户籍简牍的时代与性质》,《考古》2012 年第 9 期。

应该就是渚里之中的所有家户数。①

睡虎地秦简《封诊式·毒言》载"某里公士甲等廿人诣里人士五（伍）丙……"，②有学者认为"甲等廿人"可能是除丙以外的某里全部户人代表，果如此，合丙计之，则此里当有 21 户，其实数或过此亦不远，秦里，尤其是城邑之里以 25 户为近是。③ 里耶秦简中还有一些与闾里户数相关的简，如前引简 8-157：

正月戊寅朔丁酉，迁陵丞昌却之启陵：廿七户已有一典，今有（又）除成为典，何律令Ⅰ癒（應）？

再如，简 8-19：

☑□二户。AI

大夫一户。AII

大夫寡三户。AIII

不更一户。AIV

小上造三户。AV

小公士一户。AVI

士五（伍）七户。☑ BI

司寇一【户】。☑ BII

小男子□☑ BIII

---

① 陈絜：《里耶"户籍简"与战国末期的基层社会》，《历史研究》2009 年第 5 期。
② 睡虎地秦墓竹简整理小组编：《睡虎地秦墓竹简》，第 102 页。
③ 张金光：《秦乡官制度及乡、亭、里关系》，《历史研究》1997 年第 6 期；张金光：《秦制研究》，第 599 页。

大女子□☒ BIV

·凡廿五☒ BV①

简 8-157 反映启陵乡成里 27 户设有一里典。② 简 8-19 是有关户数的统计,但性质不明。有学者认为此版头端涂黑,按照秦汉文字简牍的书写规律,说明这是一段小结,最后"·凡廿五"是指总户数,其数量应是一里的规模。③ 从上述简牍所反映的直接与间接资料看,秦闾里的户数以 20 余户为多。不过,里耶秦简 8-1236+8-1791 载:

今见一邑二里:大夫七户,大夫寡二户,大夫子三户,不更五户,

□□四户,上造十二户,公士二户,从廿六户。☒④

有学者推测"一邑"当指迁陵县城,"一邑二里"是说迁陵县城内有二里,也即迁陵县的都乡。⑤ 这个"一邑二里"的聚落共有 61 户,被分成了两个里,平均每里约 30 户,这说明它很可能是以 30 户为设置里的标准。秦始皇统一六国后,"数以六为纪"⑥,如果里内的伍仍然按照"五家为比""五家为邻""五家为

---

①　陈伟主编:《里耶秦简牍校释(第一卷)》,第 32—33 页。

②　秦里应该是每里设置一名里典,汉代里正的设置上也是如此。例如,尹湾汉墓简牍《集簿》东海郡有"乡百七十,匡百六,里二千五百卅四,正二千五百卅二人"(连云港市博物馆等:《尹湾汉墓简牍》,中华书局 1997 年版,第 77 页;张显成等:《尹湾汉墓简牍校理》,天津古籍出版社 2011 年版,第 3 页),基本上可以断定每里设置一个里正,当然尹湾汉墓简牍《集簿》出现两人之差的具体原因不得而知,但这恐怕不是制度性原因造成的。

③　沈刚:《里耶秦简所见民户簿籍管理问题》,《中国经济史研究》2015 年第 4 期。

④　陈伟主编:《里耶秦简牍校释(第一卷)》,第 297 页。

⑤　晏昌贵、郭涛:《里耶简牍所见秦迁陵县乡里考》,载武汉大学简帛研究中心主办:《简帛》第 10 辑,第 148 页;晏昌贵:《秦简牍地理研究》,第 210 页。

⑥　《史记》卷六《秦始皇本纪》,第 237 页。

轨"的原则,则很有可能在划分间里时采用每里 30 户的标准。岳麓秦简"尉卒律"规定按照 30 户的标准设置里典与里老。但是这里需要注意的是,现实中间里的户数不可能达到绝对的标准化,而且划分间里的户数标准和设置里典、老的户数标准也不完全一致。这一点将在第三章讨论里的拆分与合并时再作详细讨论。

根据简 8-157 成里设置里典的情况分析,迁陵县在否定启陵乡设置里典的请求时反问其根据"何律令",反映了迁陵县的否定有律令作为依据,即里典的设置有明确的法律依据,也一定程度上说明了户数在划分里中的重要性。那么,如果一个里内出现户数增长较多的时候,是不是就可以另外划分出一个里呢?答案是肯定的。里耶秦简 8-1236+8-1791 所谓的"一邑二里","邑"是一个古老的概念,一般指人为规划的居所或行政管理下的定居单位,[1]但从这个"邑"的户数规模上来看,它很可能由自然聚落发展而来,即在一个或多个自然聚落的基础上,经过分置或合并等规划行为,将其设置为"一邑二里"。如果是由一个自然聚落发展而来,那么它被划分为两个行政"里",是否说明秦时作为基层行政单位的里,在规划与设置时,出现了和自然聚落相分离的现象呢?质言之,秦人是根据里的户数标准对自然聚落进行间里的分割与设置的,而不是整体上将一个自然聚落规划为一个里。

在将自然聚落纳入国家行政系统时,如果仅仅是对其进行行政上的编组,而不进行新的分割或重建,则其形态未发生根本性的改变;当然,也有可能按照城市间里的形态进行重新规划,从而彻底改变了原有聚落的形态。这两种情况都属于推测,真实的历史到底如何还需要发掘更多的史料来验证,这里主

---

[1]　王彦辉:《秦汉时期的乡里控制与邑、聚变迁》,《史学月刊》2013 年第 5 期。

要探讨闾里户数对聚落形态的影响。

通过前面的分析可知,秦在设置新闾里时执行了相关的户数标准,且有一定的律令作为依据。伴随着统一的进程,秦不论采取上述哪种模式改造基层聚落,其只需根据掌握的人口数量或户数直接进行划分就行,很容易做到数量上整齐划一,且由于其国祚尚浅,还没有遇到因闾里人口增减而对自身形态变化产生显著影响的问题。至汉代,情况则大不一样,闾里的户数和人口数量的变化,尤其是增长,成为影响闾里形态变化,甚至是新型聚落产生的主要因素之一。

关于汉代闾里的户数,《续汉书·百官志》载:"里有里魁,民有什伍,善恶以告。"本注曰:"里魁掌一里百家。什主十家,伍主五家,以相检察。"[1]东汉时期的《太平经》卷四五《起土出书诀第六十一》亦载:"一大里有百户,有百井;一乡有千户,有千井;一县有万户,有万井;一郡有十万户,有十万井;一州有亿户,有亿井。"[2]这两则史料反映的闾里户数以 100 户为标准。但《汉书》中记载了几次设置里的情况与此却并不一致,如:

> 《汉书·张汤传》:"上追思贺恩,欲封其冢为恩德侯,置守冢二百家……故安世深辞贺封,又求损守冢户数,稍减至三十户……遂下诏曰:'其为故掖庭令张贺置守冢三十家。'上自处置其里,居冢西斗鸡翁舍南。"[3]
>
> 《汉书·平帝纪》:"罢安定呼池苑,以为安民县,起官寺市里,募徙贫民,县次给食。至徙所,赐田宅什器,假与犁、牛、种、食。又起五

---

①　《续汉书》志二八《百官五》,中华书局 1965 年版,第 3625 页。
②　王明编:《太平经合校》,中华书局 2014 年版,第 124 页。
③　《汉书》卷五九《张汤传》,第 2651 页。

里于长安城中,宅二百区,以居贫民。"①

《汉书·武五子传》:"'故皇太子谥曰戾,置奉邑二百家……'以湖阌乡邪里聚为戾园。"②

以上史料所涉及西汉时期里的设置情况均是真实发生的历史事实,从中可以看出其事先均经过政府的周密计划,虽然每里的户数不一,但均是整数,表明它们的规划性很强。这与相关史料有关闾里户数规定的描述不同,又与考古发现的材料有区别。这是因为一些文献中的闾里户数往往是一家之言,带有很强的理论层次上的人为规划与设计特征,而考古资料所反映的闾里户数,又往往需要考虑闾里的地理环境、人口自然增长、死亡以及迁徙等情况的影响。

第一则史料说明 30 家置一里,但从前文来看,似乎如果没有张安世请求减少守冢户数一事,则汉宣帝极有可能设置 200 家一里。第二则史料,200 区,每区一户的话,则每里 40 户,按每户 5 人计,则 200 区可以安排 1000 人。如果这样的话,对于大量的流民而言,这区区 200 区 5 里简直就是杯水车薪,根本起不到任何实际的作用。也就是说,在这样的贫民安置区内,是否还能实现每区一户的安置标准是值得怀疑的。当然,区的概念与规模尚值得深入探讨。第三则史料说明湖阌乡邪里聚被规划为 200 户,至少设置为戾园时不能少于此数。即使不考虑上述史料的一些疑点,也找不出汉代在设置里时有统一的户数标准,这可能说明汉代对每里户数并没有严格的限定性规定,规划或划分闾里是根据实际情况的不同,而采取了较为灵活的措施。

---

① 《汉书》卷一二《平帝纪》,第 353 页。
② 《汉书》卷六三《武五子传》,第 2748 页。

再来看看简帛资料中所反映的汉代闾里户数的情况。湖北江陵凤凰山十号汉墓《郑里廪薄》载郑里贷种者有 25 户。[1] 考虑到他们可能是贫民，如果还有不需要贷种的家庭，则郑里当不只 25 户。不过，据裘锡圭认为："郑里的总户数即使超过二十五户，也只能是超过不多的几家。"[2]

此外，江陵凤凰山十号汉墓死者随葬的木牍中，详细记载了平里居民给死者致助葬钱的名单：

载翁仲七十	王翁季五十	杨公子卅
庄伯五十	胡兄五十	靳悍卅
应小伯五十	袁兄五十	张父卅
□翁仲五十	氾氏五十	
陶仲五十	姚季五十	
王它(？)五十	张母(？)卅	
	张苍卅	
不予者　陈黑	宋则齐[3]	

名单上总计有 18 人，如每人代表一户，加上死者本户，可得平里有 19 户。木牍中记录有"不予者"的名单，说明其反映的信息面还是较宽的，认为其基本上将该里所有户数都统计在内，具有一定的可信度。这里需要指出一个以往

---

[1]　长江流域第二期文物考古工作人员训练班：《湖北江陵凤凰山西汉墓发掘简报》，《文物》1974 年第 6 期；裘锡圭：《湖北江陵凤凰山十号汉墓出土简牍考释》，《文物》1974 年第 7 期，收入《裘锡圭学术文集·简牍帛书卷》，复旦大学出版社 2012 年版，第 1—24 页。

[2]　裘锡圭：《湖北江陵凤凰山十号汉墓出土简牍考释》，《文物》1974 年第 7 期；《裘锡圭学术文集·简牍帛书卷》，第 16 页。

[3]　李均明、何双全编：《秦汉魏晋出土文献散见简牍合辑》，文物出版社 1990 年版，第 67 页；湖北省文物考古研究所编：《江陵凤凰山西汉简牍》，中华书局 2012 年版，第 92—94 页。

被忽视的对研究里户数颇有价值的记载,即凤凰山十号汉墓出土的有关记录刍稿文书,其中也涉及平里的户数问题。

> 平里:户刍廿七石,
>
> 田刍四石三斗七升,
>
> 凡卅一石三斗七升;
>
> 八斗为钱,
>
> 六石当稿,
>
> 定廿四石六斗九升当食(?)。
>
> 田稿二石二斗四升半,
>
> 刍为稿十二石,
>
> 凡十四石二斗八升半。
>
> 稿上:户刍十三石,
>
> 田刍一石六斗六升,
>
> 凡十四石六斗六升;
>
> 二斗为钱,
>
> 一石当稿,
>
> 定十三石四斗六升给当□。
>
> 田稿八斗三升,
>
> 刍为稿二石,
>
> 凡二石八斗三升。①

---

① 李均明、何双全编:《秦汉魏晋出土文献散见简牍合辑》,第69—70页;湖北省文物考古研究所编:《江陵凤凰山西汉简牍》,第103—104页。

这两则史料十分珍贵，它详细地记载了汉文景时期基层刍稿税征收情况，[1]于振波对汉代的户赋和刍稿税的基本史实作了澄清和分析，并指出以上凤凰山汉墓木牍内容与《张家山汉简·二年律令》的有关规定大体相符，说明《二年律令》的法律条文在汉代基层社会得到了执行。[2]《二年律令·田律》规定：

> 卿以下，五月户出赋十六钱，十月户出刍一石，足其县用，余以入顷刍律入钱。[3]

按照"户出刍一石"税率标准，结合上引凤凰山十号汉墓木牍有关的刍稿征收实录，则平里有 27 户，稿上有 13 户。那么，平里的户数就与上文推算的情况出现了差异，是助葬钱名单的 19 户有误，还是根据刍税征收情况所作的推算有误呢？如果不是按每户一石的标准征收刍税的话，则平里和稿上所收的刍税总数不至于如此巧合，均是整数。[4] 当然不按每户一石征收，整里总征收量出现整数的概率当然是有的，但是结合张家山汉简《二年律令·田律》的法律条文，凤凰山汉墓木牍记载的刍税税率是每户一石的可信度还是较高的。

---

① 关于江陵凤凰山汉墓简牍的时代，参见裘锡圭：《湖北江陵凤凰山十号汉墓出土简牍考释》，《文物》1974 年第 7 期；《裘锡圭学术文集·简牍帛书卷》，第 1—24 页；黄盛璋：《江陵凤凰山汉墓简牍及其在历史地理研究上的价值》，《文物》1974 年第 6 期，收入《历史地理与考古论丛》，齐鲁书社 1982 年版，第 166—193 页。

② 于振波：《从简牍看汉代的户赋与刍稿税》，《故宫博物院院刊》2005 年第 2 期，后经修改，以《汉代的户赋与刍稿税》为题收入《简牍与秦汉社会》，湖南大学出版社 2012 年版，第 66—72 页。

③ 张家山二四七号汉墓竹简整理小组编著：《张家山汉墓竹简［二四七号墓］（释文修订本）》，文物出版社 2006 年版，第 43 页。

④ 李恒全曾指出："张家山汉简《二年律令·田律》规定户刍征收标准每户一石，而凤凰山十号汉墓 6 号木牍有'平里户刍廿七石'、'稿上户刍十三石'，也恰好都是整数，说明凤凰山十号汉墓 6 号木牍征收的刍稿帐，执行的仍然是张家山汉简《二年律令·田律》所规定的户刍征收标准，即每户一石，否则总额很难恰好都是整数。"参见李恒全：《汉文帝未曾连续十余年不收田租再论》，《中国农史》2012 年第 2 期。

1973 年长沙马王堆三号汉墓出土的《地形图》和《驻军图》上均标有居民地。《地形图》标出 80 多个居民地,其中县级 8 个,用方框符号表示,乡里级居住地可辨认的有 72 个,用圆圈符号表示,符号的大小表示居民地的大小。①《驻军图》上标注有名称的居民地有 49 处。大多数用红圈突出表示,地名注于圈内,其中有不少里清楚地旁注出户数(表 3)。

表 3　马王堆《驻军图》部分里情况表②

里名	基本情况	里名	基本情况
上蛇	廿三户 □□□	邰里	□□□ 今毋 人
孑里	卅户 今毋 人	稗里	□户 并□ 不反
□里	□十户 今毋人	瘗里	五十七户 不反
绹里	五十三户 今毋人	资里	十二户 不反
溜里	十三户 今毋人	龙里	百八户 不反
虑里	卅五户 今毋人	蛇下里	卅七户 不反
波里	十七户 今毋人	胡里	并路里
沙里	卅三户 今毋人	□里	并□里
智里	六十八户 今毋人	□里	并乘阳里
乘阳里	十七户 今毋人	弇里	并波里
□里	□六户 今毋人	兼里	并虑里
垣里	八十一户 今毋人	埼里	并波里
沛里	卅五户 今毋人	封里	到廷五十四里并解里到袍廷五十里
路里	卅三户 今毋人	石里	到乘五十里　并石到延六十里
□□	□十四户 今毋人	绹部	到到邑到□

---

① 湖南省博物馆、湖南省文物考古研究所编著:《长沙马王堆二、三号汉墓》第一卷《田野考古发掘报告》,文物出版社 2004 年版,第 95 页。1975 年发表的整理报告说乡里级居住地可辨认的有 74 个,见马王堆汉墓帛书整理小组:《长沙马王堆三号汉墓出土地图的整理》,《文物》1975 年第 2 期。

② 马王堆汉墓帛书整理小组:《马王堆三号汉墓出土驻军图整理简报》,《文物》1976 年第 1 期;湖南省博物馆、湖南省文物考古研究所编著:《长沙马王堆二、三号汉墓》第一卷《田野考古发掘报告》,第 99—103 页。

论者在论及汉代闾里户数的时候，多引此《驻军图》有关里户数的标注以作为立论的证据，但是朱桂昌早已指出：1.××户，今毋人：该里总户数中有若干户现已经无人；2.××户，不反：这里总户数中共有若干户，它去未归；3.并×里：该里居民已并入某里。① 其立论的主要根据是：弇里等注明并入波里，但波里旁注却是"十七户，今毋人"，这是自相矛盾的，因此《驻军图》旁注里户数肯定不是该里的总数。有鉴于此，在讨论西汉每里户数这一问题时，对马王堆《驻军图》中的相关数据应该采取谨慎的态度。不过，单就其中户数最多的龙里108户不返来说，可能反映了《驻军图》所在区域每里户数的较高值或最高值。

此外，一些记载有户籍和里的汉代简牍，一定程度上也反映了当时每里户数的情况，如《尹湾汉墓简牍》记载当时东海郡共计266290户，置2534里，则里均105户。② 杨剑虹根据居延汉简的情况，认为居延县有6个乡，西汉时有82个里，东汉14个里，每乡约4—5里，每个里约56户左右。③ 何双全也以张掖郡居延县为例，认为简牍中凡见80个里，约为4个乡管辖，每乡有20个里。张掖郡有10县，总户数为24352户，平均计每县有2435.2户，每一乡有608.8户，每里则30余户，这是平均值，较小的里就不满30户，或更少。④

可见，汉代每里户数似乎并没有固定标准，而考古资料所反映的户数差别

① 朱桂昌：《关于帛书〈驻军图〉的几个问题》，《考古》1979年第6期，收入《秦汉史考订文集》，云南大学出版社2009年版，第166—170页。

② 连云港市博物馆等编：《尹湾汉墓简牍》，第77页；张显成等：《尹湾汉墓简牍校理》，第3—4页。

③ 杨剑虹：《从简牍看秦汉时期的乡与里组织》，载陕西历史博物馆馆刊编辑部编：《陕西历史博物馆馆刊》第3辑，西北大学出版社1996年版，第136—144页。

④ 何双全：《〈汉简·乡里志〉及其研究》，载甘肃省文物考古研究所编：《秦汉简牍论文集》，甘肃人民出版社1989年版，第179—180页，收入《双玉兰堂文集（下）》，兰台出版社1991年版，第761页。

亦十分明显。考古资料是当时社会真实的直接反映,与有关史料在记载里户数标准时只举成数的现象①应分开来分析,考古资料往往更具有普遍意义。

长沙尚德街东汉简牍木牍 84 背面:"诏书:百户置一正,贫富不得容奸证。"②正,里正。可见,东汉置里正的户数标准是 100 户,但这并不意味着每个聚落均为 100 户。前引《太平经》所谓"一大里有百户",即推算的起点假定每里有 100 户,且强调的是"大里",足见当时存在不满 100 户的小里。当然,造成里户数不一的原因有很多,正如周长山所指出的那样:"里这一基层行政组织的构成,往往受地理环境、人口密度、政治形势甚至经济形势等多种条件的限制。加之疾病死亡、出生多少、户口迁徙等多方面因素的影响,在全国范围内经常性地保持一里百家(或数十家)的定制,显然是不太可能的。"③

由于拥有辽阔的疆域,不同区域的自然和社会环境又有着极大的差别,所以西汉政府在规划、设置闾里时,很可能采取的是一种因时、因地、因事而宜的灵活性政策,并没有像秦一样执行严格的闾里户数划分标准。闾里的基本功能是为居民提供居住空间,但一方面人具有生老病死的自然属性,另一方面又具有因社会原因造成的流亡或迁徙等社会属性。对形态整齐划一的闾里制聚落而言,其内部人口数量的不断变化,势必会对其产生一定的冲击,导致闾里的人口规模出现增多或减少的现象,这或许就是文献与考古资料所反映的西汉时期里户数反差如此之大的主要原因之一。故此,各类文献中有关西汉闾里户数的差异,说明随着社会、经济的发展,人口数量逐渐成为影响闾里规模的主要因素之一,当原有规划整齐的闾里无法容纳日益增长的人口时,就会导

---

① 马新、齐涛:《汉唐村落形态略论》,《中国史研究》2006 年第 2 期。
② 长沙市文物考古研究所编:《长沙尚德街东汉简牍》,岳麓书社 2016 年版,第 169 页。
③ 周长山:《汉代城市研究》,第 144 页。

致新聚落的形成。

如前所述，《驻军图》在里户数上的参考价值需要再探讨，但其中一个更重要的信息不能忽略，那就是"并里"现象。《驻军图》反映的是西汉初年长沙国南部边界的情况，对于研究西汉初年长沙国与南越国之间国界有重要的参考价值。① 其地远离当时的统治中心，汉朝对其所能实现的社会控制力度相对比较薄弱，而这一地区也可能存在较多的少数民族，加之该地区地理环境的影响，其聚落形态肯定趋于多样化。结合当时南越国与汉朝若即若离的关系，以及时常存在发生军事冲突危险的事实，西汉政府对与南越国接界地区的聚落施行新的有利于社会控制的集中管理是非常有必要的。《驻军图》所反映的"并里"现象，正说明西汉对这一地区的控制力度正在加强，这与商鞅变法时期施行的"集小乡邑聚为县"措施具有同样的政治、军事等效应。即通过"并里"的方式，将分散的自然聚落重新组合，打破了原有社会居民之间的结合方式，尤其是分散了当地原有少数民族之间以血缘为主的族的自律性联系纽带，弱化和分解了族的凝聚力，而官僚制的集中管理可以强化对当地社会的控制力度。如张继海曾指出："马王堆两幅帛书地图反映了西汉初年长沙国南部地区越人的基层聚落形态。随着大一统政权的巩固，这里的聚落形态正在与全国的基本模式趋向一致，帛书地图生动地揭示了这一转变过程。"②

将《驻军图》所反映的"并里"、春秋以来县的普遍化、商鞅县制以及"集小乡邑聚为县"等史实联系起来，将有利于总结春秋战国秦汉时期在中央集权和君权强化过程中地方行政制度发展的整体趋势以及城市和聚落形态的演变

① 谭其骧：《马王堆汉墓出土地图所说明的几个历史地理问题》，《文物》1975年第6期，收入湖南省博物馆编：《马王堆汉墓研究》，湖南人民出版社1981年版，第316—325页，又收入谭其骧：《长水集（下）》，人民出版社1987年版，第246—262页。
② 张继海：《汉代城市社会》，第83页。

与发展动因。春秋战国时期,战争与兼并日益激烈化,在此过程中国家的领土意识逐渐增强,为了扩大赋税与兵役来源,列国纷纷改革地方行政制度,打破了原有制度下国野的分界,将原来广泛处于野内的蛮、夷、狄、戎等部落纷纷纳入管辖范围,而边疆地区直辖于君主的县也普遍出现。战国中期,为了富国强兵,商鞅在关东诸国新法的基础上,对秦国进行了彻底改革,在地方行政体系上采取了新型的县制,并对全国范围内各类形态的小聚落进行了合并,使它们逐渐地城市化与闾里化,这实际上是在领土意识强化以后,对国内所有能利用的人力、地力等资源进行整合的结果。

秦统一以后,在新的疆域上推广郡县制度,必然将各类自然聚落一致性地纳入官僚制的管理体系之中。《驻军图》所反映的"并里"现象,则是西汉为了强化对边疆地区控制而采取的措施,是战国以来聚落形态城市化与闾里化的延续。由此可见,郡县和乡里制度以其独特的强化中央集权和君主专制的属性,在国家疆域扩大的过程中被逐渐推广,并在社会控制中发挥了重要作用。就闾里而言,它之所以能具有很强的社会控制作用与其外部形态有着密切的关系。

三、闾里的形态

关于闾里的形态,首先来看两则学术界广泛征引的史料:

《汉书·食货志》:"在壄曰庐,在邑曰里。五家为邻,五邻为里,四里为族,五族为党,五党为州,五州为乡。乡,万二千五百户也。邻长位下士,自此以上,稍登一级,至乡而为卿也。于是里有序而乡有庠。序以明教,庠则行礼而视化焉。春令民毕出在壄,冬则毕入于邑。……春,将出民,里胥平旦坐于右塾,邻长坐于左塾,毕出然后归，夕亦如之。入者必持薪樵，轻重相分，班白不提挈。冬，民既入，妇人同巷，相从夜绩，女工一月得四十五日。"①

《春秋公羊传·宣公十五年》何休注曰："在田曰庐，在邑曰里。一里八十户，八家共一巷。中里为校室，选其耆老有高德者名曰父老，其有辩护伉健者为里正，皆受倍田，得乘马。父老比三老孝弟官属，里正比庶人在官。吏民春夏出田，秋冬入保城郭。田作之时，春，父老及里正旦开门坐塾上，晏出后时者不得出，莫不持樵者不得入。五谷毕入，民皆居宅，里正趋缉绩，男女同巷，相从夜绩，至于夜中，故女功一月得四十五日作，从十月尽正月止。"②

上述史料主要阐述了里的形制、居民生活状态、里吏的设置和社会管理等方面的内容。班固在《汉书·食货志》中明确说明了其描述的是先王之制，而何休的论述是为《春秋公羊传》所作的注，说明在他心中其阐述的内容也应为古制。从这两段内容来说，其相似程度非常的高，看来东汉学者对里的认识具有一致性。不仅如此，西汉晁错在论徙民实边的对策中，也涉及里的规划及相关生产、生活设施的配置等问题，晁错曰：

臣闻古之徙远方以实广虚也，相其阴阳之和，尝其水泉之味，审其土地之宜，观其草木之饶。然后营邑立城，制里割宅，通田作之道，正阡陌之界。先为筑室，家有一堂二内，门户之闭，置器物焉，民至有

---

① 《汉书》卷二四上《食货志上》，第 1121 页。
② （汉）公羊寿传，（汉）何休解诂，（唐）徐彦疏：《春秋公羊传注疏》，载（清）阮元校刻：《十三经注疏》，中华书局 1980 年版，第 2287 页。

所居,作有所用,此民所以轻去故乡而劝之新邑也。为置医巫,以救疾病,以修祭祀,男女有昏,生死相恤,坟墓相从,种树畜长,室屋完安。此所以使民乐其处而有长居之心也。①

所谓"制里割宅"一语,表明里、宅的规整性特征十分明显,已经超出了班固与何休所描述的里的内部形态,涉及城邑内里与里之间,里与宅之间的关系。近年来公布的张家山汉简证实上述有关里整体结构的认识具有一定的可靠性,《二年律令·户律》:

自五大夫以下,比地为伍,以辨 券 为信,居处相察,出入相司。有为盗贼及亡者,辄谒吏、典。田典更挟里门籥(鑰),以时开;三〇五伏闭门,止行及田作者;其献酒及乘置乘传,以节使,救水火,追盗贼,皆得行,不从律,罚金二两。三〇六

隶臣妾、城旦舂、鬼薪白粲家室居民里中者,以亡论之。三〇七

募民欲守县邑门者,令以时开闭门,及止畜产放出者,令民共(供)食之,月二户。三〇八②

上述律文说明班固和何休的描述是有根据的,他们或许就是以两汉时期里的基本情况为出发点,对"先王"时期的里进行了推测性描述,而非凭空假想。《二年律令·户律》已经看不到邑与野的区分,强调的是爵位在五大夫以

①《汉书》卷一九《晁错传》,第2288页。
② 张家山二四七号汉墓竹简整理小组编著:《张家山汉墓竹简[二四七号墓](释文修订本)》,第51页。

下的所有居民，均应"比地为伍"地居住在里内。这说明西汉时期里已经成为城市、乡野常态化的居住形式之一，即不管是城市、还是乡野的居住形式都已经出现了闾里化的趋势，①至少在国家和法律层面是这样规定的。

关于这一点，王爱清指出："秦汉时期的里虽规模大小不一，也不管是城中之里还是乡村之里，其建制并非任其自然，而经过严格的规划。里的建制就在于强化对编户齐民的人身控制，因而体现了国家的行政权力。这一点通过墙院道路系统的严整性、住宅面积的法定标准性和里民居住的严格分域性集中体现出来。"②苏卫国也认为："一般律文往往具有普遍约束力，既然文字中没有其他附加的说明，我们可以推断，其规定应当普遍适用于城邑与乡野。"③如果以上推测符合历史事实，则再一次有力地说明自商鞅变法起聚落形态的闾里化趋势在西汉时期仍然处于继续深化的发展过程之中。

关于里的建筑形态与布局，日本学者宫崎市定及中国学者张春树、何双全、周长山、王爱清④等已经进行了充分而翔实的研究，其中尤其以何双全根据

---

① 在研究秦汉时期里的时候，很多学者均已呼吁要注意城邑（市）之里和乡村之里的区分，参见张金光：《秦乡官制度及乡、亭、里关系》，《历史研究》1997 年第 6 期；张继海：《汉代城市社会》，第 69 页。

② 王爱清：《秦汉里制研究》，苏州大学 2005 年硕士学位论文，第 14 页。

③ 苏卫国：《秦汉乡亭制度研究——以乡亭格局的重释为中心》，黑龙江人民出版社 2010 年版，第 46 页。

④ ［日］宫崎市定：《中国における聚落形体の变迁について——邑·国と乡·亭と村とに对する考察》，原载《大谷史学》1957 年第 6 号；中译本《中国聚落形态的变迁——关于邑、国、乡、亭、村的考察》，载张学锋、马云超等译：《宫崎市定亚洲史论考》，第 525—548 页；参见《关于中国聚落形体的变迁》，黄金山译，载刘俊文主编：《日本学者研究中国史论著选译》第 3 卷《上古秦汉》，第 1—29 页；张春树：《汉代边地上乡和里的结构——居延汉简集论之二》，原载《大陆杂志》第 32 卷第 3 期，收入《大陆杂志史学丛书》第 3 辑第 2 册《秦汉中古史研究论集》，大陆杂志社 1970 年版，第 51—55 页；何双全：《〈汉简·乡里志〉及其研究》，载甘肃省文物考古研究所编：《秦汉简牍论文集》，第 183—186 页，收入《双玉兰堂文集》（下），第 767—769 页；周长山：《汉代的里》，《大同职业技术学院学报》2001 年第 2 期；周长山：《汉代城市研究》，第 142—149 页；王爱清：《秦汉里制研究》，苏州大学 2005 年硕士学位论文；王爱清：《秦汉乡里控制研究》，山东大学出版社 2010 年版。

文献和居延汉简所作的研究成果最为突出,他据此还绘出了里的平面示意图(图1)。

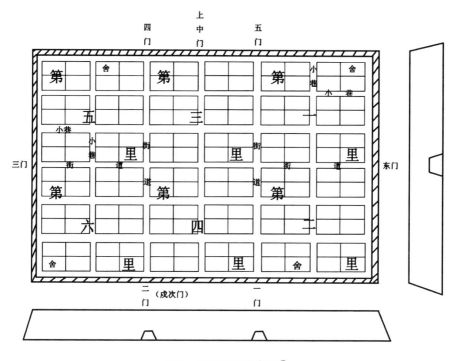

图1 里平剖面示意图①

研究里时要注意城市之里和乡野之里的区别,如此,图1所示的里平面结构显然更适合于城市。虽然存在"并里"的情况,但一般情况下,乡野之里还是建立在自然聚落基础之上。故此,乡野之里的建筑规划出现如此大规模网格化的可能性不是很大,但作为里的基本组成要素,如里门、里墙,以及为适应"比地为伍"要求而对里进行的分区等现象还是存在的,只是因为人口数量的原因,乡野之里在规模上可能远较城市里为小。

这里需要特别指出一点,从班固、何休与晁错等人的描述来看,他们口中

---

① 据何双全《〈汉简·乡里志〉及其研究》一文"里平剖面示意图"重绘。

闾里的性质显然是秦汉时期典型的农业聚落。这说明这种经过严格规划、形态整齐划一的聚落实际上多是为了方便组织农业生产活动而设计的。张家山汉简中的相关论述证实了这一点,"田典""田作"等透露了农业是该类型聚落的主要生产性活动。从这一角度来说,自商鞅变法以来的聚落闾里化,实际上是农业文化及其生产生活方式扩张的结果,是为了发展农业而实施的对其他形态聚落的一种改造,其实质是生产方式发展的外在表现。

里作为一种居民的地域性组织有着悠久的历史,春秋战国时期逐渐地被完善和发展,至秦汉时期其外部形态基本固定下来,成为国家施行社会控制的一个关键环节,是国家政策、法律的落实者和执行者,在基层社会中发挥着重要作用,是秦汉时期地方行政制度的一大特色。纵观整个秦汉时期,秦统一中国之后,可能严格执行了自商鞅变法时期延续下来的政策,对每里的户数限定较为严格。而西汉时期可能并没严格规定每里的户数,这或许是西汉承秦峻法猝亡之后,在这一问题上采取了因地制宜的规划措施。但无论有无具体的数量标准,在社会长期发展之后,导致闾里内人口增加或减少的因素有很多,故此西汉时期各类史料所记载的每里人口数量之间差异十分明显。

综上所述,春秋战国是中国古代社会的转型期,由于生产力的发展,经济基础的变化逐渐引起上层建筑的变化。一般而言,春秋是西周的延续,二者的社会性质与结构基本相同,而战国是秦汉的开端,区别在于战国是区域性中央集权国家,秦汉是大一统中央集权国家。秦国商鞅变法主要目的是富国强兵,采取的主要措施仍然是强化君主专制和中央集权,这是历史发展的大趋势。

通过推行县制,将小乡、邑、聚等合并为县,秦国建立起高效的地方行政体系,对原有的宗法血缘关系产生冲击,促使了宗族结构的解体,实现了君主对个人的直接统治。在具体的社会控制策略上，县下设乡、里两级基本行政机构。作为实际居住地的闾里，修建有垣墙和里门等建筑设施，并采取"令民为什伍，而相牧司连坐"的策略，置伍长等实施严密的互相监控，以加强对人身的控制。一些自然聚落通过合并等途径，在外部形态及内部组织结构等方面，均被加以改造，秦国聚落形态整体上表现出城市化与闾里化的特征。

里的起源较早，西周时期已经出现，但这时的里仍然是兼顾血缘与地缘结构的聚落组织。虽然里内以血缘关系为主，但为了监视与遏制宗族势力，地缘政治色彩逐渐加强，成为后世里制的源头。至战国时期，里逐渐普遍化。关于里的户数规模，传世文献与出土简帛资料记载各不相同，有些数字相差较大。从出土秦简看，秦里户数规模以 25 户至 30 户为多。汉代，随着社会稳定、经济发展、人口增加，里的户数也在增长。由于闾里具有稳固的垣墙等外部形态，不能容纳更多的人口，当原有里的人口规模扩大以后，新的聚落开始出现，这正是汉代聚落形态演变的主要原因之一。

第二章 自然性与多样化：秦汉聚落形态的发展与变化

商鞅变法确立的以耕战为目标的社会组织结构和权力体系，推动了中央集权与君主专制制度的发展，并最终帮助秦成功建立了大一统的皇帝制国家，这一历史进程在基层社会主要体现在乡里什伍组织及间里化聚落的建立。汉代聚落形态的人为规划性减弱、自然性增加，这与社会稳定、经济发展以及基层社会控制策略的转变等因素有关。秦汉基层社会控制政策的差异是聚落形态间里化与自然性特征产生的主要原因之一，而地理环境差异、风俗习惯不同等因素决定了聚落形态具有多样性特征。秦汉聚落形态演变规律与特征，是基层社会控制政策差异的外在表现，其目的本质上是构建稳固的乡里社会秩序，这一政策成功与否，也直接影响了国家的命运。

第一节 出土简牍所见秦聚落的形态

传世文献与出土简牍资料均表明县城之外乡野聚落广泛存在，这些乡、里、聚落的形态,受到商鞅变法的影响,一部分已经闾里化,但自然形成的分散型聚落仍然存在,如北京大学藏秦简《水陆里程简册》中的"落"等。分散型聚落反映了聚落的自然性,闾里化聚落反映了行政手段对聚落形态的影响,前者是后者存在的基础,二者同时并存,说明聚落具有自然和社会双重属性。

一、闾里与"聚邑"

县城之外的乡野聚落广泛存在,如里耶秦简反映迁陵县除县廷所在的都乡外,还有启陵乡和贰春乡,其中启陵乡下辖成里,贰春乡下辖南里、东成里、舆里。由于行政区划的变化,迁陵县还曾设置渚里、右里、贾里、南阳里等。[①]这些已经被纳入乡里统治秩序中的乡野之里,其形态是否整齐划一,仍存在争议。除乡外,县城之外仍然有聚的存在。有史料反映它们内部被规划为布局规整的闾里,并设置了里吏进行管理,这表明商鞅在"集小乡邑聚为县"时,对乡野聚落的形态进行改造是可能的,如《史记·樊郦滕灌列传》载:"曲周侯郦商者,高阳人。"唐司马贞《索隐》:"高阳,聚名,属陈留。"唐张守节《正义》:"雍丘西南聚邑人也。"[②]可见,高阳原本是聚。《史记·郦生陆贾列传》载:

> 郦生食其者,陈留高阳人也……为里监门吏……后闻沛公将兵略地陈留郊,沛公麾下骑士适郦生里中子也,沛公时时问邑中贤士豪俊……沛公至高阳传舍,使人召郦生……郦生曰:"……夫陈留,天下之冲,四通五达之郊也,今其城又多积粟。臣善其令,请得使之,令下足下。即不听,足下举兵攻之,臣为内应。"于是遣郦生行,沛公引

---

① 晏昌贵、郭涛:《里耶简牍所见秦迁陵县乡里考》,载武汉大学简帛研究中心:《简帛》第10辑,第145—154页;晏昌贵:《秦简牍地理研究》,第189—231页。
② 《史记》卷九五《樊郦滕灌列传》,第2660页。

兵随之,遂下陈留。①

高阳,南朝宋裴骃《史记集解》:"徐广曰:'今在圉县。'"②《史记·高祖本纪》:"西过高阳。"裴骃《集解》:"文颖曰:'聚邑名也,属陈留圉县。'瓒曰:'《陈留传》曰在雍丘西南。'"③高阳的行政隶属关系,文颖、徐广、瓒等人系从汉代以后的行政区划言之。胡宝国指出,《史记》记载人物籍贯的方式相当混乱,出现了以战国国名、封国国名、郡名、县名、郡县名等为籍贯的方式,但是翻检全书,又于混乱中有清晰的特点:以县名为人物籍贯的场合非常多。④ 郦食其为刘邦献计攻打陈留时说"臣善其令",可知这里的陈留确指陈留县,秦时陈留属砀郡。⑤ "沛公将兵略地陈留郊",自然是指陈留县郊外。高阳在行政上隶属于陈留县,且位置距陈留县城当不至太远,这样,刘邦麾下与郦食其同里的骑士方能在刘邦略地至陈留县郊外时得以返回里中。可见,《史记》记载郦食其籍贯时使用了县聚名的方式。郦食其所居高阳聚之里位于陈留县之郊外,属于县城之外的乡野之里。⑥ 郦食其"为里监门吏",说明这个"里"属于人为

---

① 《史记》卷九七《郦生陆贾列传》,第 2691—2693 页。
② 《史记》卷九七《郦生陆贾列传》,第 2691 页。
③ 《史记》卷八《高祖本纪》,第 358 页。
④ 胡宝国:《〈史记〉〈汉书〉籍贯书法与区域观念变动》,载《周一良先生八十生日纪念论文集》,中国社会科学出版社 1993 年版,第 18—26 页;又载《将无同:中古史研究论文集》,中华书局 2020 年版,第 1—2 页。
⑤ 周振鹤、李晓杰、张莉:《中国行政区划通史·秦汉卷》,复旦大学出版社 2017 年版,第 81—82 页。
⑥ 郭嵩焘指出:"《地理志》陈留无圉县。《郦食其传》云:'陈留高阳人也。'又云:'为里监门。沛公掠地陈留郊,沛公麾下骑士适食其里中子。'是高阳乃陈留县里名。"(清)郭嵩焘:《史记札记》,商务印书馆 1957 年版,第 227—228 页。高阳隶属于陈留的判断是正确的。朱桂昌认为高阳原称里,后发展成聚。参见朱桂昌:《古"聚"考说》,载云南大学历史系编:《纪念李埏教授从事学术活动五十周年史学论文集》,云南大学出版社 1992 年版,第 235—246 页,后收入《秦汉史考订文集》,第 177 页。同样认为高阳是郦食其所居之里名。高阳应是一个"聚邑",郦食其所居之里,应该在此聚邑内,其下是否仅有一里,史无明言,但不排除存在多个里的可能性。

规划整齐划一的里,具有门闾、垣墙等基础设施。此外,高阳又被称作"邑",所谓"沛公时时问邑中贤士豪俊",正与前引裴骃和张守节的注解相呼应,足见高阳虽然是一个聚邑,也应建有一定的城墙等设施。情况与此类似的还有刘邦出生地丰邑。

《汉书·高帝纪》载:"高祖,沛丰邑中阳里人也。"颜师古注曰:"沛者,本秦泗水郡之属县。丰者,沛之聚邑耳。方言高祖所生,故举其本称以说之也。此下言'县乡邑告喻之',故知邑系于县也。"[①]作为沛县的聚邑,丰下设置有中阳里,这个里也应当是整齐划一的。据《汉书·高帝纪》载"秦二年十月,沛公攻胡陵、方与,还守丰。秦泗川监平将兵围丰。二日,出与战,破之。令雍齿守丰。"[②]《史记·高祖本纪》记载高祖十年(前197年),"七月,太上皇崩栎阳宫。楚王、梁王皆来送葬。赦栎阳囚。更命郦邑曰新丰"。张守节《正义》引《括地志》:"新丰故城在雍州新丰县西南四里,汉新丰宫也。太上皇时悽怆不乐,高祖窃因左右问故,答以平生所好皆屠贩少年,酤酒卖饼,斗鸡蹴踘,以此为欢。今皆无此,故不乐。高祖乃作新丰,徙诸故人实之。太上皇乃悦。"[③]《西京杂记》:"高帝既作新丰,并移旧社。衢巷栋宇,物色惟旧。士女老幼,相携路首,各知其室。放犬羊鸡鸭于通涂,亦竟识其家。"[④]可见,原丰邑的聚落结构布局也是整齐划一的。

高阳和丰的情况,说明商鞅变法所谓"集小乡邑聚为县",并不是把所有乡聚都集中到县城中去,乡野仍然存在一定的聚邑,但它们的形态应该是

---

① 《汉书》卷一《高帝纪》,第1页。
② 《汉书》卷一《高帝纪》,第11—12页。
③ 《史记》卷八《高祖本纪》,第387页。
④ (晋)葛洪撰,周天游校注:《西京杂记》卷二《作新丰移旧社》,三秦出版社2006年版,第88页。

以规划整齐的间里为主。这些聚邑之所以修筑城防等设施,军事上的需要可能是一个重要原因。前引贾谊《过秦论》提到"秦小邑并大城,守险塞而军,高垒毋战,闭关据阸,荷戟而守之。"①这里的"小邑"很可能就是指县城之外的形态整齐划一的聚邑。出于形势的需要,除将一部分位于乡野的聚落并入大城之外,就是在一部分聚落周围修筑军事防御设施,甚至是城郭。这些聚邑最初可能规模较小,后来人口规模扩大,加上防卫需要而修筑城墙等防御工事,逐渐形成了规模较大的聚邑。如高阳拥有"传舍",说明它处于交通要道上,又临近陈留县城,故人们在这里汇聚,从而形成规模较大的聚邑。

二、分散型聚落

天水放马滩秦墓木板地图对当时的聚落形态也有所反映。地图共有七幅,注记有居民点、山、谷、河流、关隘、林木等物产资源以及道路里程等,②其中图一注记的地名有:邧、□里、槐里、潜、邸、封丘、右田、中田、南田、广堂等。③ 这些地名外面均画有适当的方框,徐日辉指出,"封丘"与"中田""杨里"的方框面积相等,而且所有方框的画法都是手工操作,没有使用直尺等工具,所以线条大小各不相同,但指导思想统一、画法一致,看不出有"里""县"

---

① 《史记》卷六《秦始皇本纪》,第 277 页。
② 甘肃省文物考古研究所:《天水放马滩秦简》,中华书局 2009 年版,第 149—155 页。
③ 陈伟主编,孙占宇、晏昌贵等撰著:《秦简牍合集·释文注释修订本(肆)》,武汉大学出版社 2016 年版,第 194—195 页。秦及西汉初年在基层设置了"乡部""田部"两套平行的行政机构(参见卜宪群:《秦汉之际乡里吏员杂考——以里耶秦简为中心的探讨》,《南都学坛》2006 年第 1 期;王彦辉:《田啬夫、田典考释——对秦及汉初设置两套基层管理机构的一点思考》,《东北师范大学学报》2010 年第 2 期;王彦辉:《秦汉户籍管理与赋役制度研究》,第 39—63 页),放马滩地图中的右田、中田、南田等地名值得注意,应就是当时的田部。

之分的迹象,不存在以框大小定"里""县"的具体图式。① 仔细观察注记地名与方框的关系,可知方框随地名字迹的大小、宽窄变化而变化,又因系手绘而呈现出不规则性,故此说可信。晏昌贵指出,必须承认放马滩各图表现的地理因素确有不同,图一的地名全都加方框,表示居民点。但各居民点之间并无界线,所以严格地说,并非"政区图"。图二居民点"广堂""中田"加方框,其余则不加,表示一般地名或河谷山川名。② 就图一居民点来说,不管"封丘"等是否是更高一级的行政机构名称,但"□里""槐里"是位于乡野的闾里这一点,没有太多疑义。很直观,聚落呈现沿河流分布的形态。由于地图注记仅表示居民点的位置,所以无从了解聚落的内部形态。③ 需要注意的是,为了与山川河谷等地名相区别,居民点外面加了方框,这是学者们判断这些地名是居民点的主要依据之一,表明城邑、闾里四周的垣墙等建筑设施可能对地图图示的体例产生了影响。故此,放马滩地图所涉及的乡野之里可能具有垣墙等建筑设施,内部形态较为规整。

放马滩地图二中还有一个地名需要特别予以解释,那就是"乍格"。④

---

① 徐日辉:《"邽丘"辨——读天水〈放马滩秦墓出土简图〉札记》,载中国地理学会历史地理专业委员会《历史地理》编辑委员会编:《历史地理》第 14 辑,上海人民出版社 1998 年版,第 322 页。

② 晏昌贵:《天水放马滩木板地图新探》,《考古学报》2016 年第 3 期,收入《秦简牍地理研究》,第 286—324 页。

③ 邢义田指出:"不论图上这些居民点属于哪一个层级,在分布的形态上,看不出曾经历人为的规划,而比较像是依水土之宜,自然错落在河流的两岸。"(邢义田:《从出土资料看秦汉聚落形态和乡里行政》,载黄宽重主编:《中国史新论·基层社会分册》,第 27 页,收入《治国安邦:法制、行政与军事》,第 262 页)居民点自然错落在河流两岸的观点,甚确。但需要指出的是,聚落的分布,属于聚落的外部形态,是聚落与聚落之间的空间位置关系、层级结构等,就单个聚落的选址而言,与自然资源、地理形势、军事交通地位等密切相关,其间一定伴随着人为选择的主观因素。但分布、层级关系等聚落的外部形态,不能反映聚落的内部结构形态,因此在讨论位于乡野的闾里是否具有人为规划的垣墙、里门等建筑设施时,需要将聚落的外部形态与内部结构形态分开讨论。

④ 陈伟主编,孙占宇、晏昌贵等撰著:《秦简牍合集·释文注释修订本(肆)》,第 195 页。

"乍格",原释作"山格",关于其性质,存在不同意见。何双全指出图一、图二可称为《政区图》,以居民点和行政建置为重点,标出了县、乡里治所的位置。①曹婉如认为:"图中注记的居民点和行政建置,有外括方框的,如图一的注记均括方框;有不括方框的,如图二的'永成''山格'等均不括方框。外括方框的居民点可能等级较高,比较重要。"②带方框的居民点有"槐里"等里名,而比里等级低的居民点,可能是尚未形成规模的自然聚落。《史记·酷吏列传》:"置伯格长以牧司奸盗贼。"裴骃《集解》引徐广曰:"一作'落'。古'村落'字亦作'格'。街陌屯落皆设督长也。"③《汉书·酷吏传》正作"置伯落长以收司奸"④。"乍格"的"格",晏昌贵认为疑读为"落"⑤。王子今认为:"'落'作为单字,未必可以理解为'村落''聚落',应当是指集合而成为'村''聚'的个别民户的居所。"⑥如此,则"格"可能是人户较少、居址尚未经人为规划、自然形成的居民点。郭涛认为"乍格"与山、谷、谿类地名一样不以方格框定,这与"田""里"等以方格框定标示具有明确赋役、户口管理的行政意义有别,是与集村型聚落"里"不同的另一种聚落,即散村型聚落"落"。⑦如果这一推论成立,则放马滩地图上同时出现了规划齐整的闾里和尚未形成规模的自然聚落。

不过,因为上述推测的主要依据是地图注记方法,故而仍存在疑点。侯旭

----

① 何双全:《天水放马滩秦墓出土地图初探》,《文物》1989 年第 2 期,收入《双玉兰堂文集》,第 38—56 页。

② 曹婉如:《有关天水放马滩秦墓出土地图的几个问题》,《文物》1989 年第 12 期。

③ 《史记》卷一二二《酷吏列传》,第 3149—3150 页。

④ 《汉书》卷九〇《酷吏传》,第 3657 页。

⑤ 陈伟主编,孙占宇、晏昌贵等撰著:《秦简牍合集·释文注释修订本(肆)》,第 196 页。

⑥ 王子今:《大葆台汉墓竹简"樵中格"的理解与"汉代聚落自名"问题》,《中国国家博物馆馆刊》2011 年第 10 期。

⑦ 郭涛:《北京大学藏秦〈水陆里程简册〉与秦汉时期的"落"》,《史学月刊》2018 年第 6 期。

东曾指出大葆台汉墓竹简"樵中格"的"格"与"村落"相当,是汉代的一种聚落称呼。① 对此,陆德富从音韵、训诂等的角度作了进一步论证。② 关于"山格"的性质,侯旭东指出虽然尚无法确证一定是聚落或居民点,但是至少证明"格"作为表示地点或聚落的称呼出现得很早,且分布颇广。③ 王子今则将"乍格"解释为木名。④ 虽然放马滩地图图三、图四中有"松""桐""櫹"等木名,但图二注记除去"格"为木部字之外,并不见其他与林业等经济资源相关的内容。此外,图二中与"乍格"注记格式相同的还有"光成"⑤,也与木名无涉。带方框居民点注记的字体方向,全部与河流方向垂直,⑥而表示山川河谷的地名,无论是单字的字体方向,还是注记文字的整体排列方向均与河流方向相同。这种极强的规律性,不能不说反映了制图者的主观意志,即两者表示的内涵有别。图二"乍格""光成"无论字体还是文字排列方向均与河流方向相同,从图示规律说,这两个地名与带方框地名的性质应有差别,与山川河谷等地名的注记方式相同,故此我们认为它们是河流名称的可能性较大。⑦ 虽然

---

① 侯旭东:《北京大葆台汉墓竹简释义——汉代聚落自名的新证据》,《中国历史文物》2009 年第 5 期,收入《北朝村民的生活世界:朝廷、州县与村里(增订版)》,商务印书馆 2022 年版,第 364 页。

② 陆德富:《〈北京大葆台汉墓竹简释义〉读后》,《中国国家博物馆馆刊》2011 年第 10 期。

③ 侯旭东:《北京大葆台汉墓竹简释义——汉代聚落自名的新证据》,《中国历史文物》2009 年第 5 期,收入《北朝村民的生活世界:朝廷、州县与村里(增订版)》,第 368 页。

④ 王子今:《大葆台汉墓竹简"樵中格"的理解与"汉代聚落自名"问题》,《中国国家博物馆馆刊》2011 年第 10 期。

⑤ 参见陈伟主编,孙占宇、晏昌贵等撰著:《秦简牍合集·释文注释修订本(肆)》,第 195 页。

⑥ 图一中"广堂"字体方向虽然与其左右两侧两支流方向一致,但两字的排列方向与这两条支流方向垂直。此外,在图二中,"广堂"被制图者改绘到与字体方向垂直河流的对侧,即上述两条支流的干流的对侧,这说明"广堂"与两条支流不构成主要的位置关系,而是与干流构成主要的位置关系。图一、图二中"广堂"字体方向与河流的关系,亦符合居民点注记字体方向与河流垂直这一制图规律。

⑦ 张修桂曾指出:"有人误将光成、山格判为居民点,显然不合作者规定的图例标准,这两个名称之外没有矩形符号,当释为河名。"张修桂:《中国历史地貌与古地图研究》,社会科学文献出版社 2006 年版,第 551 页。

目前关于"乍格""光成"两地名性质的判定,仍有一定的疑问,但是地图对性质不同的地名采用了不同的标示方法是可以肯定的,加方框的居民点表示位于垣墙等建筑设施之内,没有加方框的也不能排除是自然聚落的可能性。

关于分散型聚落,里耶秦简里有一条可能与之相关的资料,简 9-2344 记载:

卅三年六月庚子朔丁巳,【田】守武爰书:高里士五(伍)吾武

【自】言:谒狠(垦)草田六亩Ⅰ武门外,能恒藉以为田。典缦占。Ⅱ

六月丁巳,田守武敢言之:上黔首狠(垦)草一牒。敢言之。/衔

手。Ⅰ

【六】月丁巳日水十一刻刻下四,佐衔以来。/□发。Ⅱ背①

关于简文"武门"的理解,存在不同意见。晏昌贵认为"武门"或即今考古所见之南城门或北城门,而以北城门的可能性更大些,高里当在秦迁陵县城内或迁陵县城外北部,高里人吾武在城门外新垦得六亩草田,田官守于是上报迁陵县廷。②《里耶秦简牍校释(第二卷)》注"武,应是'吾武'自称。武门,吾武家门。"③蔡旭赞同"武门"为吾武家门的意见,认为"正因为迁陵具有稀少的人口与充足的可耕地,且吾武与邻居共同组成的高里并没有围墙和里门,所以他才能在紧邻自己居住的地方开垦耕地"。④ 这一推测如果成立,那么高里则有可能和三杨庄遗址汉代聚落布局相似,农田分布在宅院周边。但因为关于

① 陈伟主编:《里耶秦简牍校释(第二卷)》,武汉大学出版社 2018 年版,第 477 页。
② 晏昌贵:《秦简牍地理研究》,第 207 页。
③ 陈伟主编:《里耶秦简牍校释(第二卷)》,第 477 页。
④ 蔡旭:《里居与田居:秦简牍所见农民居所补论》,载邬文玲等主编:《简帛研究二〇二一(秋冬卷)》,广西师范大学出版社 2022 年版,第 147—148 页。

"武门"的内涵仍存在争议,目前暂且存疑。

实际上,分散型聚落广泛存在,北京大学藏秦简《水陆里程简册》中出现了"彀涧落""三屋落""当洛亭"等地名,郭涛指出:"'落'应当是战国时期北方黄河流域普遍存在的一类聚落形态和行政组织,秦统一六国后保留下来并全面铺展,推行的基础是它与'里'一样都是具有普遍意义的基本聚落类型。"①"落"出现在记录道路里程的简册中,说明虽然其规模较小,但并没有脱离国家的控制,秦乡里政权的权力体系是一元化的。② 北京大学藏秦简证实了"落"的普遍性,但分散型聚落的广泛存在与秦聚落形态的间里化发展趋势并不矛盾,前者构成了后者的基础。分散型聚落反映了聚落形成和发展的自然过程,间里化聚落则反映了行政手段对聚落形态的影响,二者同时并存,充分说明聚落具有自然和社会双重属性。

第二节　汉代聚落形态的发展与变化

日本学者宫崎市定的"都市国家说"③在中国学界有一定的影响力,但他对秦汉聚落形态的描述,与历史并不相符。国家形态的决定性因素是国家结构形式和国家权力结构体系,是否居住在城邑之中不是判断"都市国家说"是

①　郭涛:《北京大学藏秦〈水陆里程简册〉与秦汉时期的"落"》,《史学月刊》2018 年第 6 期。

②　参见卜宪群:《春秋战国乡里社会的变化与国家基层权力的建立》,《清华大学学报》2007 年第 2 期。

③　[日]宫崎市定:《中国における聚落形体の変遷について——邑·国と郷·亭と村とに対する考察》,原载《大谷史学》1957 年 6 月第 6 号;中译本《中国聚落形态的变迁——关于邑、国、乡、亭、村的考察》,载张学锋、马云超译:《宫崎市定亚洲史论考》,第 525—548 页;参见《关于中国聚落形体的变迁》,黄金山译,载刘俊文主编:《日本学者研究中国史论著选译》第 3 卷《上古秦汉》,第 1—29 页。

否成立的关键,而过分强调自然聚落的广泛存在,容易忽视国家利用行政手段改造基层社会聚落形态这一历史事实。乡野聚落是否均被纳入乡里行政体系之内,纳入乡里行政体系的乡野之里是否均具有整齐划一的形态,与政府控制乡野聚落的需要性及迫切性密切相关。

《汉书·王子侯表》载,江阳侯刘仁"元康元年,坐役使附落免。"颜师古注曰:"有聚落来附者,辄役使之,非法制也。"①江阳侯役使的聚落可能并未纳入乡里行政系统之内,所以江阳侯私自役使不符合法制。可见,秦汉时期必定存在尚未被纳入到乡里行政体系内的聚落。即便是一些已纳入乡里行政体系之内的乡野聚落,由于受地理环境、经济水平、社会控制的需求度等因素的影响,其形态也可能未被闾里化。尤其是汉代,社会稳定,经济发展,人口增长,这就必然导致原有聚落的扩建或新聚落的修建成为一种发展趋势。而随着社会转型的完成与战争的结束,运用行政手段构建整齐划一、空间封闭的闾里进行社会控制的迫切性降低,扩建或新建聚落主要考虑的是它与周边地理环境的适应性。在这一历史背景下,聚落形态更多地表现出自然性特征,"聚"这一概念所对应的实体也更加丰富,其本身的内涵也相应增多。

一、新型聚落的形成

随着人口的增长,更多的土地被开垦为农田,在原有聚落规模扩大的同时,新聚落也开始出现。② 这些聚落在行政干预因素降低的情况下,多数呈现为自然而然的形态,如三杨庄遗址汉代聚落。根据考古调查所反映的情况,三

---

① 《汉书》卷一五下《王子侯表下》,第485—486页。
② 关于人口与新聚落形成的关系,参见侯旭东:《长沙走马楼三国吴简"里""丘"关系再研究》,载武汉大学中国三至九世纪研究所编:《魏晋南北朝隋唐史资料》第23辑,第14—26页。

杨庄遗址并非个案,在当时黄河河滩地上广泛分布着这类聚落,具有一定的普遍性。① 由于地理环境等因素的影响,不同地域的新聚落并非都具有与三杨庄遗址聚落相同的结构形态,如长沙东汉简牍所反映的该地区普遍存在的"丘",②进一步说明了汉代聚落形态的多样化特征。考古调查报告也反映了很多汉代聚落遗址并没有垣墙等设施,甚至呈现为分散状。③ 这些都与当时社会环境的变化有关,随着国家乡里秩序的建立,基层社会控制机制已经完善,对闾里建筑设施的依赖降低。

除在新开垦土地上建立的新型聚落外,新聚落的产生还有两种途径:一是城居的农民利用在田间已有的"庐舍"或"田舍"发展起来;二是豪族在城外广建田庄,吸纳流民而形成的新的聚落。④ 当然,这些新形成的聚落不会脱离于乡里行政体系,如黄今言指出:"不论在何处聚居,都得按规定在当地再行登记户籍,实行重新编组,加上某某里名,使新建的'聚'与'里'进行整合,纳入乡、里的组织管理。这是由当时的政治体制所决定的,在集权政治下,对'民数'的控制、管理极严。"⑤长沙走马楼西汉古井出土简牍相关内容对此有所反

---

① 参见刘海旺:《三杨庄汉代聚落遗址考古新进展与新思考》,《中国史研究动态》2017 年第 3 期。
② 参见第五章第二节相关论述。
③ 参见刘海旺:《中原地区汉代聚落试探》,《中原文物》2016 年第 5 期。
④ 参见王彦辉:《秦汉时期的乡里控制与邑、聚变迁》,《史学月刊》2013 年第 5 期;侯旭东:《汉魏六朝的自然聚落——兼论"邨""村"关系与"村"的通称化》,载黄宽重主编:《中国史新论·基层社会分册》,第 127—182 页,收入《近观中古史——侯旭东自选集》,第 143—181 页;[日]宫崎市定:《中国における聚落形体の变迁について——邑·国と乡·亭と村とに对する考察》,原载《大谷史学》1957 年 6 月第 6 号;中译本《中国聚落形态的变迁——关于邑、国、乡、亭、村的考察》,载张学锋、马云超译:《宫崎市定亚洲史论考》,第 525—548 页;参见《关于中国聚落形体的变迁》,黄金山译,载刘俊文主编:《日本学者研究中国史论著选译》第 3 卷《上古秦汉》,第 1—29 页。
⑤ 黄今言:《汉代聚落形态试说》,《史学月刊》2013 年第 9 期,收入《秦汉史文存》,第 1—24 页。

映,如简17:"☐巴人胡人讯襄人要道辞曰府调无阳四年賨粺(粜)卖取钱输临沅食官厩偿所赎童贾(价)钱皆急缓夷聚里相去离远民贫难得襄人令译士五搞收賨☐。"陈松长指出:"简文中所记的'夷聚里'也就是蛮夷聚居的里,聚居也就是意味着这些蛮夷尚处于聚落散居的状态,而'里'则说明这些聚落散居的蛮夷已经被编户管理,'夷聚里'虽然地处偏远,但仍需要上交赋税。"①这说明即便是偏远地方的蛮夷聚落,虽然可能还处于散居的状态,但依然会被纳入到乡里行政系统中去。

二、原有乡里体制下的聚落规模扩大

一些已经被纳入乡里体系的闾里化聚落,由于人口的增长,规模不断扩大。汉宣帝即位后,下诏为戾太子议定谥号和设置园邑,有司奏请"故皇太子谥曰戾,置奉邑二百家。史良娣曰戾夫人,置守冢三十家。园置长丞,周卫奉守如法",于是"以湖阌乡邪里聚为戾园,长安白亭东为戾后园"。② 这里的"邪里聚",当是因邪里规模扩大,而被称为"邪里聚"。也就是说,这个"聚"是在原有"里"的基础上发展而来,而不是由新形成之"聚"划定为"里"。这样的"里聚",文献中还有不少,如《史记·吴太伯世家》"太伯卒"条,裴骃《集解》引《皇览》曰:"太伯冢在吴县北梅里聚,去城十里。"③《续汉书·郡国志》记载,济南国"历城有铁,有巨里聚"。④ 所以,朱桂昌认为:"聚由里发展而成。"⑤对此,

---

① 陈松长:《长沙走马楼西汉古井出土简牍概述》,《考古》2021年第3期。
② 《汉书》卷六三《武五子传》,第2748页。
③ 《史记》卷三一《吴太伯世家》,第1447页。
④ 《续汉书》志二二《郡国四》,第3472页。
⑤ 朱桂昌:《古"聚"考说》,载云南大学历史系编:《纪念李埏教授从事学术活动五十周年史学论文集》,第237页,收入《秦汉史考订文集》,第177页。

王子今指出尚须论证。① 我们认为聚的形成模式是多元的,既有自然形成的新聚落,又有在里的基础上发展扩大而来的聚落。

除了"里"规模的扩大形成"里聚"外,其他形式的居住地,在同样规律作用下,也不断扩大,形成了"聚"。如蔺相如出使秦国曾经住过的"广成"传舍,②在东汉时期发展为"广成聚"。③ 再如刘秀北徇燕赵,使冯异与寇恂抵拒朱鲔,冯异因率兵渡河,与更始河南太守武勃"战于士乡下,大破斩勃"。李贤注:"《续汉书》曰:士乡,亭名,属河南郡。"④《续汉书·郡国志》载河南尹雒阳县下有"士乡聚",刘昭注补曰:"冯异斩武勃地。"⑤士乡聚应是因人口增加而逐渐发展起来的。

三、"聚"获得了国家的正式认可

东汉人王充在《论衡·书虚篇》中指出:"天下郡国且百余,县邑出万,乡亭聚里,皆有号名。"⑥这是将"聚"与"乡""亭""里"等机构并列,说明到王充时"聚"不仅十分普遍,而且具有自己的名号。《汉书·平帝纪》载:元始三年(3年)夏,"立官稷及学官。郡国曰学,县、道、邑、侯国曰校。校、学置经师一人。乡曰庠,聚曰序。序、庠置《孝经》师一人。"颜师古曰:"聚小于乡。"⑦在这种国家设置学校等教育机构的正式场合,"聚"与"郡""国""县""道""邑"

---

① 王子今:《大葆台汉墓竹简"樵中格"的理解与"汉代聚落自名"问题》,《中国国家博物馆馆刊》2011年第10期。
② 《史记》卷八一《廉颇蔺相如列传》,第2441页。
③ 《续汉书》志一九《郡国一》,第3390页。
④ 《后汉书》卷一七《冯异传》,第643—644页。
⑤ 《续汉书》志一九《郡国一》,第3389、3391页。
⑥ 黄晖撰:《论衡校释》卷四《书虚篇》,中华书局2017年版,第208页。
⑦ 《汉书》卷一二《平帝纪》,第355页。

"侯国""乡"等并列,且专门设有教育机构"序"以及置《孝经》师一人,可见"聚"正式获得国家认可。乡、聚所置学校名称的差别,反映了二者在行政关系上也存在差异。

关于"聚"的规模,一般认为小于乡。《后汉书·光武帝纪》:"伯升于是招新市、平林兵,与其帅王凤、陈牧西击长聚。"李贤注:"《广雅》曰:聚,居也……《前书音义》曰:小于乡曰聚。"①再如,《后汉书·刘玄传》载:王匡等"共攻离乡聚,臧于绿林中",李贤注:"离乡聚谓诸乡聚离散,去城郭远者。大曰乡,小曰聚。"②可见,李贤认为聚小于乡。问题的关键是这个"小"字如何理解,是指行政级别的高低还是指人口数量、占地面积等规模的大小。实际上,随着"聚"作为聚落名称的广泛使用,其所对应的行政级别并不是单一的。

四、"聚"作为聚落名称的使用更加广泛

西汉时期以"聚"为名的聚落,据《汉书·地理志》记有 22 处,其中 14 处是王莽时期将县(侯国)改为聚的。据《续汉书·郡国志》记载,东汉时期的"聚"有 56 处。③ 整体而言,"聚"作为地名使用,到东汉时期增多了。这一趋势应该引起注意,可能反映了人们对"聚"接受程度的增加。更为重要的是,"聚"可以冠在不同行政级别的地名上。如前面提到的"邪里聚""巨里聚",是以里名为"聚"名的例子。将里视为聚落类型之一,应是当时人的观念,如《后汉纪·光武皇帝纪》记载:王丹,本京兆下邽人,王莽末年避居陇西,"家累千金,好施周急",于是"聚落化之,遂以殷富。闾里犯罪者,喻其父兄而致之

---

① 《后汉书》卷一《光武帝纪》,第 3 页。
② 《后汉书》卷一一《刘玄传》,第 467—468 页。
③ 黄今言:《汉代聚落形态试说》,《史学月刊》2013 年第 9 期,收入《秦汉史文存》,第 1—24 页。

法;丧忧者量其资财为之制度"。① 这里"聚落"和"闾里"是对应的相互指代关系。

《续汉书·郡国志》所载"聚"的行政级别,齐涛认为"一般都是乡邑所在"。② 马新认为"有些可能为县治所在,多数或是乡邑所在"。③ 王彦辉指出:"两汉志于某县、邑、侯国目下所注'××聚',或许已经不是一般意义上的自然聚落,而是经过行政编制的乡。"④可以肯定,它们并非自然聚落,如陈留郡外黄县葵丘聚"城中有曲棘里",⑤"聚"建有城,而且可能设有多个里,说明它已经纳入到当时的行政区划中。但"聚"的行政级别问题,须针对具体材料作具体分析。尹湾汉简《集簿》:"乡百七十□百六里二千五百卅四。"⑥周振鹤指出:"'□'是一个关键的字,可惜已湮,未能读出,但根据上下文意,此字似非'聚'字莫属……如果以里数被乡聚之数所除,则平均一个乡(聚)是9.18 里,颇与'十里一乡'之数合。"⑦显然,这里将乡聚视为同级。《居延新简》E.P.T40:46 记载:"☐☐☐郡县乡聚移徙吏员户☐"⑧,黄今言认为简文说明"'聚'小于'乡',聚等同于乡级以下的里"⑨。王彦辉认为"按秦汉制度,户籍正本藏乡,副本呈报县廷,所以'移徙吏员户☐'的官府只能是乡以上的机

---

① (晋)袁宏撰,张烈点校:《后汉纪》卷五《光武皇帝纪》,中华书局 2002 年版,第82—83 页。
② 齐涛:《魏晋隋唐乡村社会研究》,山东人民出版社 1995 年版,第40 页。
③ 马新:《中国古代村落形态研究》,第166 页。
④ 王彦辉:《秦汉户籍管理与赋役制度研究》,第189 页。
⑤ 《续汉书》志二一《郡国三》,第3447 页。
⑥ 连云港市博物馆等编:《尹湾汉墓简牍》,第77 页。
⑦ 周振鹤:《西汉地方行政制度的典型实例——读尹湾六号汉墓出土木牍》,《学术月刊》1997 年第5 期,收入《周振鹤自选集》,广西师范大学出版社 1999 年版,第246—247 页。
⑧ 马怡、张荣强:《居延新简释校》,天津古籍出版社 2013 年版,第130 页。
⑨ 黄今言:《汉代聚落形态试说》,《史学月刊》2013 年第9 期,收入《秦汉史文存》,第1—24 页。

构,如此则'郡县乡聚'的'乡聚'同属于乡一级"①。但《居延新简》另一则材料说明"聚"的行政级别可能低于"乡",简 E.P.T50:3 载:

亭长廿一人受乐成侯国三人凡廿四人

凡亭以下五十人受乐成侯国四人定长吏以下五十四人

乡八聚卌四户七千九百八十四口万五千七百卌五②

从简文还不能直接判定四十四聚与八乡之间的行政隶属关系,新出湖南沅陵虎溪山一号汉墓简牍《计簿》为这一问题的讨论提供了新资料,如:

沅陵侯国凡六乡四聚,户千六百一十二,口六千四百八十一人。

2+50+53

都乡凡一聚,户七百卌二,口二千八百一十八人。　　22

黔梁乡户卌三,口百六十九人。　　25

庑乡户百一十七,口四百五十三人。　　26

郪乡户百卅一,口四百卅九人。　　29

武春乡户六十四,口二百一十五人。　　32

泣聚户百卅四,口五百廿一人。　　33

都乡户六百八,口二千二百九十七人。·在都中。　　34+60

武春乡到其蘁曼聚七十里,去延二百五里　　35+47

①　王彦辉:《秦汉户籍管理与赋役制度研究》,第190页。
②　马怡、张荣强:《居延新简释校》,第235页。

武春乡到其下忿粟聚卅里,去廷百六十五里　　　　　36+46

廷到平阿乡☐　　　　　42

☐泡聚☐　　　　　43

☐阿乡户百一十八,口四百☐　　　　　44①

根据上述简文,沅陵侯国的六乡分别是都乡、黔梁乡、庑乡、郪乡、武春乡、平阿乡。四聚中名称确定的两聚是泣聚和蕰曼聚。简 43 残损,泡聚是否是该聚全称,暂时不能确定,但它肯定是沅陵侯国四聚之一。简 36、46 为杨先云缀合,②根据简 35+47"武春乡到其蕰曼聚七十里"的表述格式,"其"后为聚名,则"下忿粟聚"亦有可能是聚名,但也不排除该聚全称为"忿粟聚"的可能性。简 22"凡"字表明简文所提到的这个"聚"应隶属于"都乡",与简 2+50+53 的"凡"字表明"六乡四聚"隶属于沅陵侯国的文书书写格式和内涵相同。简 22"都乡凡一聚"共有 742 户、2818 人。据简 34+60,都乡有 608 户、2297 人。两个数据相减,可以求得该聚有 134 户、521 人,与简 33 记载的泣聚户口数相合。这说明泣聚就是简 22 中隶属于都乡的那个聚。③ 简 35+47、简 36+46 表明,表明蕰曼聚、下忿粟聚位于武春乡所统辖的地域范围内,而且说明聚在空间位置上与县廷、乡并不在一处。简 34+60 统计完都乡户口数之后,特意标注"在都中",应是指在县城中,表明泣聚分布于县城外。都乡在县城中,故户口数较多。泣聚虽位于县城外,但应距县城不远,户口数比其他乡均要多,说

---

① 　湖南省文物考古研究所编著:《沅陵虎溪山一号汉墓》,文物出版社 2020 年版,第 118—119、166 页。

② 　杨先云:《虎溪山汉简〈计簿〉所载沅陵侯国》,简帛网 2021 年 3 月 1 日,http://www.bsm.org.cn/? hanjian/8349.html。

③ 　晋文:《沅陵汉简〈计簿〉中的人口与"事算"新证》,《中国社会科学报》2021 年 12 月 22 日第 10 版。

明聚的规模不一定比乡小。武春乡仅有 64 户、215 人,但其下仍然有聚的存在,这说明乡很有可能是出于地域控制需要而设置的。

《居延新简》E.P.T50:3 记载乡聚、户口数量的格式与虎溪山汉简《计簿》相同,其含义亦应相似。聚可能发展为乡,如前面提到的高阳,秦末时为聚邑,《史记·郦生陆贾列传》"郦生食其者,陈留高阳人也"条,司马贞《索隐》曰:"《耆旧传》云'食其,高阳乡人'。"①高阳应在汉代设置为乡。此外,王莽还将一些县(侯国)改名为"××聚"。这说明可能到了西汉晚期,"聚"作为广义的居住地这一概念,被人们普遍接受,故此将它用在不同级别行政单位的命名上。

"聚"冠于不同级别地名中的原因,主要是随着人口的增长,各类居住区在缺乏人为行政干预的基础上,规模逐渐扩大,具有了聚落自然性发展的形态,于是"聚"具有了通称化的意义。乡野中新形成的自然聚落,在数量上则显然会多于作为政治中心的县乡等城邑,这也就是相关史料表明被冠以"××聚"居民点的户数规模有较大差异的原因,故此,仅从户数规模很难辨别它们的行政级别。如《汉书·史丹传》载汉成帝鸿嘉元年(前 20 年)诏曰:"夫褒有德,赏元功,古今通义也。左将军丹往时导朕以忠正,秉义醇壹,旧德茂焉。其封丹为武阳侯,国东海郯之武强聚,户千一百。"②《汉书·王莽传》:哀帝时,"太皇太后诏莽就第,朕甚闵焉。其以黄邮聚户三百五十益封莽"③。前引虎溪山汉简《计簿》反映西汉沅陵侯国"泚聚户百卅四,口五百廿一人"。武强聚至少有一千一百户,黄邮聚不少于三百五十户,泚聚一百三十四户,这

---

① 《史记》卷九七《郦生陆贾列传》,第 2691 页。
② 《汉书》卷八二《史丹传》,第 3378—3379 页。
③ 《汉书》卷九九上《王莽传上》,第 4042 页。

实际上均是人口自然增长,家户自然聚集居住的结果,政府并没有利用手中的行政权力进行过多干预。许慎《说文解字·仦部》:"聚,会也,从仦,取声。邑落云聚。"①段玉裁注:"邑落,谓邑中村落。"②这里段玉裁可能过度解读了,所谓"邑落云聚"是说邑、落均为聚,具有通称之义,即《广雅·释诂》所谓"聚,居也"③之义。

第三节　秦汉聚落形态演变趋势及
基层社会治理策略的调整

随着历史的发展,聚落形态在不断地演变。作为人类生产生活的场地,聚落受到地理环境、经济技术、社会组织等多重因素的影响,彼此之间形成了一个相互依存、相互影响的关系。聚落形态的演变,能够反映社会经济发展的水平,同时又推动社会的发展。

一、聚落形态演变趋势

受到地理环境、风俗习惯、生产生活的实际需要等因素的影响,自然聚落的建筑形态,如房舍的朝向、间距以及房舍与其他公共设施之间的关系等,均具有一定的规整性。因为人们在长期的实践过程中,必然产生关于聚落的选址、结构、布局等基本建筑技术的科学认识。在行政手段干预下对聚落进行的整体性规划更多反映的是聚落的社会属性,而建筑科学知识指导下所产生的

---

① （汉）许慎撰,（宋）徐铉校定:《说文解字》,第167页。
② （清）段玉裁注:《说文解字注》,第391页。
③ （清）王念孙著,张其昀点校:《广雅疏证》,第121页。

聚落特征是人类认识自然的结果,反映了聚落的自然属性。聚落兼有自然与社会双重属性,如作为汉代聚落多样性典型案例的三杨庄遗址,房舍不仅具有统一的朝向,而且它的分布也并非完全无规律可循,各房舍实际上是沿道路修建的,只是作为一个发展中的聚落,尚未形成规整性的规模而已。① 再如,前述长沙走马楼西汉古井出土简牍所见的"夷聚里"既然已经被纳入乡里行政系统,它的外部形态恐怕就不会完全是一种自发形成的散居状态,可能也会受到行政手段的干预,具有一定的规整性。

聚落因人为规划所产生的共同特征,反映的是人与人之间的关系,如社会结构、国家形态、行政体系等。以"邑"的产生及其概念与外延的扩大为例,《说文解字》云"邑,国也"②,段玉裁注曰:"《左传》凡称人曰大国,凡自称曰敝邑。古国、邑通称。"③"邑"亦可指城邑或国都,《尔雅·释地》:"邑外谓之郊。"郭璞注:"邑,国都也。"④王彦辉指出:"'邑'表示的是先民定居以后经过人为规划而建筑起来的大小不等的且有垣墙或城郭围护的居住空间,国家组织产生以后又与各种行政建制名称结合起来,并将之作为区别于自然聚居的概念而在使用中不断泛化。"⑤可见,随着社会文明化进程的加快,人类的居住形态开始分化为自然聚落和城邑。

商鞅变法时期"聚小乡邑聚为县"的措施,对秦聚落的形态肯定会产生重要影响。这一措施的本质是通过推行郡县乡里制度,建立国家在基层社会的权力体系。对于基层社会最基本的组织单元——里,一方面利用什伍组织及

---

① 参见本书第四章相关论述。

② (汉)许慎撰,(宋)徐铉校定:《说文解字》,第 127 页。

③ (清)段玉裁注:《说文解字注》,第 285 页。

④ (晋)郭璞注,(宋)邢昺疏:《尔雅注疏》,载(清)阮元校刻:《十三经注疏》,中华书局1980 年版,第 2616 页。

⑤ 王彦辉:《秦汉时期的乡里控制与邑、聚变迁》,《史学月刊》2013 年第 5 期。

伍长等构建有别于宗法分封制下以"宗族"为纽带的社会秩序;一方面利用里的建筑形态进行严格的社会控制。闾里的建筑形态与行政组织之间是互为表里的关系。尤其是古代社会转型期,结构稳定的乡里秩序体系尚未构建成功,国家的基层社会权力体系尚未建立,就更需要利用里的建筑形态进行社会控制。商鞅变法动用强大的国家行政权力对社会进行了改造,在强大的行政干预下,聚落形态出现了城市化和闾里化的发展趋势。那些分散的自然状态下的聚落,要么被集中到城市中去,要么虽然仍分布在乡野之上,但在经过统一的拆分或合并后,重新组成了形态相对整齐划一的闾里。所以说,在行政手段的干预下,商鞅变法"集小乡邑聚为县"的措施,不可能只是改变了原有自然聚落在行政上的隶属关系,而没有改变其任何形态,这已被许多新出秦简所证实。故此,我们认为自商鞅变法后,出于构建国家基层社会权力体系与达到中央对地方社会直接控制的目的,强大的行政力量通过变法和颁布各种律令等手段,促进了秦所能控制的疆域范围内聚落的城市化和闾里化。当然,这并不是说分布于乡野之上自然状态的聚落已经完全消失,而且商鞅变法作为一场持续的自上而下的变法运动,其所制定政策在实践中也会不断地被调整和完善,直到适应社会的实际需要,如岳麓秦简所反映的对闾里户数的法律调整等,①这些对当时聚落的规模及形态都会产生一定的影响,从而使聚落形态表现出多样化的特征。

西汉建立以后,为了打击地方豪强势力,维护国家基层社会的权力,迁徙豪强及设置陵邑等措施仍在执行。但整体而言,基层社会权力体系已经建立,新的乡里秩序逐渐稳定下来,利用物质化的手段进行人身控制的必要性已经

---

① 参见本书第三章相关内容。

有所降低。伴随着社会经济的发展,人口逐渐增多,这必然导致原有居住区的扩大和新聚落的产生。所以,"××聚"的命名方式逐渐被人们广泛地接受。这一过程中,大量位于乡野的自然聚落开始出现,并且"聚"内设立专门的教育机构——序,一方面说明"聚"的普遍性,另一方面说明其地位得到了官方认可。但是,聚落作为国家权力与社会势力博弈的场所,随着皇权的式微,无论是城邑规划整齐的里,还是乡野的农耕聚邑,由于受到权贵和豪强的巧取和兼并,传统的居住空间都遭到了侵蚀。豪强在乡里兼并土地,广建舍第,严重破坏了国家以小农家庭为基础所规划的乡里居住空间。①

整体而言,秦汉时期"聚""落""聚落"是与"城邑"相对的概念,后来虽然出现了城邑的居住地也被命名为"××聚"的现象,其本质还是依据"聚"自然形成这一概念命名的。除王莽时期将县(侯国)改名为"聚"之外,秦汉时期的"聚"一般对应的是县级行政中心之外的聚落。由于考古文献资料的缺乏,秦汉时期聚落形态演变的具体过程仍然不是很清晰,期待有更多的聚落考古与简帛资料的发现,进一步推动这一问题的研究。

二、基层社会治理策略的调整

关于战国秦汉时期聚落形态演变的分析,是以秦政与秦制扩展的历史进程为主要时间轴进行探讨的。商鞅变法后的秦政和秦制,尤其是在此基础上由秦始皇所构建的君主专制中央集权制度,对中国古代历史的发展有着深刻的影响。秦政、秦制控制基层社会的政策及其在实践中的调整与变化意义重大。质言之,聚落间里化进程是伴随着秦实际控制范围不断扩大而逐渐扩展

---

① 沈刚:《从塑造到瓦解:汉代居住区形态的一种解说》,载中国中古史集刊编委会编:《中国中古史集刊》第 3 辑,商务印书馆 2017 年版,第 24 页。

的。需要注意的是,就当时秦疆域范围内的政治情势而言,一些非华夏族居住区域或秦控制力度相对薄弱的地区,受地理环境、社会经济发展水平的影响,其聚落形态与秦直接控制的区域肯定有别。这必然导致今天考古发现的聚落,在结构形态上具有明显的区域性。但是可以肯定地说,秦政与秦制所构建的自上而下对民众的直接控制体系,促使闾里化的聚落在秦直接控制地区得到了广泛推广。

鉴于秦政与秦制导致国家速亡的经验与教训,汉朝对基层社会控制体系进行了调整,一定程度上降低了行政因素对聚落形态的影响,促使聚落在发展和形成的过程中,出现了符合自身发展规律的特征,聚落形态更加多样化。秦亡的原因是复杂多样的,其中很重要的一条就是随着疆域的扩大,秦的基层社会控制策略没有根据实际情况的变化进行适当的调整。六国灭亡之后,秦原本单一的地区经济与文化面貌出现了多元化的特征,不同地区虽在秦的统一之下,但其自然环境与风俗习惯各不相同。然而,统一后的秦朝,在法家思想的指导下,依然试图通过强大的官僚制建立单一的法治与吏治国家。这就形成了秦朝基层社会控制政策单一化与基层社会的地理环境、经济水平、风俗习惯等多元化客观存在之间的矛盾。在这一矛盾的作用下,秦政与秦制权力结构模式在基层社会的推广必然遇到地方的抵制,最终导致了秦朝的倾覆。质言之,秦原有的基层社会治理经验与法治政策不适应疆域扩大后的政治形势,是秦速亡的原因之一。

秦朝基层社会治理的经验与教训,使西汉统治者在继承秦基层社会控制体制的基础上,进行了适当的调整。汉代对基层社会的控制,更多地注重和利用乡里原有社会秩序,如宗法血缘关系等,这帮助汉代政府在秦亡后迅速地重建了乡里社会的秩序,稳定了国家的统治基础。在儒家思想统治地位确立以后,乡里社会原有的宗法血缘关系在国家政治生活中的作用越来越明显。国家在基层社会行政权力的收缩,导致西汉以后县政重要性的凸显及乡级机构组织功能的式微。

随着国家的统一与社会的稳定,聚落形态的演变一定程度上呈现出依照社会经济自身规律发展的特点。其典型的表现就是,原有聚落的居住区与自然环境达到物质生产与生活需要的平衡之后,自然增殖的人口开始另择地点兴建新的聚落,新聚落的发展在行政权力干预降低的情况下,出现了符合自身规律的自然性发展,逐渐密集、扩大,并最终稳定下来。聚落的产生原本就是人类适应自然环境的产物,为了生产与生活的方便,聚落的居住区先天性地带有聚集与齐整化的需要。这正是汉代聚集式聚落普遍出现的原因。在一个新聚落形成过程中,即在它达到稳定状态之前,它的结构布局必将与稳定态聚落有所差别,如相对较为分散等。故此,如果从某一时间横断面切入历史的话,聚落景观将表现出多样化特征,但其最终的归宿仍然是聚集式聚落。以这样的一种动态视角看问题,无论是秦聚落的闾里化,还是汉代聚落的自然性发展,均是对战国秦汉时期聚落形态演变趋势的总体性概括,并不是说秦不存在自然聚落,汉一定没有规整的闾里化聚落,实际上它们是共存的。

综上所述,近年来,随着出土资料的日益丰富,学界关于秦汉时期聚落的研究已经取得了长足的进步,关于秦汉时期聚落的概念也有了较为清晰的认识。相关史料表明,秦汉聚落的概念与定居的生产生活方式联系紧密,更多是指社会经济发展到农业阶段后,城市之外乡野中所形成的人类居住地。

秦汉时期聚落与史前聚落研究的旨趣不同,史前聚落研究重点是探讨人类社会从野蛮进入文明的历史进程,主要关注的问题包括聚落的层级化与中心化、城市的出现、文明与国家的产生等。秦汉时期聚落研究重点,是探讨国家权力在基层社会实现的途径及其对聚落发展的影响。

商鞅变法确立的以耕战为目标的社会组织结构和权力体系,推动了中央集权与君主专制制度的发展,并最终建立了皇帝制国家。这一历史进程在基层社会的表现之一,就是聚落形态的城市化与闾里化。汉代聚落形态的发展更多地表现为自然性特征,这与汉代社会稳定、经济发展以及基层社会控制策略的变化有关。

总之,秦汉时期聚落形态的特征,在空间上表现为多样化,在时间上表现为闾里化与自然性发展趋势的差别,反映了秦汉基层社会控制策略的差异及影响。秦汉王朝对乡里社会秩序的构建成功与否,又直接影响了国家的命运,东汉亦是如此,它的灭亡与乡里社会力量的崛起及中央对乡里社会的控制失效有着密切的关系。

第三章　一元化与规划性:秦乡里权力 体系对聚落形态的影响

根据《史记》《汉书》等资料的记载,战国秦汉时期基层社会实行闾里什伍制度,已有不少学者论及。① 但是关于里的户数、吏员设置以及权力体系等问题,学界尚有分歧。近年来新公布的一批秦汉简牍、聚落遗址等出土资料,② 推动了相关问题研究的进展,产生了一批学术成果。这些成果有助于提升对秦汉时期聚落形态及乡里行政的认识。聚落的形态并非静止的,而是处于不断的演变过程之中,与国家的基层政策、社会经济发展程度、各地自然环境与风俗习惯等因素有着密切的联系。本章将以《岳麓书院藏秦简(肆)》等材料

---

① 臧知非:《先秦什伍乡里制度试探》,《人文杂志》1994 年第 1 期;赵秀玲:《中国乡里制度》,社会科学文献出版社 1998 年版;周长山:《汉代的里》,《大同职业技术学院学报》2001 年第 2 期;马新、齐涛:《汉唐村落形态略论》,《中国史研究》2006 年第 2 期;卜宪群:《秦汉之际乡里吏员杂考——以里耶秦简为中心的探讨》,《南都学坛》2006 年第 1 期;卜宪群:《从简牍看秦代乡里的吏员设置与行政功能》,载中国社会科学院考古研究所等编:《里耶古城·秦简与秦文化研究》,科学出版社 2009 年版,第 103—113 页。

② 如张家山汉墓竹简、里耶秦简、岳麓秦简的公布以及河南内黄三杨庄遗址、山东枣庄海子遗址的发现等。

为中心,结合其他相关史料,对里的拆并、吏员设置及乡里社会权力体系等问题进行考察,以期深化关于秦汉基层社会的认识。

第一节　里的拆并

岳麓书院藏秦简相关律令表明对闾里户数规模及建筑结构的规定已经法律化。闾里的拆分与合并,表明秦在基层社会治理方面有一个整体的制度蓝图,以维持闾里的外部形态和规模,从而与闾里什伍组织及里典、里老等吏员相互配合,完成对基层社会的控制。闾里拆分与合并的法律,也表明随着形势变化,基层社会治理政策在不断调整,且自然聚落广泛存在,并被不断地纳入到乡里社会权力体系中去。

一、里的拆分

《岳麓书院藏秦简(肆)》出现了对里进行重新拆分与合并的法律条文,如:

1.▎诸故同里里门而别为数里者,皆复同以为一里。一里过百而可隔垣益为门者,分以为二里。□☑ 0466 ☑□出归里中、里夹、里门者,□车马,隶为门介(界),更令相近者,近者相同里。0944①

这则材料反映的是对户数规模较大闾里进行拆分的情况。所谓"诸故同里里

---

① 陈松长主编:《岳麓书院藏秦简(肆)》,上海辞书出版社 2015 年版,第 192—193 页。

门而别为数里者,皆复同以为一里",是指曾经同里而被拆分成数里的,一律重新合并为同一个里。"一里过百"的"百"应当是指"百户"而言。对于重新合并后户数超过百户的里,且可"隔垣益为门者",要分成二里。这里显然包含了两次对里的规划行为。岳麓秦简中设置里典、里老时也有户数标准,如:

2. ·尉卒律曰:里自卅户以上置典、老各一人,不盈卅户以下,便利,令与其旁里共典、老,其不便者,予之典 1373 而勿予老。公大夫以上擅启门者附其旁里,旁里典、老坐之。∟ 置典、老,必里相谁(推),以其里公卒、士五(伍)年长而毋(无)害 1405 者为典、老。毋(无)长者令它里年长者。为它里典、老,毋以公士及毋敢以丁者,丁者为典、老,赀尉、尉史、士吏主 1291 者各一甲,丞、令、令史各一盾∟。毋(无)爵者不足,以公士,县毋命为典、老者,以不更以下,先以下爵。其或复,未当事 1293 戍,不复而不能自给者,令不更以下无复不复,更为典、老。1235①

关于第一次"别为数里"时的户数标准不甚清楚,是否与材料 2 所载的 30 户有关,有待更多资料加以佐证。第二次则明确规定合并后户数过百者要分为二里。从其后残存的简文来看,可能包含有具体的拆分办法。其中,"更令相近者,近者相同里"一句,后一"近者"二字可能是衍文。因为秦简一般对重复的字词,会使用重文符号。这段文字可能是规定在具体划分里时,要本着方便设置里门等基础设施与方便交通等目的,将相邻近的人家分在同一里中。可

---

① 陈松长主编:《岳麓书院藏秦简(肆)》,第 115—116 页。

见,在划分里的时候,既贯彻了户数的要求,又考虑到了里外部形态等各种复杂情况,而采取了更加灵活的政策。这则材料说明秦里具有很强的规划性,里的户数规模与形态受到了国家行政手段的干预,并以律令的形式加以贯彻和普及。虽然不同历史时期执行的标准可能不一,如这里对里户数的上限作了规定,即百户,但在将超过百户的里拆分为二里时,对每里的具体户数并没有明确的规定。不过,划分里的主要依据显然是户数以及维持里的基本形态(垣墙、里门等)及其封闭性等。

这里需要指出的是,假若一个自然聚落在被纳入到乡里行政系统之后,户数逐渐增长至 100 户以上,就会被强制拆分为两个行政里。故此,从岳麓秦简的资料来看,秦基层社会行政组织单位和自然聚落之间的关系是多样的,具体由自然聚落的户数以及里的外部形态等因素决定。

二、里的合并

关于里的合并或迁徙现象,前引里耶秦简 16-9 反映原来属于启陵乡渚里的 17 户被迁徙到了都乡。关于渚里 17 户迁徙后是否仍保留渚里的建制与称谓,有学者推测:"渚里亦未见其他简牍记载,或是渚里民户迁徙后,渚里有所裁并。"①又说:"在秦始皇二十六年以前,启陵乡另有渚里,渚里 17 户迁移至都乡后,渚里大约已不复存在。然而奇怪的是,都乡亦不见渚里之名,可见迁移之人多已融入其他里中,渚里之名被取消了。"②启陵乡渚里是否整体迁徙以及迁徙后的设置情况,简文未曾言明。从迁陵县每里约 25 户左右的水平

---

① 晏昌贵、郭涛:《里耶简牍所见秦迁陵县乡里考》,载武汉大学简帛研究中心主办:《简帛》第 10 辑,第 154 页。
② 晏昌贵:《秦简牍地理研究》第四章《里耶简牍所见秦迁陵县乡里研究》,第 218 页。

来说,诸里 17 户迁往都乡已经属于规模较大的迁徙了,存在为了统一规划管理而将其整体迁徙,甚至是合并的可能性。

材料 1 说"诸故同里里门而别为数里者,皆复同以为一里",已经拆分为数里的原为一里者,又为何被要求重新合并为一里,从目前的材料无法直接得出。但是从规定不超百户可以不再拆分、超过百户可拆分以及材料 2 规定不满 30 户的里与旁里共同置里典、里老等情况看,秦闾里的户数规模实际存在较大差异,可能存在从十几户到上百户的情况,而且秦在构建基层社会秩序时,不止一次地对里户数做出了规划性调整。无论是里的合并与拆分,均反映了秦通过律令等手段对基层社会聚落形态进行了干预,主要目的是利用里的外部形态及其内部"比地为伍"的相互司察系统,建立基层社会秩序,从而达到加强中央集权和对地方社会控制的目的。

材料 1 说明在重组与拆分里的过程中,不仅贯彻了户数的要求,而且必须兼顾里垣墙、里门等建造的实际需要,体现了秦对里的外部形态的重视。材料 2 规定:"公大夫以上擅启门者附其旁里,旁里典、老坐之。"这与张家山汉简相关规定类似,如《二年律令·杂律》:"越邑里、官市院垣,若故坏决道出入,及盗启门户,皆赎黥。其垣坏高不盈五尺者,除。"①秦及汉初对闾里垣墙、门户完整性的重视,实际上反映的是闾里建筑形态在基层社会控制中的价值与作用,故而才强调"一里过百而可隔垣益为门者,分以为二里"。

岳麓秦简中还规定了"黔首室"与"廥、仓、库、实官"等的位置关系问题,如:"内史杂律曰:黔首室、侍(寺)舍有与廥、仓、库、实官补属者,绝之,毋下六

---

① 张家山二四七号汉墓竹简整理小组编著:《张家山汉墓竹简[二四七号墓](释文修订本)》,第 33 页。

丈。它垣属焉者,独高其侍(置)。不从律者,赀二甲。"①"廥、仓、库、实官"的垣墙需要保持一定的独立性,自然是由防盗、防火等综合因素决定的,但也反映了秦对包括"黔首室"在内的各类官私建筑的外部形态均作了细致的规定,并且法律化了。

由此可见,秦对闾里户数及其外部形态作了详细规定,伴随着这种规定在全国范围内的推广与实施,必将促进基层聚落闾里化的进程。与里户数存在差异一样,全国范围内非闾里化的聚落也必然存在,这说明秦政与秦制的努力目标和现实之间存在差异。但可以肯定的是,既然秦以律令的形式对里的形态进行了统一规划,那么闾里化肯定是当时聚落形态发展的主要趋势。

第二节　吏员设置

秦律在里吏员数、任命程序、选拔条件等方面均有明确规定。② 一般而言,里典、里老的设置由户数多少决定。在程序上,由乡上报县尉审核、任命,最终经由县丞下发给上报部门。岳麓秦简反映里典、里老的任命还要经过里的推举。里吏的选拔主要考虑年龄、爵级及执行律令的能力等条件,反映了对乡里社会的原有秩序、通过爵级构建的国家秩序及实际行政能力的综合重视。

---

① 陈松长主编:《岳麓书院藏秦简(肆)》,第126页。
② "里吏"一词,在传世文献与出土文献中均有出现,如《史记·张耳陈余列传》:"里吏尝有过笞陈余。"《史记》卷八九《张耳陈余列传》,第2572页。里耶秦简10-1156:"高里大女子□└贫毋種以田·田者大女二人,小男一人,小女一人·有田卅亩。里吏丹占。"湖南省文物考古研究院编著:《里耶秦简(叁)》,文物出版社2024年版,第389页。

一、户数标准

闾里的户数,因资料缺乏,以往只能根据文献所载成说进行推测,[①]这在第一章中已经加以讨论。《岳麓书院藏秦简(肆)》所见里的拆并和里典、里老的设置主要以户数多少为标准。材料 2 是关于县尉置里典、里老的法律规定。[②] 整理小组认为:"简文中所记卅户以上之里置典、老各一人,不足卅户者,与旁里共典、老。是知秦代里的设置大致是以卅户为标准。"[③]里典、里老等里吏的设置是将里纳入到国家秩序中的重要标志,故从国家行政的角度讲,它反映了秦设置里典、里老以三十户为标准。

关于现实中秦里的户数,如前所述里耶秦简 8-1236+8-1791 所载"一邑二里"共 61 户,则平均每里约 30 户。当然,也存在一里户数多于或少于 30 户的可能性,如材料 2 仅规定了里在 30 户以上者,才能置里典、里老,户数不足的里只能与它里共置里典、里老,或者只置里典而不置里老,说明当时多于或不满 30 户的里可能较为常见。里耶护城壕内出土"户籍简牍"、里耶秦简

---

① 相关资料如:《诗·郑风·将仲子》:"将仲子兮,无逾我里。"毛传:"里,居也。二十五家为里。"(汉)毛亨传,(汉)郑玄笺,(唐)贾公彦疏:《毛诗正义》,载(清)阮元校刻:《十三经注疏》,中华书局 1980 年版,第 337 页;《银雀山汉墓竹简·田法》:"五十家而为里。"银雀山汉墓竹简整理小组编:《银雀山汉墓竹简[壹]》,第 146 页。《春秋公羊传·宣公十五年》何休解诂:"在田曰庐,在邑曰里,一里八十户,八家共一巷。"(汉)公羊寿传,(汉)何休解诂,(唐)徐彦疏:《春秋公羊传注疏》,载(清)阮元校刻:《十三经注疏》,第 2287 页。《礼记·杂记下》:"夫若无族矣,则前后家,东西家,无有,则里尹主之。"郑玄注引《王度记》:"百户为里,里一尹。"(汉)郑玄注,(唐)孔颖达正义:《礼记正义》,载(清)阮元校刻:《十三经注疏》,中华书局 1980 年版,第 1566 页。

② 秦汉时期尉"置吏""除吏"情况,参见杨振红:《秦汉时期的"尉""尉律"与"置吏""除吏"——兼论"吏"的属性》,载武汉大学简帛研究中心主办:《简帛》第 8 辑,上海古籍出版社 2013 年版,第 333—341 页,收入《出土简牍与秦汉社会(续编)》,广西师范大学出版社 2015 年版,第 104—115 页。

③ 陈松长主编:《岳麓书院藏秦简(肆)》,第 165 页。

8-19 等资料,就反映了当时间里的实际户数以 25 户左右为常。不过,里耶秦简反映的可能是南方新占领地区的情况,材料 1 说"一里过百而可隔垣益为门者,分以为二里",说明现实中存在超过百户的里,即便是被拆分二里,也必定存在超过 50 户的里,否则的话,这项政策就没有出台的必要,足见当时的关中或中原地区每里的户数应该较迁陵县为多。因此,材料 2 所反映的 30 户标准主要体现在吏员设置上,而非现实中对里户数规模的强制性限定。

二、任命程序

里吏的设置与里的规模有直接关系,里耶秦简的相关材料对此亦有反映,如前引简 8-157:

> 3. 卅二年正月戊寅朔甲午,启陵乡夫敢言之:成里典、启陵Ⅰ邮人缺。除士五(伍)成里匂、成,成为典,匂为邮人,谒令Ⅱ尉以从事。敢言之。Ⅲ

> 正月戊寅朔丁酉,迁陵丞昌却之启陵:廿七户已有一典,今有(又)除成为典,何律令Ⅰ應(应)?尉已除成、匂为启陵邮人,其以律令。/气手。/正月戊戌日中,守府快行。Ⅱ正月丁酉旦食时,隶妾冉以来。/欣发。壬手。Ⅲ

这条材料反映了迁陵县在驳回启陵乡除士五(伍)"成"为成里里典的请求时,指出在二十七户已有一典的情况下,再除"成"为典,是没有律令根据的。这里提及的除里典所应依据的律令很可能就是材料 2 的相关规定,也说明了户数是里吏员设置的重要标准之一。令人疑惑的是,在成里已有一典的情况下,为什么启陵乡仍然上报迁陵县所辖成里里典空缺,请求除"成"为里典呢?从迁陵县驳回启陵乡的请求看,一里设置两个里典与律令规定不符。那么,这是否反映了启陵乡对里吏员设置的相关律令及规定并不十分熟悉? 是否反映了秦闾里制度在这里仍然处于初始的推广阶段? 答案是肯定的,不过需要更多的资料加以证实。

材料 2"尉卒律"是关于县尉除授里吏员的律令规定,主要涉及"里典"与"里老"。据杨振红推测县除吏的基本程序:"由乡等部门提出除吏的方案,上交到尉,由尉根据法律进行审核,决定如何任用,将其上交到县丞,由县丞返回提交部门。"①材料 2 谈及对违反律令除授里典、里老的处罚时,指出要"赀尉、尉史、士吏主者各一甲,丞、令、令史各一盾",基本上反映了县廷除授吏员的主要责任人及基本程序。

具体到里典、里老的任命程序,首先"必里相谁(推)"。《春秋公羊传·宣公十五年》载:"什一者,天下之中正也,什一行而颂声作矣。"汉何休解诂曰:"一里八十户,八家共一巷。中里为校室,选其耆老有高德者名曰父老,其有辩护伉健者为里正,皆受倍田,得乘马。父老比三老孝弟官属,里正比庶人在官。吏民春夏出田,秋冬入保城郭。"②何休注一定程度上反映了秦汉时期的情况,所谓"中里为校室,选其耆老有高德者名曰父老,其有辩护伉健者为里正"与"必里相谁(推)"的精神是一致的,看来在里吏的除授上,应当还包括里内的推选这一程序。

三、选拔条件

里典、里老的除授有一定的条件限制,其一为年龄,即年长者,这一制度可

---

① 杨振红:《出土简牍与秦汉社会(续编)》,第 110 页。
② (汉)公羊寿传,(汉)何休解诂,(唐)徐彦疏:《春秋公羊传注疏》,载(清)阮元校刻:《十三经注疏》,第 2287 页。

能为汉代所继承,如《汉书·高帝纪》:"举民年五十以上,有修行,能帅众为善,置以为三老,乡一人。择乡三老一人为县三老,与县令丞尉以事相教,复勿繇戍。"①关于县乡三老与里老的选拔都有年龄标准,且可能十分严格,材料 2 所谓"毋(无)长者令它里年长者"就是这一标准的具体表现。需要注意的是,这里不仅里老的任职条件有年龄要求,而且同样适用于里典。这可能说明不仅里老一职体现了乡里基层社会中家族等自然社会秩序被纳入国家行政体系中去的事实,而且作为一里之长的里典一职亦体现了同样的状况。换言之,基层社会原有的家族等自然社会秩序已经通过基本吏员的选拔与任命被纳入到国家的行政体系之中。材料 2 规定当不满 30 户的里或本里内无年长者,最终不得不与它里共典、老或者从它里选任典、老时,就更加体现了国家自上而下的行政体系对原有的家族等自然社会秩序的控制与调整。对于为它里典、老者,还有附加的条件,即"毋以公士及毋敢以丁者"。其中,"毋敢以丁者",整理小组注曰:丁者,"是指傅籍之后的成丁。'毋敢以丁者',即毋敢以丁者为典、老的省略,或许是因为丁者经常需要离开乡里服各类徭役,所以不能留在里中担任典、老"②。而为它里典、老"毋以公士",就涉及里吏选拔任命的另一个重要条件,即被推选者的身份等级或爵位条件。

里典与里老选拔与任命的第二个重要条件是被推选人的身份等级。秦自商鞅变法起逐渐建立和完善了二十等爵位制度。秦及西汉初期的职官制度与二十等爵位制度有着密切的关系,杨振红指出:"秦及西汉时期的官僚体系是由公卿大夫士爵位系统和以石数标称秩级的禄秩系统共同构成的,它们又与二十等爵系统共同组成支撑秦汉官僚政治社会的三个支架。其中,公卿大夫

---

① 《汉书》卷一《高帝纪》,第 33—34 页。
② 陈松长主编:《岳麓书院藏秦简(肆)》,第 166 页。

士爵位系统是核心和基准系统，其他两个系统均是从这一系统衍生发展演变而来，三者之间有一定的对应关系。"①也就是说，秦西汉初期以公卿大夫士爵位系统为基本参照坐标，不同秩级的职官与二十等爵制之爵级有着一定的对应关系，这是对于级别较高的官吏而言。对于里典与里老这种社会最基层的小吏，亦有严格的身份性要求，即所谓"以其里公卒、士五(伍)"。

关于"公卒"与"士伍"的联系、区别以及他们的社会等级、地位等情况，学界尚有争议，但他们均在二十等爵之外，属于无爵人员。材料中所谓"毋爵者"，实际上就是指"公卒"和"士伍"。② 也就是说，材料反映了秦时以无爵的"公卒"或"士伍"来担任里典与里老。材料3所反映的启陵乡请求迁陵县任命为成里里典的"成"，其身份就是"士伍"，正是该制度一个极佳的例证。只有在无爵者，即"公卒"和"士伍"不足的情况下，才允许任命"公士"，即二十等爵制中的第一级爵，且不允许其任职于它里。如果将里吏任命的范围扩大到"公士"这一级，仍然出现了"县毋命为典、老者"③的情况，那么就只能继续扩大候选者的范围，以先下爵的顺序，任命拥有"不更"爵位以下的人。与除授为它里典、老"毋敢以丁者"一样，任命拥有"不更"以下爵位者为典、老时，

---

① 杨振红：《秦汉官僚体系中的公卿大夫士爵位系统及其意义——中国古代官僚政治社会构造研究之一》，《文史哲》2008年第5期，收入《出土简牍与秦汉社会(续编)》，第33页。相关研究情况，还可参见杨振红：《吴简中的吏、吏民与汉魏时期官、吏的分野——中国古代官僚政治社会构造研究之二》，《史学月刊》2012年第1期，收入《出土简牍与秦汉社会(续编)》，第73—103页。

② 参见整理者注，陈松长主编：《岳麓书院藏秦简(肆)》，第166页。

③ 整理者注："据前后文意，知'毋'为衍文。"见陈松长主编：《岳麓书院藏秦简(肆)》，第166页。这里"毋"亦当为"无"义，与"毋(无)爵者不足，以公士"构成递进关系，即在无爵者不足的前提下，可以任命公士为里典或里老，如果这样县廷仍然没有合适的任命为里典或里老的人选，就以先下爵的顺序，任命不更以下爵位的人为里典或里老。如果将"毋"视为衍文，则整句无法构成递进关系，逻辑关系也不顺畅。因为县以先下爵的顺序任命不更以下的人为里典或里老的前提条件是无爵者和公士都不足。如果无爵者与公士中已有满足条件的人，则县廷任命不更以下者就无从谈起。

亦有相当复杂的限制因素，如所谓"其或复，未当事戍，不复而不能自给者，令不更以下无复不复，更为典、老"，也就是说涉及是否免除徭役、自给能力等。①

由此可见，对于出任里典、里老这些最基层的小吏而言，其身份性要求，首先是无爵的"公卒"与"士伍"；其次是二十等爵的第一级"公士"；最后才扩展到第四级"不更"以下。所谓"不更"，《汉书·百官公卿表上》："爵：一级曰公士，二上造，三簪袅，四不更。""不更"，唐颜师古注曰："言不豫更卒之事也。"②可能就是指材料2中"其或复，未当事戍"者。里典与里老的任命出现了不同级别的身份等级限制，可能与里内居民身份性特征即爵位的较大差异及变化性有关，也说明秦里吏的选拔与任命充分考虑了现实条件，采取了实事求是的态度与方案。

那么，"不更"作为里典、里老任职身份等级限制的基本条件，是否具有"五大夫"作为官爵起始爵位的标志性意义呢？《商君书·境内》："军爵，自一级已下至小夫，命曰校徒操士。公爵，自二级已上至不更，命曰卒。""公爵"，高亨注曰："公爵，对军爵而言，如行政官吏的爵位与不任官职的人的爵位等是，只有军爵不在其内。"③也就是说将公爵第二、三、四级的人编入军队以后，统一称为"卒"。从这可以看出，第四级的"不更"以下至第二级"上造"是被作为一个序列等级看待的，这里不包括第一级的"公士"，在某些情况下，它们之间可能有一定的差别。④ 而无爵者的"公卒"与"士伍"自然不能与有爵者

① "尉卒律"所谓"不复而不能自给者"，冉艳红认为应解释为"未被免除徭役但经济能力无法负担徭役者"，可参。冉艳红：《典、老选任与秦代国家统治的赋役逻辑——岳麓秦简〈尉卒律〉"置典老"条试释》，《中国社会经济史研究》2023年第3期。

② 《汉书》卷一九上《百官公卿表上》，第739—740页。

③ 高亨注译：《商君书注译》，第147页。

④ 如《商君书·境内篇》："爵自二级以上，有刑罪则贬。爵自一级以下，有刑罪则已。"高亨注译：《商君书注译》，第152页。《汉书·惠帝纪》："上造以上及内外公孙耳孙有罪当刑及当为城旦舂者，皆耐为鬼薪白粲。"《汉书》卷二《惠帝纪》，第85页。

相提并论。故此,这正与最基层的小吏——里典、里老推举的爵位等级规定是一致的。可以说,爵制的最下层也存在显著的序列等级差异,以进行社会身份的区分及建立系统完善的身份性等级社会。关于"不更"以下等级人员除吏的情况,岳麓秦简载:

4. 置吏律曰:县除有秩吏,各除其县中。其欲除它县人及有谒置人为县令、都官长、丞、尉、有秩吏,能任 1272 者,许之∟。县及都官啬夫其免徒而欲解其所任者,许之。新啬夫弗能任,免之,县以攻(功)令任除有秩吏∟。1245 任者免徒,令其新啬夫任,弗任,免。害(憲)盗,除不更以下到士五(伍),许之。1247①

5. 置吏律曰:县除小佐毋(无)秩者,各除其县中,皆择除不更以下到士五(伍)史者为佐,不足,益除君子子、大夫子、小爵 1396 及公卒、士五(伍)子年十八岁以上备员,其新黔首勿强,年过六十者勿以为佐∟。人属弟、人复子欲为佐史。1367②

"害盗",《岳麓书院藏秦简(肆)》整理者注:"即憲盗,憲从害得声,故二字可通。憲盗是一种负责抓捕盗贼的小吏。"③睡虎地秦简《法律答问》:"害盗别徼而盗,驾(加)罪之。"④《内史杂》:"侯(候)、司寇及群下吏毋敢为官府佐、史及禁苑憲盗。"睡虎地秦简整理者注:"憲盗,据简文,系一种捕'盗'的职名……'憲'字《说文》云'害省声',故与'害'字通假。"⑤"憲盗",应该就是材

---

① 陈松长主编:《岳麓书院藏秦简(肆)》,第136—137页。
② 陈松长主编:《岳麓书院藏秦简(肆)》,第137—138页。
③ 陈松长主编:《岳麓书院藏秦简(肆)》,第171页。
④ 睡虎地秦墓竹简整理小组编:《睡虎地秦墓竹简》,第93页。
⑤ 睡虎地秦墓竹简整理小组编:《睡虎地秦墓竹简》,第63页。

料 5 所谓"小佐毋（无）秩者"的一种。县内除授这种"小佐无秩者"，"各除其县中"，即以本地人充之。其爵位标准，与里典、里老一致，即"不更以下到士伍"，其区别是里典、里老首先以无爵的"公卒"和"士伍"担任，在人员不足的情况下才允许任命"公士"及"不更"以下的爵位者，且其顺序是先以下爵，显示了是否拥有爵位的价值及影响。

材料 5 反映除"小佐无秩者"，在"不更"以下到"士伍"人员不足的时候，以君子子、大夫子等较高爵位拥有者之子来替代。此外，还以"小爵""公卒、士伍子"年十八岁以上者作为备员。所谓"小爵"是指尚未傅籍的爵位拥有者。张家山汉简《二年律令·傅律》规定："不更以下子年廿岁，大夫以上至五大夫子及小爵不更以下至上造年廿二岁，卿以上子及小爵大夫以上年廿四岁，皆傅之。"[1]刘敏认为："小爵与拥有者是否傅籍成年有关，而傅籍成年不仅与年龄，还与身高发育有关。"[2]暂置其细节不论，"小爵"与"公卒、士伍子"年十八岁以上者是构成了县除"小佐无秩者"的第三梯队。将"小佐无秩者"与"里典、老"的除授结合起来看，秦在确保身份等级的前提下，设计了周密的吏员除授方案，以确保相关吏员不至于出现空缺，这与秦以"吏"治天下的精神密切相关。

根据刘劭《爵制》及张家山汉墓竹简《二年律令》的相关记载，朱绍侯认为汉初二十等爵制可以分为四等，[3]即侯级、卿级、大夫级和士级。关于士级爵，

---

① 张家山二四七号汉墓竹简整理小组编著：《张家山汉墓竹简［二四七号墓］（释文修订本）》，第 58 页。

② 刘敏：《秦汉时期的"赐民爵"及"小爵"》，《史学月刊》2009 年第 11 期；刘敏：《秦汉编户民问题研究——以与吏民、爵制、皇权关系为重点》，中华书局 2014 年版，第 251 页。

③ 朱绍侯：《西汉初年军功爵制的等级划分——〈二年律令〉与军功爵制研究之一》，《河南大学学报》2002 年第 5 期，收入《军功爵制研究（增订版）》，商务印书馆 2017 年版，第 217—223 页；朱绍侯：《〈秦汉时期的"赐民爵"及"小爵"〉读后——兼论汉代爵制与妇女的关系》，《史学月刊》2009 年第 11 期，收入《军功爵制研究（增订版）》，第 224—235 页。

刘劭说:"自一爵以上至不更四等,皆士也。"①这与岳麓秦简所反映的情况类似,"不更""簪袅""上造""公士"确实构成了一个独立的等级序列。其与无爵的"公卒"和"士伍"有区别,但在县除"小佐无秩者""里典、老"时,在一定的限定条件下是等同看待的,从而反映了秦西汉初年爵级与基层社会小吏任命之间有严格且复杂的对应关系。

除了对被除授吏职者身份的要求,作为里典、里老还要有一定的文字处理能力,故此材料 2 规定,所有候选者应"无害"。《史记·萧相国世家》:"以文无害为沛主吏掾。"裴骃《集解》引《汉书音义》曰:"文无害,有文无所枉害也。律有无害都吏,如今言公平吏。一曰,无害者如言'无比',陈留间语也。"②《汉书·萧何传》:"以文毋害为沛主吏掾。"颜师古注引苏林曰:"毋害,若言无比也。一曰,害,胜也,无能胜害之者。"颜师古曰:"害,伤也,无人能伤害之者。"③陈直认为是"精通律令文而不深刻害人"④之义。"无害",秦汉文书习语,传世文献和出土文献中常见。本条中,陈侃理认为"指办事能干,没有疵病"⑤。冉艳红认为应释为"公平"⑥。对于文书行政的秦汉国家而言,阅读与处理文书的能力应该是选拔官吏的一项最基本的业务与技能要求。虽然里典、里老,没有独立收发文书的资格,但作为与基层百姓直接发生联系的里吏,也应熟悉律令、具有准确传达与严格执行律令的素质。

---

① 《续汉书》志二八《百官五》,第 3631 页。
② 《史记》卷五三《萧相国世家》,第 2013 页。
③ 《汉书》卷三九《萧何传》,第 2005 页。
④ 陈直:《汉书新证》,中华书局 2008 年版,第 251 页。
⑤ 陈侃理:《秦汉里吏与基层统治》,《历史研究》2022 年第 1 期。
⑥ 冉艳红:《典、老选任与秦代国家统治的赋役逻辑——岳麓秦简〈尉卒律〉"置典老"条试释》,《中国社会经济史研究》2023 年第 3 期。

第三节　里老与闾里的权力体系

　　传统观点认为,里父老并非里吏,是里内自然社会秩序的代表,反映了秦汉基层社会存在二元化的权力体系。岳麓秦简在里老选拔、任命及法律责任等方面的规定,表明它也是国家在基层社会正式任命的里吏。可见,秦政与秦制在乡里社会构建的是一元化的权力体系结构,根本目的仍然是强化中央集权。

一、里老

　　秦汉时期,里内供职者有里典(里正)、里父老、田典、里监门、伍长、社宰、里祭尊等。① 从岳麓秦简看,里典和里老也是经县廷正式任命的基层吏员。首先需要说明的是,睡虎地秦简和岳麓秦简出现的"老"应该是"里老",而非"伍老"或"伍长"。睡虎地秦简《秦律杂抄》:

　　　　6. 匿敖童,及占癃(癃)不审,典、老赎耐,·百姓不当老,至老时

　　　　不用请,敢为酢(诈)伪者,赀二甲;典、老弗告,赀各一甲;伍人,户一

　　　　盾,皆罨(迁)之。·傅律。②

不少学者已经指出这里的"老",应当是指"里父老"③,而非"伍老"。如邢义

---

　　① 参见张信通:《秦汉里治研究》,河南大学 2013 年博士学位论文,第 91—152 页。
　　② 睡虎地秦墓竹简整理小组编:《睡虎地秦墓竹简》,第 87 页。
　　③ 陈侃理指出,秦的"父老"一词是指社会领袖,里吏称为"老",而非"父老"。参见陈侃理:《秦汉里吏与基层统治》,《历史研究》2022 年第 1 期。

田认为:"秦简中'典、老'的'老'以作'父老'解较为妥当。"①林甘泉、卜宪群亦赞成此意见。② 不过,目前仍有学者坚持"伍老"说,其文献依据为《韩非子·外储说右下》:"秦昭王有病,百姓里买牛而家为王祷……王因使人问之何里为之,赀其里正与伍老屯二甲……今乃赀其里正与伍老屯二甲。"陈奇猷校注曰:"谓罚其里正与伍老皆二甲。"③邢义田已经指出这是涉及伍老的一条孤证,④杜正胜认为:"伍老盖即父老。"⑤《韩非子》这条材料是关于里内吏员所应承担的法律责任等相关内容,学者多将"伍老"连读,故造成秦汉时期伍有"伍老"的困扰,实际上,"伍"与"老"应当逗开,二者为并列关系,"伍"为伍长,"老"为里老之谓。出土秦简对此多有反映,如岳麓秦简:

7. 主匿亡收、隶臣妾,耐为隶臣妾,其室人存而年十八岁者,各与其疑同灋,其奴婢弗坐,典、田 1965 典、伍不告,赀一盾,其匿□□归里中,赀典、田典一甲,伍一盾,匿罪人虽弗敝(蔽)狸(埋),智(知)其请(情),舍其室 2150-1+2150-2⑥

8. ·金布律曰:……典、老、伍人见及或告之 1288 而弗告,赀二

---

① 邢义田:《汉代的父老、僤与聚族里居——〈汉侍廷里父老僤买田约束石券〉读记》,《汉学研究》1983 年第 1 卷第 2 期,收入《秦汉史论稿》,东大图书股份有限公司 1987 年版,第 221 页。
② 林甘泉:《秦汉帝国的民间社区和民间组织》,《燕京学报》新 8 期,北京大学出版社 2000 年版,第 59—86 页,收入《中国古代政治文化论稿》,第 191 页;卜宪群:《春秋战国乡里社会的变化与国家基层权力的建立》,《清华大学学报》2007 年第 2 期。
③ 陈奇猷校注:《韩非子新校注》卷一四《外储说右下》,上海古籍出版社 2000 年版,第 815—818 页。
④ 邢义田:《汉代的父老、僤与聚族里居——〈汉侍廷里父老僤买田约束石券〉读记》,《汉学研究》1983 年第 1 卷第 2 期,收入《秦汉史论稿》,第 220 页。
⑤ 杜正胜:《编户齐民——传统政治社会结构之形成》,第 219 页。
⑥ 陈松长主编:《岳麓书院藏秦简(肆)》,第 39—40 页。

甲。……1233①

　　9. 老为占者皆罷（迁）之。舍室为里人盗卖马、牛、人,典、老见其
盗及虽弗见或告盗,为占质,黥为 1226 城旦,弗见及莫告盗,赎耐,其
伍、同居及一典,弗坐。J42……②

材料 7 中的"典、田典、伍不告,赀一盾""赀典、田典一甲,伍一盾",材料 8
中的"典、老、伍人"等,均与《韩非子》"赀其里正与伍老屯二甲"属于类似
的表述,引起争议的材料 6"典、老弗告,赀各一甲;伍人,户一盾",亦是将
"老"与"伍人"分别而言的。这里需要注意的是,出土秦简律令关于"伍"
和"伍人"表述的含义可能存在区别,如材料 7 赀"伍一盾",同为岳麓秦简
的材料 8 则为赀"伍人"二甲。秦实行什伍制度,伍有伍长,而伍长之责任
应与伍人不同。"伍人"的含义在秦简中有明确的律令条文规定,如睡虎地
秦简《法律答问》:"可（何）谓'四邻'?'四邻'即伍人谓殴（也）。"③"伍"
"伍人"分言之,则很可能"伍"是指"伍长"而言。睡虎地秦简《法律答问》:
"律曰'与盗同法',有（又）曰'与同罪',此二物其同居、典、伍当坐之。云
'与同罪',云'反其罪'者,弗当坐。"整理小组注:"伍,即伍人。"④有学者指
出:"本简中整理小组对'伍'的解释扩大了法律适用对象的范围。'伍'仅指
四邻之长'伍老',非如注释所言指人数较多的'伍人（四邻）'。"⑤这里认为
"伍"的解释不应扩大至伍人（四邻）的认识是对的,但将"伍"解释为伍老,如

---

① 陈松长主编:《岳麓书院藏秦简（肆）》,第 109 页。
② 陈松长主编:《岳麓书院藏秦简（肆）》,第 135—136 页。
③ 睡虎地秦墓竹简整理小组编:《睡虎地秦墓竹简》,第 116 页。
④ 睡虎地秦墓竹简整理小组编:《睡虎地秦墓竹简》,第 98 页。
⑤ 戴世君:《云梦秦律新解（六则）》,《江汉考古》2008 年第 4 期。

前所述,恐不确。

材料9亦涉及典、老、伍所应共同承担的法律责任问题。"其伍、同居及一典,弗坐"一句,"一典",整理者注:"或是一典所管辖之人的省称,《尉卒律》规定三十户置一典。"①如果此说不误,则这里的"伍"就应当是指"伍长",而非"伍人",因为"一典之人"已经将"伍人"包括在内了。故材料9中的"老"只能是"里老",而不能是所谓的"伍老"了。

二、闾里的权力体系

通过上述论证,可知相关秦简所涉及的"老"当指"里老",而非"伍老"。因为汉代里父老要推选"耆老有高德者"担当,且立足于秦汉基层社会存在二元化权力体系,故此有学者强调里父老的非里吏性身份特征,如虽然赞同"父老"这一称谓确实存在,但认为《汉侍廷里父老僤买田约束石券》所涉及的"父老僤"是里内部自治组织团体,里父老并不是里吏。从睡虎地秦简、岳麓秦简等相关记载分析,秦里老所承担的具体职责与里典可能有所差别,但从选拔条件与任命程序等看,它是国家正式任命的里吏无疑。关于汉代的里父老,据《汉书·黄霸传》记载,黄霸为颍川太守时"为条教,置父老师帅伍长,班行之于民间"②,虽然具体的选任程序不是很清楚,但黄霸所置父老,应有一定的推举与任命等步骤,且经郡府备案与批准。可以推想,其他郡县所置里父老也必定经过这一官方认定流程,从而具有了与里正等里吏同样的性质。可见,无论秦代的里老,还是汉代的里父老,可以肯定他们都是里吏。

---

① 陈松长主编:《岳麓书院藏秦简(肆)》,第171页。
② 《汉书》卷八九《循吏传·黄霸》,第3629页。

从中也可以看出,秦政与秦制在乡里建立的权力结构体系是以中央集权为目的,试图建立从中央到基层社会的一元化权力结构体系。在这种权力结构体系建立的过程中,肯定会出现与乡里社会原有自然社会秩序的冲突与协调。如卜宪群指出:"春秋战国国家乡里基层政权是在具有宗法血缘关系的家族公社和农村公社瓦解的基础上建立的,它不可避免地还要在形式上依赖于乡里社会流传久远的自然社会秩序,但是从春秋战国的历史实际来看,乡里政权的权力体系是一元化的,还没有出现典型的分割国家政权的其他权力体系。"①岳麓秦简所反映的里老选拔与除授制度正是对春秋战国乡里基层社会政权结构体系的继承与发展。当然,在秦汉数百年间,乡里政权的权力体系肯定会出现变动,呈现为一个动态的变化过程,这一过程及推动原因是什么? 还需要在更加丰富的材料基础上详加分析。

还有一个关于"田典"的问题。材料2"尉卒律"是关于里的规模及其吏员设置的法律规定,仅涉及里典、里老的任命,程序详备且复杂,但并未涉及田典。相关材料及研究成果表明田典确实要参与处理里内事务,但它在行政上应隶属于田啬夫。由此可见,田典的任命与由乡提起请求而经县尉及县丞、令正式批准的里典、里老有区别,可能有着自己单独的一套程序,反映了田典—田啬夫系统与里典—乡系统在吏员选拔与除授程序等制度上的差异,二者可能具有一定的独立性。当然,由于目前并未见到与田典的选拔与除授程序直接相关的材料,对其程序仅是根据里典、里老的材料作出的推测,故此,还需要发掘更多的材料来加以论证。

---

① 卜宪群:《春秋战国乡里社会的变化与国家基层权力的建立》,《清华大学学报》2007年第2期。

第四节　编伍原则

商鞅变法确定"令民为什伍，而相牧司连坐"制度以后，闾里内的居民被编制于伍内，这已经为出土和传世文献所证实。就编伍原则而言，从目前的资料看，不存在根据爵级不同，将里内居民分区编伍的情况。秦及西汉时期，在构建身份等级社会方面，二十等爵制的功能和机制发挥了重要作用。受这一制度影响，在某一历史时期，闾里编伍虽然将某一爵级的居民排除在外，但仍然和其他编伍之民混合居住。随着时间的推移，编伍原则逐渐向高爵扩展，这说明二十等爵制逐渐往轻滥方向发展。

一、高爵者居住在里中

秦汉时期闾里内居民实行"比地为伍"以相司察的治理模式。秦献公十年（前375年）已经"为户籍相伍"，[①]商鞅变法时，又"令民为什伍，而相牧司连坐"[②]，闾里什伍制度正式建立，并伴随着统一的进程逐渐向其他地区推广。

秦西汉时期，以二十等爵为基本准则建立了系统完备的身份等级制社会，受这一制度的影响，闾里内伍的编制也有爵级的要求，即拥有一定爵级的人，可以不编入什伍系统。因为，一旦编入什伍组织以后，就要承担相应的法律连坐责任，很容易受到牵连。故此，这种拥有一定爵级可以不被编入伍内，实质上是一种特权，体现了爵的价值。

随着历史的发展，根据现实情况的变化，闾里编伍原则也处于不断调整与

---

① 《史记》卷六《秦始皇本纪》，第289页。
② 《史记》卷六八《商君列传》，第2230页。

变化之中。睡虎地秦墓竹简《法律答问》:"大夫寡,当伍及人不当? 不当。"①"大夫寡"不当编入"伍",当是根据大夫这一爵级决定的。张家山汉墓竹简反映这一原则已经发生变化,如《二年律令·户律》:"自五大夫以下,比地为伍,以辨券为信,居处相察,出入相司。"②可见,这时"自五大夫以下"已经需要编入什伍系之中。

西汉中期以后,关内侯也已经需要编入其居住所在地相应的伍内。如《盐铁论·周秦》:"故今自关内侯以下,比地于伍,居家相察,出入相司,父不教子,兄不正弟,舍是谁责乎?"③此为御史与文学辩论时政时所言及,当为西汉中期的真实情况。

关于里内如何编伍的问题,根据睡虎地秦墓竹简《法律答问》"大夫寡,当伍及人不当? 不当"的记载,容易让人推导出闾里内根据爵级实行了分区居住的原则。这一问题,需要具体分析。出土简牍资料反映秦汉时期里内居住者的爵位等级确实存在较大的差异,如前引《岳麓书院藏秦简(肆)》"尉卒律"有"公大夫以上擅启门者附其旁里"的相关规定,说明里内可能居住着更高的爵位者。睡虎地秦简《封诊式》"黥妾"条反映了五大夫在里中居住的情况。

10. 黥妾 爰书:某里公士甲缚诣大女子丙,告曰:"某里五大夫乙家吏。丙,乙妾殴(也)。乙使甲曰:丙悍,谒黥劓丙。"·讯丙,辞曰:"乙妾殴(也),毋(无)它坐。"·丞某告某乡主:某里五大夫乙家

---

① 睡虎地秦墓竹简整理小组编:《睡虎地秦墓竹简》,第129页。

② 张家山二四七号汉墓竹简整理小组编著:《张家山汉墓竹简[二四七号墓](释文修订本)》,第51页。

③ 王利器校注:《盐铁论校注》卷一〇《周秦》,中华书局2015年版,第584页。

吏甲诣乙妻丙，曰："乙令甲谒黥劓丙。"其问如言不然？定名事里，所坐论云可（何），或覆问毋（无）有，以书言。①

张家山汉简《奏谳书》案例第一四中，"平爵五大夫，居安陆和众里"。②更为突出的材料是案例第一六，此案为谋杀案，涉及人物较多，其中详述了苍、信、丙、赘的爵位变迁和居住地情况。

　　11. 诊问苍、信、丙、赘，皆关内侯。信，诸侯子，居雒阳杨里，故右庶长，以坚守荥（荥）阳，赐爵为广武君，秩六百石。苍，壮平君，居新郪都隐（？）里；赘，威昌君，居故市里；丙，五大夫，广德里，皆故楚爵，属汉以比士，非诸侯子……敢言之。新郪信、掔长苍谋贼杀狱史武，校长丙、赘捕苍而纵之，爵皆大庶长。③

该案件发生时间为汉高祖六年（前201年），④时值秦末及楚汉战争刚刚结束不久，因军功爵位变化较大，案件审问调查时，信、苍、丙、赘四人的爵位当均为大庶长。⑤ 所谓"居安陆合众里""居雒阳杨里"，反映他们的实际居住地在

---

① 睡虎地秦墓竹简整理小组编：《睡虎地秦墓竹简》，第155页。
② 张家山二四七号汉墓竹简整理小组编著：《张家山汉墓竹简［二四七号墓］（释文修订本）》，第97页。
③ 张家山二四七号汉墓竹简整理小组编著：《张家山汉墓竹简［二四七号墓］（释文修订本）》，第99页。
④ 李学勤认为："案例中讲到'坚守荥阳'，是高祖（汉王）三年（前204年）的事，案子自在其后。查案中干支有'六月壬午'、'七月乙酉'和'七月甲辰'，只合于高祖六年（前201年）。"李学勤：《〈奏谳书〉解说（上）》，《文物》1993年第8期；后以《〈奏谳书〉初论》为名，收入《简帛佚籍与学术史》，江西教育出版社2001年版，第201页；又收入《李学勤文集》，上海辞书出版社2005年版，第470页；后又收入《中西学术名篇精读·李学勤卷》，中西书局2017年版，第142页。
⑤ 参见卜宪群：《秦汉官僚制度》，社会科学文献出版社2002年版，第159—160页。

"××里"内,可见西汉初年,由于军功赐爵等原因,里内的居民有不少高爵者应是普遍的现象。

二、"比地为伍"的原则

里内的居民是否根据爵级分区居住呢? 我们认为,里是秦汉基层社会最基本的行政单元,里内的什伍组织,是行政上的编组,编伍的基本原则是"比地",即相邻的原则,某些爵级的户可以不编入什伍组织,但亦不会专门划定区域将某些爵级以上的户进行单独编伍或居住。闾里内部根据爵级分区居住认识的产生,是由于当时材料有限,对"大夫寡"的"寡"字含义尚不清楚所致。睡虎地秦墓竹简整理小组:"寡,少。"并"推测当时因大夫系高爵,所以不与一般百姓为伍"[1]。随着资料的增加,对"大夫寡"的含义有了新的认识。

前引里耶秦简 8-19、8-1236+8-1791 中出现了"大夫寡",陈伟认为:"大夫寡,当是大夫死后留下的遗孀。"[2]荆州高台 18 号汉墓木牍"新安户人大女燕关内侯寡"[3],《二年律令·置后律》:"寡为户后,予田宅,比子为后者爵。"[4]可见"××寡"是一种正式身份性称谓。[5] 故此,立足于"寡"为"少"义,认为里内人户根据爵级不同分区居住的观点,需要重新审视。

睡虎地秦简《法律答问》:

---

① 睡虎地秦墓竹简整理小组编:《睡虎地秦墓竹简》,第 129 页。
② 陈伟主编:《里耶秦简牍校释(第一卷)》,第 33 页。
③ 湖北省荆州博物馆编著:《荆州高台秦汉墓:宜黄公路荆州段田野考古报告之一》,科学出版社 2000 年版,第 223—224 页。
④ 张家山二四七号汉墓竹简整理小组编著:《张家山汉墓竹简[二四七号墓](释文修订本)》,第 61 页。
⑤ 相关研究参见苏俊林:《简牍所见秦及汉初"有爵寡"考论》,《中国史研究》2019 年第 2 期。

12. 贼入甲室,贼伤甲,甲号寇,其四邻、典、老皆出不存,不闻号

寇,问当论不当? 审不存,不当论;典、老虽不存,当论。

可(何)谓"四邻"? "四邻"即伍人谓殹(也)。①

简文规定了里典、里老以及"四邻"的法律责任,并对"四邻"的法律概念进行
了解释。从地理方位的角度来说,"四邻"是很好辨认的,这里却专门对"四
邻"的法律概念作出解答,说明当时编伍虽然坚持"比地"的原则,但是同伍的
家户在空间组成上可能存在参差不齐的现象,不是严格按照宅院的地理坐标
划定的。造成这种现象的原因应是当时不同爵级居民可能按照某种规则混杂
居住在一起,而按照相关律令规定某些高爵(如大夫)又不需要编入伍内。这
样法律意义上"四邻"的概念就只能依据是否编于同一伍内,而非地理坐标来
确定。日常生活中易于人们接受和作出判断的空间位置关系上的"四邻"和
法律关系上的"四邻"出现了分离,因此需要特别作出法律解释。故此,我们
认为里内应当是不同爵级的人混杂在一起居住,而非分区居住。

睡虎地秦简"大夫寡,当伍及人不当?""伍"指编伍,"人"当指伍人而
言,即是否应当将"大夫寡"编伍于里内其他伍人之中,得到的回答是"不
当",这里是说不应当将"大夫寡"编入伍内。是否对"大夫寡"进行编伍的
依据当为"大夫"这一爵级的法律规定。如果将这句话理解为将大夫或大
夫以上爵位者单独进行分区编伍的话,则与简文原意不符。"比地于伍"
"比地为伍"意与此相同,即按照其在里内居址的就近原则,将相应爵级者
编入伍中。

---

① 　睡虎地秦墓竹简整理小组编:《睡虎地秦墓竹简》,第116页。

这里需要注意两点：第一，在相关律令调整以前，大夫、五大夫、关内侯是不进行编伍的；第二，他们在编伍之前与其他已经编入伍内者是相邻而居的。故相关简文的含义是大夫、五大夫、关内侯等在法律调整之前是不编入伍内而非分区居住。之所以要对里内的居民进行编伍，其主要目的是"居处相察，出入相司""相牧司连坐"。再如，《续汉书·百官志》："里魁掌一里百家。什主十家，伍主五家，以相检察。民有善事恶事，以告监官。"①盐铁会议上，文学与御史在辩论时，就在一定角度上批评了当时实行的什伍连坐制度，所谓："自首匿相坐之法立，骨肉之恩废，而刑罪多矣。父母之于子，虽有罪犹匿之，其不欲服罪尔。闻子为父隐，父为子隐，未闻父子之相坐也。闻兄弟缓追以免贼，未闻兄弟之相坐也。闻恶恶止其人，疾始而诛首恶，未闻什伍而相坐也。《老子》曰：'上无欲而民朴，上无事而民自富。'君君臣臣，父父子子。比地何伍，而执政何责也？"②

在秦西汉初年身份等级及其附带权益仍十分突出的时代，相应爵位者可能拥有里内不承担"相牧司连坐"责任的特权，故此也就不需要将其编入伍内。睡虎地秦简《封诊式》"黥妾"条表明里内的五大夫甚至不用出席相关案件审理现场，而让其家吏公士甲出面代办。所以，秦汉律令并没有刻意规定里内居民依其爵位高低进行分区居住，由于爵位赋予拥有者的特权，在某一历史阶段，一些爵位拥有者，如大夫、五大夫、关内侯等并不编入伍中及承担伍内相互司察和连坐责任等，在相关律令更改以后，其编伍原则亦是遵循"比地"的就近原则。纳入编伍爵级的上限不断发生变化，从秦"大夫寡，当伍及人不当？不当"，到西汉初年的"自五大夫以下，比地为伍"，再到西汉中期"自关内

---

① 《续汉书》志二八《百官五》，第3625页。
② 王利器校注：《盐铁论校注》卷一〇《周秦》，第649页。

侯以下,比地于伍",一方面说明了二十等爵随着社会的发展逐渐轻滥,一方面说明国家强化了控制基层社会的力度。

综上所述,为了强化对基层社会的控制,从春秋战国时期起,各国纷纷开始实行里制。里的外部形态相对比较规整,有里门、围墙、道路等基础设施。商鞅变法后,秦逐渐完善和强化了里制,并与什伍制度密切配合,满足了强化中央对基层社会控制的需要。伴随着秦的统一进程,里制在更大范围内得到推广,从出土秦简等资料看,秦曾多次对里的规模进行调整,调整的主要依据是里内居民的户数,但除此之外,还必须遵守的一条原则,就是要保证里的形态不被破坏。在这些原则下进行里的拆分与合并,主要目的之一是为了满足里吏设置的需要,因为国家的政令均需这些基层小吏来实施和完成。所以,里规模调整的最终目的是使里吏的设置与行政成本和效率趋于合理化。这反映在岳麓秦简中,就是"尉卒律"对里典和里老设置条件的繁杂规定。也就是说,秦对基层社会的控制与改造,是尽最大的努力使聚落形态间里化。

由于自然环境、社会经济、风俗习惯等因素的区域差异,不同地区的聚落形态肯定会存在多样性的特征,因此里本身的规模和具体形态也会存在或多或少的差异。但这并不影响里制在以"法治"和"吏治"为最高治理原则的秦疆域内得到推广与普及。质言之,虽然因区域差异可能存在多样化的聚落形态,但间里化的聚落作为秦政和秦制追求的根本目标,肯定是当时聚落形态的发展趋势和主要模式之一。

秦之所以在基层社会采用里制,主要是为了强化中央对基层社会的控制,这也反映在里吏的设置上。从岳麓书院藏秦简"尉卒律"看,里老和里典一样,是经过县廷正式任命的里内小吏,并与里典一样承担里的治理等法定责任,故此,它不可能是里内代表民间社会秩序的力量所在。尤其是在里的户数规模达不到设置里典和里老的要求时,由它里典、老兼任典、老,更是对里内家族等自然社会秩序的一种破坏。当然,也应该看到对里典、里老年龄的严格要求,可能正是对乡里社会自然秩序的一种吸收和协调。但是,秦的基层社会政策显然是一元化的控制与治理模式,并不存在所谓的二元模式,实行一元化的控制与治理模式能够达到以中央集权为最终目的的直接控制。质言之,聚落形态间里化的进程,是秦建立基层社会一元化控制与治理模式的直接反映,二者是外在形式与内在本质的关系。

这里还需要注意的是,秦及西汉初年仍然是一个身份等级比较显著的社会,虽然底层社会可以通过军功等手段往上层流动,但各阶层内部所对应的各种权益是固定的,这一点突出表现在公卿大夫士爵位系统及二十等爵位系统与官吏除授及秩禄等级等相对应的关系上。从岳麓秦简"尉卒律""置吏律"来看,基层社会的小吏,尤其是一些无秩级小吏的除授,主要局限在二十等爵制的不更以下,其具体对应关系,如前所述还有各种差异,但与刘劭对二十等爵四级分等的"士"级相对应,这种对应关系应不属于巧合,而是有着更深层次的社会性与制度性原因。公卿大夫士爵位系统的作用主要体现在社会阶层的划分上,不同社会阶层的社会责任与权益自不相同。二十等爵制的社会分层作用,主要是通过其与公卿大夫士爵位系统对应关系来实现的,除此之外,它主要承担的作用是构建一个自上而下的金字塔式等级社会。古代社会存在明显的阶层划分,但这种划分又不能大到使社会彻底断裂的程度,只有二者达到一个合理点,才能使社会稳定地向前发展。具体到秦及西汉初年,公卿大夫士爵位系统与二十等爵制系统主要起到了社会分层与弥合及避免社会分层导致社会断裂的作用。

第四章 典型性与普遍化:三杨庄
遗址汉代聚落的形态

2003 年,河南省内黄县梁庄镇三杨庄村发现了大面积的汉代遗址,其主要内涵是被泥沙覆盖的宅院遗存与农田遗迹,出土了大铁犁、铁犁铧冠、石磙、石磨、石碓、石臼、陶盆、陶碗、铁釜等数量众多的农业生产与生活遗物,结合遗址内的水井、编织、道路、池塘等其他遗存,可知这是一处农业聚落遗址。三杨庄遗址汉代聚落的形态与文献中描述的闾里存在十分明显的差别,学术界普遍认为它体现了汉代聚落形态或乡村居住形式的多样化特征。从聚落形态演变的动态视角分析,三杨庄遗址汉代聚落的形态是历时性特征,其典型性在于它展示了汉代聚落演变的历史过程。

第一节 三杨庄遗址汉代聚落的考古发现

三杨庄遗址的发现引起了学界的普遍关注,相关研究成果丰硕。就聚落形态而言,目前仍存在不同意见,或认为它表明了汉代聚落形态的多样性,或认为它并不具有典型性。总体上，三杨庄遗址是一处内涵丰富的汉代农业聚落遗址，为研究汉代乡里社会的一些基本状况提供了考古学资料，促进了秦汉聚落考古的发展。

一、考古过程

三杨庄遗址的发现与内黄县实施的硝河疏浚工程有关。硝河是排水季节河，其上游为硝河陂，宋淳化四年（993 年），黄河在澶州（今濮阳）决口后形成。名为硝河陂，与黄河改道南徙后陂内盐、碱、硝等含量较大密切相关，也因此致使该地盛产皮硝、土碱和小盐。嘉靖《内黄县志》云："硝河，在县南，出朴硝，与开州接界。"①又硝河陂内积水较多，故芦苇成片，为蝗虫的孳生形成了有利的生态条件。当地曾有谚语曰："四十五里硝河陂，盐碱芦苇蚂蚱窝。"②

相关史料表明，自清代以来地方政府就多次对硝河进行治理。例如：清乾隆《内黄县志》记载："康熙三十八年（1699 年），知县钱焜详请就其故道疏浚成渠，通于卫河。自硝河头起，北至小店桥止，长四十余里，宽一丈，深四尺，名曰柯河，一名永丰渠。雍正十一年（1733 年），知县陈锡辂复以是水直射邑城，改移西向，转北而东，委蛇潆洄，抱城三面，于地形尤合。"③中华人民共和国成立以后，又经过几次施工，裁弯取直，综合治理，逐渐形成了纵贯内黄南北的主要排水河道，北达清丰县苏堤入卫河。

硝河，全长约 35 公里，流域面积约 520 平方公里，承泄滑县、浚县、内黄、清丰等四县的涝水，尤其是为内黄县排涝起了很大作用，为降低地下水位、改

---

① （明）王崇庆等纂：嘉靖十六年《内黄县志》卷之一《地理》（天一阁藏明代地方志选刊本），上海古籍书店 1963 年版，第 14 页。

② 史其显主编：《内黄县志》，中州古籍出版社 1993 年版，第 76 页。

③ （清）李涀等纂：乾隆四年《内黄县志》卷之二《地理》，中国国家图书馆藏本，第 7 页。

造盐碱地创造了有利条件。然而,随着自然环境的变迁,硝河已经处于断流状态,接近消失。为了补充内黄县地下水源,当地政府实施了疏浚硝河故道引黄河水入内黄县境工程。

2003年6月23日下午,疏浚硝河的施工中,在位于内黄县南部黄河故道中的梁庄镇三杨庄村北约500米的硝河河底发现大面积排列整齐的古代瓦块,施工人员将这一发现及时报告给了内黄县文物局。县文物局随即派员赶到现场实施调查和保护,并将发现情况上报河南省文物局,三杨庄汉代聚落遗址考古发现与研究的序幕从此揭开。①

三杨庄村发现大面积汉代遗址以后,引起了河南省文物局的高度重视,迅速组织开展相关的考古工作。2003年7月8日至该年12月,河南省文物考古研究所正式开始了对三杨庄汉代聚落遗址的考古发掘工作。抢救性发掘了在疏浚工程中发现的位于硝河河道的两处宅院,即第一处宅院和第二处宅院,发掘面积约2500平方米。②

2004年,为了就地保护已经局部清理的第一处宅院和第二处宅院遗存,内黄县水利部门对硝河疏浚工程三杨庄段实施了改建。为了配合改建工作,河南省文物考古研究所工作人员对改建河段进行考古勘探,分别又发现了第三处宅院和第四处宅院。③

2005年3—12月,对新发现的汉代宅院遗存进行了发掘清理,与此同时,对第二处宅院遗存的尚未清理区域进行了补充清理,本次清理面积约

---

① 河南省文物考古研究所、内黄县文物保护管理所:《河南内黄三杨庄汉代聚落遗址第二处庭院发掘简报》,《华夏考古》2010年第3期。

② 河南省文物考古研究所、内黄县文物保护管理所:《河南内黄县三杨庄汉代庭院遗址》,《考古》2004年第7期。

③ 河南省文物考古研究所、内黄县文物保护管理所:《河南内黄三杨庄汉代聚落遗址第二处庭院发掘简报》,《华夏考古》2010年第3期。

6000 平方米。① 2006 年至 2008 年,河南省文物考古研究所在内黄县文物旅游局的配合下,在 2003 年至 2005 年考古工作的基础上,继续对三杨庄遗址进行了考古发掘与勘探工作。到 2008 年底,累计共完成考古勘探面积约 100 万平方米。②

2009 年之后,主要进行的是科技考古方面的研究,伴随着考古勘探工作开展,考古人员提取了从史前时期到现代地层的剖面信息,为探讨从古至今以三杨庄为中心的区域环境变迁,尤其是黄河变迁及其影响奠定了基础。值得注意的是,在做剖面的工作中,考古人员在商代地层和战国地层中也发现了畎亩相间的农田遗迹,与汉代农田遗迹相比较,这两个时代田垄的走向与汉代相同,形态差异主要表现在亩宽和畎深不同上。

就目前三杨庄遗址考古工作而言,一方面,对位于硝河河道的四处宅院进行了考古发掘,通过发掘基本上弄清楚了三杨庄遗址汉代聚落一般民居宅院的布局与结构特征等问题;另一方面,对以三杨庄遗址为中心的周边地区进行了大规模的考古勘探工作,主要目的是弄清楚聚落的范围、布局及其与周边地区的联系。

二、遗址内涵

三杨庄遗址位于河南省安阳市内黄县梁庄镇三杨庄村,周边与二帝陵(颛顼、帝喾陵)相接或叠压,东北距内黄县城约 30 公里,东距濮阳市区约 20

---

① 刘海旺、朱汝生:《河南内黄三杨庄发掘多处西汉庭院民居》,《中国文物报》2006 年 1 月 13 日第 2 版。
② 刘海旺、朱汝生:《河南三杨庄遗址发掘取得新收获》,《中国文物报》2009 年 1 月 28 日第 2 版。

公里,西距浚县大伾山北魏大佛像约 21 公里,东南距今黄河河道最近处约 45 公里。三杨庄遗址正式发掘的宅院遗存共有四处(图 2)。为了方便后文的讨论和加深对三杨庄遗址的认识,现根据发掘情况,①将这四处宅院遗存的文化内涵作简要介绍。

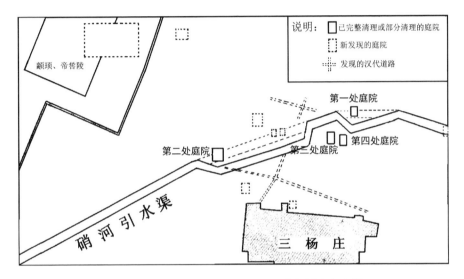

图 2 三杨庄遗址已发掘的四处宅院位置分布图②

第一处宅院遗存:该宅院遗存位于三杨庄村北约 500 米处。本区域目前

---

① 参见河南省文物考古研究所、内黄县文物保护管理所:《河南内黄县三杨庄汉代庭院遗址》,《考古》2004 年第 7 期;刘海旺、朱汝生:《河南内黄三杨庄汉代田宅遗存》,载国家文物局编:《2005 中国重要考古发现》,文物出版社 2006 年版,第 100—104 页;刘海旺、朱汝生:《河南内黄三杨庄发掘多处西汉庭院民居》,《中国文物报》2006 年 1 月 13 日第 2 版;刘海旺:《首次发现的汉代农业闾里遗址——中国河南内黄三杨庄汉代聚落遗址初识》,载《法国汉学》丛书编辑委员会编:《法国汉学》第 11 辑《考古发现与历史复原》,第 64—78 页;刘海旺、朱汝生:《河南三杨庄遗址发掘取得新收获》,《中国文物报》2009 年 1 月 28 日第 2 版;河南省文物考古研究所、内黄县文物保护管理所:《河南内黄三杨庄汉代聚落遗址第二处庭院发掘简报》,《华夏考古》2010 年第 3 期。
② 刘海旺:《新发现的河南内黄三杨庄汉代遗址性质初探》,载卜宪群等主编:《简帛研究二〇〇六》,广西师范大学出版社 2008 年版,第 294 页。

的考古勘探面积为 3600 平方米,在这一范围的南、北部距今地表深约 5 米的同一深度地层均发现有较大面积的夯土遗存,其中南部发现宽约 4 米的古道路遗迹。考古人员对该宅院遗存的部分区域进行了发掘,清理面积约 400 平方米。清理出的建筑遗迹有宅院的基础、围墙、主房南北瓦顶、砖基墙体、坍塌的夯土墙、未使用的板瓦和筒瓦、建筑废弃物、拌泥池、灶、灰坑等,以及轮盘、盆、瓮、罐、水槽等陶器和小件铁器。

第二处宅院遗存:该宅院遗存位于三杨庄村西北,距第一处宅院遗存约500 米远。该处宅院遗存总面积近 2000 平方米,揭露较为完整,目前已经建成为三杨庄遗址博物馆的主要展馆。宅院的平面布局从南向北依次为:第一进院南墙及南大门、东厢房(彩版二)、西门房,第二进院南墙、南门、西厢房(彩版三)、主房(彩版一)等。南大门外略偏东南方向约 5 米处有一眼水井(彩版五),从南大门到水井处用碎瓦铺设了十分简易的便道,长 5.50 米,宽约 0.30—0.70 米;水井的周围散布着水槽、盆、瓮、石磨、石臼等陶、石器;水井西侧约 5 米处为编织遗迹(彩版六),其四角为三块叠放在一起的砖摞成的砖垛,其分布呈规则的长方形,南北宽(含砖)约 1 米,东西长(含砖)约 1.25 米,砖垛内堆积有较多长宽约为 10 厘米×5 厘米打磨成圆弧形的砖块,砖块中部刻有凹槽;宅院西北角为一所带瓦顶的厕所(彩版七);宅院西侧是一座平面略呈椭圆形的水池,南北最长 23.60 米,东西最宽 16.50 米;宅院东部有树木遗迹;东、北、西南面均有农田环绕,田垄的方向为南北向;宅院大门南约 42 米处有一条宽约 8 米道路,在这条东西向道路和南大门之间是该宅院宽敞的活动场地。

第二处宅院遗存清理出的遗物较多,其中石器有圆石臼、方石臼、石磨(图 3)、鼓形石碓等;陶器有水槽、碗、甑、盆、罐、豆、瓮等;铁器有釜、大铁犁、犁铧冠(图4)、斧、镰(图5)、镢、削、刀等,以及一些难以辨明器形的残铁器和铁铤铜镞等。此外,主房瓦顶东侧出土了带有小篆体(略变形)"益寿万岁"字样瓦当的筒瓦数件(彩版四、图6);二进院内西部地面清理出3枚新莽时期的"货泉"铜钱(图21)。

图3 三杨庄遗址第二处宅院出土石磨

图4 三杨庄遗址第二处宅院出土铁犁铧冠

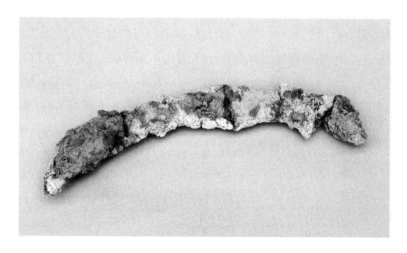

图5　三杨庄遗址第二处宅院出土铁镰

图6　三杨庄遗址第二处宅院出土"益寿万岁"瓦当

　　第三处宅院遗存:该宅院遗存东北距第一处宅院遗存约100米,面积约为900平方米。整体平面布局从南向北依次为:第一进院南墙及南大门、南厢房、第二进院南墙及主房、院墙等(彩版八)。宅院东西墙外分别有一条形状大致相同的水沟,其中西侧水沟分为南北两段;南门外西侧有水井一眼,宅院后有疑似厕所的较小建筑遗存;其后有两排树木残存遗迹,从出土的树叶痕迹(图7)判断,应为桑树或榆树;东西两侧水沟外和宅院周围为大面积排列整齐的南北向(也有少数为东西向)农田遗迹(彩版九),畎亩宽度大致在60厘米左右、深度约6厘米;该宅院出土有石碓、小石臼、陶瓮、陶盆、半枚"货泉"铜钱等遗物。

图7 三杨庄遗址出土树叶痕迹

第四处宅院遗存:该宅院遗存位于第三处宅院遗存东约25米处,未完整清理与揭露。其平面布局与第三处宅院遗存类似,只是在宅院的西侧以一行南北向的树木替代了边沟;宅院后亦有一疑似厕所遗迹;厕所后种植有树木,并发现一个方形坑。第三处宅院与第四处宅院之间是农田,但是田垄高低与第三处宅院西侧和北侧的田垄相比,其深度要浅,垄沟不是十分清晰。另外,在田地内发现有车辙痕迹及牛蹄痕迹。

总体上,已发掘的4处宅院遗存,均位于硝河疏浚工程的主干道上,有些在疏浚作业时已被揭露出来,属于被迫的抢救性发掘。当然,为了搞清三杨庄遗址汉代聚落整体布局情况,河南省文物部门除考古发掘外,还以今三杨庄村为中心,进行了大规模的考古勘探工作。到目前为止,勘探面积已经超过100

万平方米,共发现宅院遗存 14 处。值得注意的是位于二帝陵(颛顼、帝喾陵)东部的一处建筑堆积遗存,其面积超过 1 万平方米,关于其性质,目前仅根据钻探资料仍难以判断。在第二处宅院以西约 500 米的地方,还发现了一座疑似陶窑的建筑遗存区域,在其南有一直径约为 200 米的平面形状不规则的湖塘。在整个勘探区域内发现有汉代道路若干条,其中最宽的可达 20 米左右,还有 14 米、5 米、3 米等宽度不等的道路,这些道路构成了三杨庄遗址汉代聚落内部及其与聚落外部的交通网络,可见当时乡里社会的交通十分发达。

三、价值与意义

三杨庄遗址是一处内涵丰富的汉代农业聚落遗址,其发现为搞清汉代乡里社会的一些基本状况提供了考古学资料,促进了中国秦汉聚落考古研究的进一步发展,其主要标志就是 2010 年在内黄召开的“汉代城市和聚落考古与汉文化国际学术研讨会”。[①] 从这一角度上来说,三杨庄遗址的发现在中国考古学史上具有重要意义。

但是,就目前汉代聚落考古学研究而言,考古调查和考古发掘涉及或包含汉代聚落因素的遗址遍布全国,数量不可谓不大,但经过考古发掘的较为单纯和性质明确的汉代聚落遗址数量较少,主要有辽宁省辽阳三道壕遗址、河南省遂平小寨汉代遗址、江苏省高邮邵家沟遗址、四川省成都市新都区界牌村汉代遗址、江苏省张家港小山村遗址、山东省章丘宁家埠遗址、河北省井陉南良都遗址、河北省永年榆林遗址、安徽省泗县刘圩遗址、山东省枣庄

---

① 本次学术会议的成果,参见中国社会科学院考古研究所、河南省文物考古研究所编:《汉代城市和聚落考古与汉文化》,科学出版社 2012 年版。

海子遗址等。① 有些遗址本身保存得并不完整,内涵也较单一,加之发掘面积有限,导致汉代聚落考古研究一直较为滞后。

针对汉代聚落考古与研究现状,刘庆柱指出:"应该将农业聚落遗址作为切入点,在中原及其周边地区选择一些保存较好的聚落遗址,进行有计划的、全面的、多学科结合的考古发掘与研究。这方面的田野考古工作可能需要通过相当长一段时间的积累,才能逐步深化其研究、逐渐究明其文化内涵。"②由此,足见当前秦汉聚落考古与研究仍需加强。

三杨庄遗址的发现,引起了学界的普遍关注,推动了汉代聚落研究的发展,但由于仅是个案,同类遗址较少,缺乏对比。故此,学术界关于三杨庄遗址的认识仍然有很多分歧。一方面,三杨庄遗址让人们看到了汉代基层社会聚落形态并非如文献中所描述的那样呈现为整齐划一的闾里化形态;另一方面,由于同类遗址较少,学界对它是否具有典型性又持有怀疑态度。这不能不令人产生疑惑,就三杨庄遗址而言,一方面利用它说明汉代聚落形态的多样性,

---

① 东北博物馆:《辽阳三道壕西汉村落遗址》,《考古学报》1957 年第 1 期;河南省文物研究所:《河南遂平县小寨汉代村落遗址水井群》,《考古与文物》1986 年第 5 期;江苏省文物管理委员会:《江苏高邮邵家沟汉代遗址的清理》,《考古》1960 年第 10 期;成都文物考古研究所等:《四川成都市新都区界牌村汉代遗址发掘简报》,《成都考古发现(2009)》,科学出版社 2011 年版,第 288—295 页;南京博物院等:《江苏张家港小山村遗址发掘简报》,《东南文化》2015 年第 2 期;山东省文物考古研究所:《章丘宁家埠遗址发掘报告》,载山东省文物考古研究所编:《济青高级公路章丘工段考古发掘报告集》,齐鲁书社 1993 年版,第 82—89 页;河北省文物研究所石太考古队:《井陉南良都战国、汉代遗址及元明墓葬发掘报告》,载河北省文物研究所编:《河北省考古文集》,东方出版社 1998 年版,第 202—240 页;河北省文物研究所等:《永年县榆林遗址发掘简报》,载河北省文物研究所编:《河北省考古文集》,第 117—126 页;安徽省文物考古研究所、泗县文物保护管理所:《安徽泗县刘圩汴河故道遗址发掘简报》,《东南文化》2011 年第 5 期;吕凯:《山东枣庄发现汉代基层聚落遗址——其规模可能对应汉代行政单位"里"》,《中国文物报》2019 年 8 月 9 日第 8 版;吕凯:《山东枣庄市海子汉代聚落遗址》,载河南省文物考古研究院等编著:《黄淮七省考古新发现(2018 年)》,大象出版社 2020 年版,第 247—252 页。

② 刘庆柱:《汉代城市与聚落考古研究》,中国社会科学院考古研究所、河南省文物考古研究所编:《汉代城市和聚落考古与汉文化》,第 39 页。

另一方面又否认它的典型性。如果三杨庄遗址所反映的聚落形态仅仅是汉代在特殊条件下产生的个案,不具有代表性,那么我们又如何利用它来说明汉代聚落形态的多样性呢?

解答上述疑问,首先,需要分析三杨庄遗址汉代聚落产生的历史条件及原因;其次,虽然考古发掘较少,但是可以利用考古调查的资料分析汉代聚落形态的一般情况;最后,再探讨三杨庄遗址汉代聚落是否具有典型性这一问题。

第二节　三杨庄遗址汉代聚落的形成

三杨庄遗址汉代聚落位于黄河由东向转为东北向弯道的凸岸一侧,受河水弯道环流影响,这里适合发展农业生产和人类居住,从而形成了聚落。从王景治河及现存两汉金堤关系等资料分析,新莽始建国三年(11 年)"河决魏郡"的决口地点应该在与三杨庄遗址相对的东郡一侧。决口后,三杨庄遗址汉代聚落的位置由河流弯道的凸岸变为凹岸。这使它成为河水侵蚀的对象,最终导致了聚落的废弃。三杨庄遗址汉代聚落形态与文献记载的间里有明显不同,各宅院之间的分布较为分散,但整体仍表现出聚集、沿道路分布等特征。

一、聚落的位置

根据三杨庄遗址出土遗迹、遗物的类型学特征,以及第二处宅院出土的王莽时期"货泉"铜钱,结合《汉书·王莽传》新莽始建国三年(11 年),黄河于魏郡决口的历史记载,①发掘者推测这是一处西汉晚期的聚落遗址,建筑群可能

---

① 班固记载:始建国三年(11 年),"河决魏郡,泛清河以东数郡。先是,莽恐河决为元城冢墓害。及决东去,元城不忧水,故遂不隄塞"。《汉书》卷九九中《王莽传中》,第 4127 页。

由于新莽时期黄河的一次大规模泛滥决堤而被整体淹没。[1] 根据《汉书·沟洫志》关于贾让《治河三策》的相关记载，学界普遍认为三杨庄遗址汉代聚落应该位于当时的黄河河滩地内，并进一步指出这里西汉时期应当属于魏郡繁阳县管辖。[2]

三杨庄遗址汉代聚落滨临黄河是没有问题的，但是如何确定它与西汉黄河的具体位置关系，仍然需要根据文献、考古等资料进行详细的分析。贾让在《治河三策》中对今河南新乡、安阳、濮阳境内的黄河河道作了详尽的描述，如：

> 盖隄防之作，近起战国，雍防百川，各以自利。齐与赵、魏，以河为竟。赵、魏濒山，齐地卑下，作隄去河二十五里。河水东抵齐隄，则西泛赵、魏，赵、魏亦为隄去河二十五里。虽非其正，水尚有所游荡。时至而去，则填淤肥美，民耕田之。或久无害，稍筑室宅，遂成聚落。大水时至漂没，则更起隄防以自救，稍去其城郭，排水泽而居之，湛溺自其宜也。
>
> 今隄防陿者去水数百步，远者数里。近黎阳南故大金隄，从河西西北行，至西山南头，乃折东，与东山相属。民居金隄东，为庐舍，往十余岁更起隄，从东山南头直南与故大隄会。又内黄界中有泽，方数十里，环之有隄，往十余岁太守以赋民，民今起庐舍其中，此臣亲所见者也。东郡白马故大隄亦复数重，民皆居其间。从黎阳北尽魏界，故

---

① 河南省文物考古研究所、内黄县文物保护管理所：《河南内黄县三杨庄汉代庭院遗址》，《考古》2004 年第 7 期。

② 程有为：《内黄三杨庄水灾遗址与西汉黄河水患》，《中州学刊》2008 年第 4 期。

大隄去河远者数十里,内亦数重,此皆前世所排也。

河从河内北至黎阳为石隄,激使东抵东郡平刚;又为石隄,使西北抵黎阳、观下;又为石隄,使东北抵东郡津北;又为石隄,使西北抵魏郡昭阳;又为石隄,激使东北。百余里间,河再西三东,迫阨如此,不得安息。①

上述记载说明早在战国时期黄河两岸的居民就已经开始在黄河河滩地内开垦农田,并逐渐定居下来。为了抵御季节性洪水的漂没,人们在黄河大堤内修筑民堤以自救。西汉时,贾让所见到的情景是民堤与水相近者有数百步之遥。可见当时河滩地被开发的程度。战国时期人们已经开始开垦河滩地的事实已为考古发现所证实,三杨庄遗址周边区域地层剖面显示,汉代地层下叠压着一层东周至西汉中期的农田耕作层,这表明西汉中期这里曾经被洪水淹没过,随着黄河河道重新稳定,人们又来到这里开垦河滩地、定居。在东周至西汉中期文化层之下,还叠压着商代文化层。商代文化层较厚,经过测年表明它延续自新石器时代。商代文化层与东周至西汉中期文化层均发现了耕作遗迹,与汉代农田遗迹相比较,畦亩相间的农田特征更为明显,可以肯定是当时人类耕作的农田。

贾让所见当时黄河南北两岸的黎阳、繁阳、东郡所辖河滩地均修筑有多重民堤,人们在其间开垦农田,修建庐舍。这一段河道尤其曲折,所谓"百余里间,河再西三东",而且河道被众多的石堤所束缚。这一方面说明当时黄河堤防工程比较发达;另一方面说明了当时人与水争地的紧张程度。这一河段汉

---

① 《汉书》卷二九《沟洫志》,第 1692—1693 页。

代的金堤至今仍有不少残留下来,黄河水利委员会专家曾对今武陟到馆陶地区黄河故道进行了考察,残存故堤大致走向如下:

> 左堤:起武陟县西余原村,经县东马曲、商村、冯堤入获嘉境,东北接新乡大阳堤,复经新乡东北之秦堤、汲县之大张庄、柳卫,过滑县城(道口)西,再经浚县杨堤至前咀头,咀头以下经内黄县之马集,入河北大名县,经大名县苏堤、高堤、冯堤、曹堤,过大名县城东,向北经付桥、岳庄、万家堤,至黄金堤止。断断续续,延亘二百七十余公里。
>
> 右堤:起原阳磁固堤,经福宁集、秦堤入延津县,复经延津之石堤、夹堤至小庄,以下堤断,至胙城复见堤形,北经滑县沙店,再下东北迤逦经谢道口、滑县旧城、渔池、白道口、濮阳李林平、刘堤口至濮阳县城,自濮阳城至城北疙瘩庙,堤毁,疙瘩庙以下经清丰城西,南乐县之近德固,运古宁甫入大名县,经大名之东苑湾、金滩镇至山东冠县境之尹固村止。或断或续,绵延长达二百八十三公里。①

上述左、右两堤基本上是西汉时期黄河金堤的走向。西汉时期黄河在黎阳南(今浚县),东北流,从今天津入海,如图 8 所示浚县附近西汉黄河的流向。图中所标识的北金堤,是新莽始建国三年(11 年)河决魏郡东流以后,至东汉明帝永平十二年(69 年)王景治河时,沿黄河南岸修筑一条长堤,即"自荥阳东至千乘海口千余里"②大堤的部分堤段。之所以将其称为北金堤,武同举《河史述要》:"古大金堤,西起滑县,斜出东北,迄于张秋,为唐宋以前故大河南面

---

① 徐福龄、杨国顺:《考察武陟至馆陶黄河故道的简况》,《人民黄河》1985 年第 1 期。
② 《后汉书》卷七六《王景传》,第 2465 页。

之屏障,今则为豫冀鲁大河北面之屏障,形势相反,而可相因以为用。"①这是指宋金以后黄河再次南徙,从而使黄河与东汉金堤南北易位,故此被称为"北金堤"。②

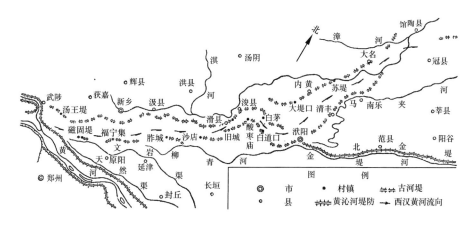

图8　武陟至馆陶黄河故道平面图③

根据现存黄河大堤,结合黄河故道滑澶(滑县、濮阳)段的地质资料,徐海亮对全新世中期黄河河道的变迁进行了复原,确定了西汉河床的位置、西汉河道与禹河的关系等(图9)。④ 复原的西汉黄河走向与徐福龄、杨国顺实地考察结果一致。

内黄县梁庄镇三杨庄遗址所在位置正处于西汉时期黄河河滩地内。西汉时期黄河在今浚县善堂镇白毛村转向东北流,河道变宽。这样就形成了右堤一侧为凹岸、以相对左堤为凸岸的转弯河道(图9)。根据河流的特性,河水在河道转弯处,受离心力作用,表层水流向凹岸,底部水流由凹岸流向凸岸,形成

① 武同举:《河史述要(续)》,《国学论衡》1936 年第 7 期。
② 徐福龄:《河南境黄河古堤》,《人民黄河》1984 年第 1 期。
③ 徐福龄、杨国顺:《考察武陟至馆陶黄河故道的简况》,《人民黄河》1985 年第 1 期。
④ 徐海亮:《黄河故道滑澶段的初步考查与分析》,载中国地理学会历史地理专业委员会《历史地理》编辑委员会编:《历史地理》第 6 辑,上海人民出版社 1988 年版,第 21—32 页。

弯道环流,导致河流的凹岸遭受侵蚀,而在凸岸形成泥沙堆积的自然现象。也就是说西汉时期黄河在该转弯河段的主河槽应该在右堤的濮阳一侧,并且对濮阳所在的右堤形成连续的侵蚀,在这里形成了险工,这也正是史籍所载西汉时期黄河多次在濮阳一侧东向决口的原因。

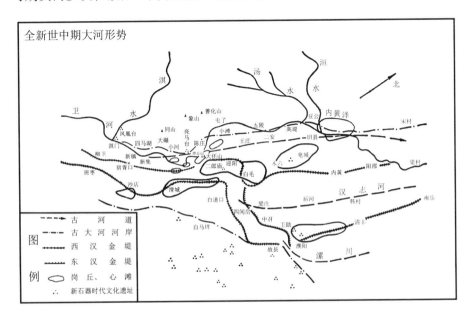

图9　全新世中期大河形势图①

与濮阳相对的左堤,即河流弯道的凸岸处,在堆积作用下,形成了有利于发展农业的肥沃土壤,由于凸岸不受水流的侵蚀作用,因此在这里居住相对较安全,往往形成聚落。三杨庄遗址汉代聚落正处于这段河道转弯处的凸岸处,如若魏郡与东郡以黄河主河道为分界线的话,则三杨庄遗址汉代聚落当属于魏郡管辖无疑。贾让在《治河三策》中指出河内、东郡、魏郡"百余里间,河再西三东",一方面受河流弯道环流作用的影响,河道凸岸处有利于发展农业和

---

① 徐海亮:《黄河故道滑澶段的初步考查与分析》,载中国地理学会历史地理专业委员会《历史地理》编辑委员会编:《历史地理》第6辑,第31页。

建立聚落,这正是从战国时期开始起两岸居民纷纷在这里开垦河滩地并定居的原因;另一方面凸岸处日益增多的聚落和民堤又稳固和强化了河道的"再西三东"的局面,导致险工河段过多。

二、聚落的地形地貌与河道变迁

如果借助三杨庄遗址周边地区的数字高程模型(DEM),可以将这一地区的地形地貌与黄河故道的变迁在一定程度上展示出来。从华北平原数字高程模型图(彩版十,以下简称"高程图")上,可以看出古黄河在浚县大伾山以东地区多次发生改道,留下众多故道痕迹。三杨庄遗址所在地正处于古黄河多次决口所形成冲积扇的正中心。也就是说,三杨庄遗址所在地极易受到黄河泛滥、改道的影响。三杨庄遗址考古地层所展现的商代、东周至西汉中期、汉代文化层与洪泛层相互叠压的原因,正是不同时期洪水退去以后,人们又来到黄河泛滥所冲积的肥沃土地上耕种的结果。

高程图显示浚县(大伾山)至濮阳之间的古黄河河道,因决口所造成的打破与叠压关系复杂,主要河道有3条。据已有黄河古河道变迁研究的成果,大致可以判断出这三条河道的时代。吴忱等根据《顺直地形图》指出,河南省浚县往北,有一条正北向的古河道,长约35公里,宽1—3公里,低于西侧地面1—2米,东侧地面2—5米,标记为"黄河故道"。据历史记载,战国以后的黄河均流经过此地。从地势上看,该古河道低于东面的战国至宋代的黄河故道。可见该河道要老于战国河道,并未被战国以后的黄河河道全部掩埋。因此,推测其是山经、禹贡河道。①《顺直地形图》所绘的这条"黄河故道"正是高程模

---

① 吴忱等:《黄河下游河道变迁的古河道证据及河道整治研究》,载中国地理学会历史地理专业委员会《历史地理》编辑委员会编:《历史地理》第17辑,上海人民出版社2001年版,第3页。

型图所标识的古河道 1,故此,它当为山经、禹贡河道。

古河道 2 的情况更为复杂,结合文献记载,应是不同时期黄河从这里流过形成的。Kidder 等学者曾指出高程图中 A 线是黄河决口冲积扇的边缘。[1] 实际上,A 线是黄河的堤防工程,而非冲积扇的自然边缘。从高程上看,它明显高于其以南地区,没有决口冲积扇那种高程由高往低自然扩散的特征,反而呈现为断崖式的高低变化。在平原地区,这只能是某种人为的堤防工程造成的。将其与图 8"武陟至馆陶黄河故道平面图"所示古河堤相对照,将发现二者不论是形状、走向,还是地理坐标亦基本相同。故此,可以确定 A 线就是西汉黄河大堤。C 线、D 线,从图 9"全新世中期大河形势图"所反映的东汉时期黄河大堤看,它们当为王景治河时修筑的黄河北岸堤防,只是经过后期多次决口的冲刷以及受北岸冲积扇的影响,它在高程图上已经不能完整地呈现出来。不过,它与这一地区现存黄河古堤左堤基本吻合。故此,古河道 2 虽然曾作为后期河道存在,但基本上仍然保持了东汉河道的面貌。

古河道 2 同时也是西汉时期河道的一部分,C、D 两段残存河堤东汉以后虽然得到了增修和加固,但仍然是以王景治河时所修河堤为基础。该河堤修在西汉黄河的故道内,目的是改变新莽始建国三年(11 年)"河决魏郡"后黄河分流的状态,以形成新的稳定河道。C、D 段河堤北侧正是前述西汉黄河东北流较宽河道的位置所在,从高程图上看,该河道的主要部分已经为黄河决口泛滥的冲积扇所覆盖。

---

[1] Tristram R. Kidder, Haiwang Liu, Qinghai Xu, Minglin Li, "The Alluvial Geoarchaeology of the Sanyangzhuang Site on the Yellow River Floodplain, Henan Province, China", *Geoarchaeology*, 2012, Vol.27, Issue 4, pp.324-343.

　　根据地面古河道、古堤防和遥感影像等，吴忱等认为山经、禹贡河与汉志河同时存在于西汉以前的华北平原上。① 这一判断是正确的，它们就是高程图中的古河道 1 和古河道 2，彼此共存特征明显。

　　从海拔高程看，B 线明显高于两侧地区，其前身当为王景治河所筑堤坝，即北金堤，之所以呈现为断断续续的状态，是因为大堤后期遭到了破坏。据调查，现在河南濮阳到山东东阿陶城埠长 130 余公里的金堤，为北金堤滞洪区的主要屏障，也是黄河北岸的确保堤段之一。陶城埠以下到山东齐河境，还可看到断续残存的金堤。②

　　A 线为西汉黄河金堤走向，它与 B 线所在的北金堤自然连接，结合王景治河修筑"自荥阳东至千乘海口千余里"长堤的记载，可推测 A 线所表示的西汉金堤在王景治河及其以后得到了加固。从高程图所反映的情况看，东汉王景治河后，黄河在这里决口的位置多在左堤（北堤），冲积扇十分明显，A、B 线（以下将西汉东汉河堤统称为金堤）所在的右堤（南堤）决口与冲积扇特征很弱，可以说与左堤相较，用固若金汤形容右堤亦不为过。由于金堤约束以及黄河泥沙沉积等原因，金堤右堤以北地势越来越高，其南侧水流自然随地势向北汇集，从而形成了一条沿金堤东流的河，即金堤河，就是高程图上所标识的河道 4。由此，可知王景治河之时，修筑"千余里"河堤的主要目的之一，应该是为了解决黄河水东南流扰乱济水、汴渠的问题，使其北流。故此，争论已久的王景治河重在治理黄河还是汴渠的问题迎刃而解。

---

　　① 吴忱等：《黄河下游河道变迁的古河道证据及河道整治研究》，载中国地理学会历史地理专业委员会《历史地理》编辑委员会编：《历史地理》第 17 辑，第 5 页。
　　② 徐福龄：《河南境黄河古堤》，《人民黄河》1984 年第 1 期。

地层剖面和出土遗物显示古河道 3 应是宋金时期黄河南徙之前的故道,三杨庄遗址第二处宅院展示馆东部剖面显示,该河道曾经深切入地层中,将唐代文化层和部分汉代洪水层侵蚀掉,沉积以细沙为主的河床相物质,其中裹挟少量北宋至金代的白色碎瓷片。[①] 也就是说,三杨庄遗址汉代聚落与古河道 3 不属于同一时期。西汉黄河河道(王莽故渎)在王景治河之后至北宋千余年间,到北宋元丰年间(1078—1085 年)小吴决口北流,黄河水才又经过西汉故道下泄。[②] 故此,可以推测古河道 3 应是北宋元丰年间黄河小吴决口北流的河道。

南宋建炎二年(1128 年)冬,宋东京留守杜充为阻止金兵南下,在李固渡(今河南滑县西南沙店集南三里许)以西扒开河堤,使黄河东决经豫东北、鲁西南地区,汇泗入淮。从此,黄河离开了《山经》《禹贡》以来流经今河南浚县、滑县南旧滑城之间的故道,从此不再东北流向渤海,改为以东南流入泗、淮为常。这是黄河历史上第四次重大的改道。[③] 这里所谓的黄河不再东北流进入河北平原,是指黄河在李固渡决口后的主河道而言,决口后的漫流或原故道的岔流应当还存在。到金代以后黄河又多次决口,最终导致黄河经河北平原由渤海入海的河道完全断流。

综上所述,根据文献记载、现今残存的黄河大堤及卫星高程图等资料,三杨庄遗址所在区域位于西汉时期黄河河滩地上的判断是符合历史事实的。具体言之,三杨庄遗址汉代聚落位于当时黄河折向东北流弯道的凸岸处,即主河

---

① ［美］齐德淳(Tristram R. Kidder)、李明霖:《三杨庄汉代遗址地学考古和古环境研究》,载中国社会科学院考古研究所、河南省文物考古研究所编:《汉代城市和聚落考古与汉文化》,第 109 页。

② 徐海亮:《黄河故道滑澶段的初步考查与分析》,载中国地理学会历史地理专业委员会《历史地理》编辑委员会编:《历史地理》第 6 辑,第 23—28 页。

③ 邹逸麟、张修桂主编:《中国历史自然地理》,科学出版社 2013 年版,第 221 页;邹逸麟:《中国历史地理概述(修订版)》,上海教育出版社 2005 年版,第 34 页。

槽以北的左堤河滩地上。西汉中期以后,随着人口的增加,人与水争地,逐渐将这里的河滩地开发,形成了稳定的聚落。从行政区划上来说,三杨庄遗址汉代聚落应属于魏郡管辖。由于河水弯道环流的堆积作用,在这里形成了有利于农业发展的泥沙沉积,为了适应河滩地的耕作环境,当地居民发展出了一套与之相适应的耕作技术。

第三节　三杨庄遗址汉代聚落的
耕作环境与技术

三杨庄遗址大面积农田遗迹的发现为研究汉代农田耕作法提供了宝贵的实物资料,不少学者就这一问题展开了讨论,争议焦点主要聚集在形态呈现为畎亩相间的农田的功能上,即这种形态的农田主要目的是抗旱保墒还是排涝及其与代田法之间关系。技术体系需要与自然环境相适应,从三杨庄遗址汉代聚落所处的耕作环境入手,将有利于对农田遗迹所反映的耕作技术进行分析。

一、农田遗迹及相关认识

三杨庄遗址在各宅院周围发现的大面积农田遗迹,呈现为畎(垄沟)与亩(垄背)相间的形态。以第三处宅院为例,田垄的整体走向有东西和南北向两种,而以南北向居多(彩版九),垄背和垄沟的宽度一般为60厘米,垄背顶端到垄沟底端的深度为6厘米(图10)。[①]

---

① 刘海旺:《首次发现的汉代农业闾里遗址——中国河南内黄三杨庄汉代聚落遗址初识》,载《法国汉学》第11辑,第77页。

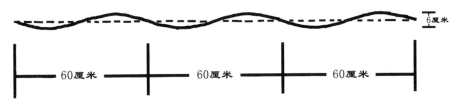

图 10　三杨庄遗址田垄剖面示意图①

关于三杨庄遗址汉代农田所反映的耕作法,目前主要有以下不同的认识,如刘海旺认为:"三杨庄汉代遗址中发现的大面积耕作农田可以为我们真正理解汉代的代田法提供真实的实物样本。"②刘兴林也认为三杨庄遗址农田是代田遗迹,如他在研究汉代铁犁安装和使用中的相关问题时,指出:"通过对铁犁形制和试耕结果的分析,我们认为脊面向下是不可行的,脊面向上的试耕结果正与河南内黄三杨庄发现的汉代代田遗迹相吻合。"③王星光等认为:"三杨庄遗址的农田形态是对其所处自然环境因素的一种较为适宜的技术选择,而这种选择与赵过所推行的代田法在抗旱保墒等基本技术体系具有高度的一致性。"④

与上述观点有较大区别的是,有些学者认为三杨庄遗址农田可能不属于抗旱保墒的耕作技术体系。例如:韩同超通过对文献记载"代田法"推行的时间、空间以及三杨庄遗址的环境特点等因素进行分析后,指出"三杨庄遗址内实行的农田垄作,作为一种与当地生态环境长期适用的土壤耕作技术,和单纯

---

① 刘海旺:《首次发现的汉代农业闾里遗址——中国河南内黄三杨庄汉代聚落遗址初识》,载《法国汉学》第 11 辑,第 77 页。

② 刘海旺:《首次发现的汉代农业闾里遗址——中国河南内黄三杨庄汉代聚落遗址初识》,载《法国汉学》第 11 辑,第 77 页。

③ 刘兴林:《汉代铁犁安装和使用中的相关问题》,《考古与文物》2010 年第 4 期;刘兴林:《先秦两汉农业与乡村聚落的考古学研究》,第 98—108 页。

④ 王星光、符奎:《三杨庄遗址所反映的汉代农田耕作法》,《中国农史》2013 年第 1 期。

以抗旱保墒为特点的'代田法'必然会存在区别",故此"将三杨庄遗址的农田垄作归结为'代田法'的研究范畴是值得商榷的"①。王勇提出三杨庄遗址拥有充足的灌溉水源,可以解决春旱的问题,而夏季雨量大时,面临着黄河汛期的泛滥,就需要及时排水。故三杨庄遗址农田应该是与《吕氏春秋》"下田弃畎"技术要求吻合,实行的是垄作法,垄沟的主要目的是排水。②

之所以会产生上述两种截然不同的观点,与对三杨庄遗址汉代聚落耕作环境的理解存在差异有关。两汉之际,三杨庄遗址汉代聚落的耕作环境,不能仅以地处河滩地作简单概括和总结,还要结合黄河的特性与当时气候温冷干湿等因素进行综合分析。

二、聚落的耕作环境

(一)河滩地与黄河水的利用

三杨庄遗址汉代农田在干旱时利用黄河水灌溉这一问题,需要结合黄河河滩地的特点进行具体分析。战国时期黄河就已经修筑有堤防,从河堤至主河道的广大地区就是河滩地。河水泛滥的原因,除黄河中下游地区降水量增大外,更为重要的是黄河上游水量的增大导致中下游水流量增加。河水漫滩的时间多发生在夏末,其他季节河滩地则相对安全,于是两岸居民就开始开发河滩地进行耕种,久而久之,就在里面居住。

由于在河滩地上耕作,面临着河水漫滩的危险,于是人们在黄河大堤内修建了多重的民堤,以保护自己的土地与宅院。根据贾让《治河三策》描述,三

---

① 韩同超:《汉代华北的耕作与环境:关于三杨庄遗址内农田垄作的探讨》,《中国历史地理论丛》2010年第1辑。
② 王勇:《内黄三杨庄汉代遗址农耕环境论析》,《中国农史》2014年第6期。

杨庄遗址汉代聚落在使用时,肯定筑有各类堤坝以保护聚落的安全(图11)。三杨庄遗址宅院的建筑规模、质量以及大量与日常生活息息相关遗物的出土,表明这处聚落是汉代的定居之所,绝非建筑在田间用于临时休息的庐舍。而且三杨庄遗址的房屋建筑与农田基本处在同一水平面上,在使用期间,不可能允许黄河水随意在聚落内泛滥。

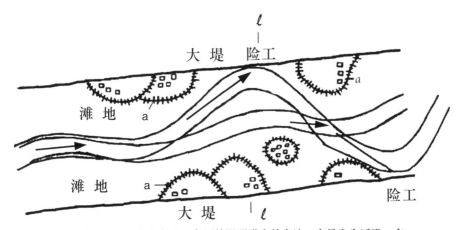

a 围垦的民堤,即曲防之隄。它固然阻碍洪水的宣泄,容易发生泛滥,它还能改变大溜的方向,使中水位河槽变形,形成顶冲处的险工。险工的地方是最容易决口,演成改道惨剧的。

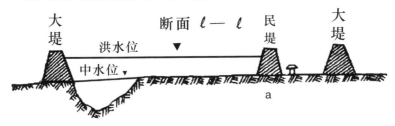

图 11 河滩地开垦后黄河河道示意图①

以笔者农村生活经验而言,至 20 世纪 90 年代时,河南省南部某些夏季容易内涝的地区,一般将房屋盖在人工修筑的高台上。高台修筑于自家的土地

---

① 郑肇经:《贾让三策与河流的综合利用》,《华东水院学报》1957 年第 1 期。

上,由于用土量较大,高台取土的地方就形成了大小不同的池塘,这些池塘将整个村庄划分为大小不同的区域,区域内人户不等。不过,村庄整体上呈现为池塘与宅院相间隔的带状分布。池塘可以起到调节用水的作用,在夏季雨水较多时,降水汇集到池塘内,一定程度上可以阻止和缓解内涝,当干旱缺水时,又可以用池塘的水灌溉农田。虽然在内涝严重时农田基本被淹,但每家每户的房屋很少出现被淹的情况。90年代以后,由于水利工程条件改善以及降雨量减少等原因,内涝已经很少发生,绝大部分的居民逐渐从高台上搬了下来,将房屋直接建造在原来的农田上。以此类推,如果三杨庄遗址汉代聚落经常出现被黄河泛滥淹没或内涝的情况,其房屋不可能与农田处于同一水平面上。实际上,通过在黄河河滩地内修建多重的民堤,三杨庄遗址汉代聚落的居民控制了一般性黄河洪水泛滥漫滩而淹没聚落事件的发生,从而为其在河滩地上的定居生活提供了保障。

目前,在整个三杨庄遗址及周边区域进行的考古钻探,尚未发现有大规模汉代沟渠存在的迹象,遗址内的生活用水主要依靠水井。但是,从遗址整体的情况判断,不排除遗址内存在用于灌溉或排涝的人工沟渠的可能性。否则,如果完全依靠"望天收",其是否能够为汉代聚落居民在这里的定居生活提供充足的粮食保障,就有疑问了。从汉代的农业整体发展水平及技术水平来说,三杨庄遗址汉代聚落内建设有一定规模的水利设施是完全可能的,当然这需要更多的考古工作加以验证。不过,与黄河泛滥时期的漫滩相比,农田水利工程更具有可控性,可以根据需要调节用水。

三杨庄遗址汉代农田畎亩相间的形态主要用于抗旱保墒还是排涝,取决于汉代聚落水环境的整体状况。从当时的情况分析,三杨庄遗址虽然处于河滩地上,但一般的季节性黄河泛滥被民堤控制。此外,遗址的主要水源,除了可能存在的灌溉沟渠引水外,还有地下水和自然降水。沟渠灌溉水源和地下水源可以被人工严格控制,那么,只有降水这一纯自然现象会对遗址内的生产、生活用水产生重要影响。可以说,在排除了特大洪水之外(如导致三杨庄遗址被毁的黄河大泛滥),对三杨庄遗址汉代聚落影响最大的就是自然降水,其对当时农田耕作法的影响,在其他因素被限定的情况下,是居于首位的。

(二)冷热干湿等气候条件

自然降水丰富与否,对三杨庄遗址汉代农田所采取的耕作方法有着重要的影响。故此,三杨庄遗址汉代农田是否采取垄作,需要结合当时华北地区气候温冷干湿条件,对三杨庄遗址汉代聚落的耕作环境作具体分析。据对第二处宅院内出土遗物时代特征进行的初步分析,三杨庄遗址汉代聚落始建年代当在西汉晚期,最迟不晚于新莽前期,可能被黄河洪水淹没于新莽后期或东汉初年。① 那么,西汉晚期至东汉初年三杨庄遗址所在区域的冷热干湿条件如何呢?

据研究,秦汉时期(前210年—210年)中国东中部地区气候相对温暖,冬半年平均气温较现今(1951—1981年30年的平均状况,下同)高出约0.24℃。但是温暖寒冷之间存在波动情况,且波动中趋冷。两汉之际,从公元前45年至公元30年之间,中国东中部地区属于气候寒冷期,最冷的30年出现在公元1年至30年之间,冬半年平均气温较现今低0.4℃左右。就干湿情况而言,华北地区在公元前137—220年间,气候总体以偏干为主,但干旱程度随着时间推移呈趋弱态势。其中,西汉晚期至东汉前期,公元前25年至90年之间,华

---

① 河南省文物考古研究所、内黄县文物保护管理所:《河南内黄三杨庄汉代聚落遗址第二处庭院发掘简报》,《华夏考古》2010年第3期。

北地区气候为干旱期,持续时间长达百余年之久。[1] 中原地区,公元5年至91年之间,正处于干旱少雨期(图12)。[2]

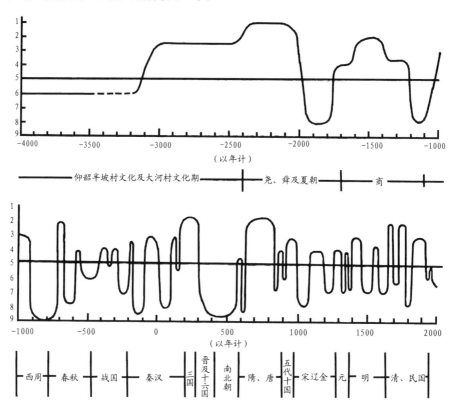

图12 中原地区近五千余年降水量变化曲线图[3]

(纵坐标为降雨丰枯级别:1—降水特多,2—湿润多雨,3—降雨较多,4—降雨稍多,5—降雨正常,6—降雨稍少,7—降雨较少,8—干旱少雨,9—严重干旱)

三杨庄遗址地层孢粉学记录所反映的冷热干湿变化趋势与上述研究大致相同,孢粉分析结果表明:三杨庄地区10200—7200cal.aB.P.期间孢粉浓度较

---

① 葛全胜等:《中国历朝气候变化》,科学出版社2011年版,第136—166页。

② 王邨、王松梅:《近五千余年来我国中原地区气候在年降水量方面的变迁》,《中国科学》1987年第1期。

③ 王邨、王松梅:《近五千余年来我国中原地区气候在年降水量方面的变迁》,《中国科学》1987年第1期。

低,气候较为暖湿;7200—4500cal.aB.P.期间孢粉浓度显著升高,进入全新世大暖期;4500—2000cal.aB.P.期间气候虽仍比较温暖,但向降温变干的趋势发展。①

　　需要指出的是,三杨庄遗址地层由古洪水沉积层和古土壤层交替组成。土壤层是在洪水泛滥相或漫滩相沉积物裸露于地表之后,经过成壤过程作用后形成。因此,三杨庄遗址洪积层中的花粉主要由洪水从其上游地区携带而来。洪水消退以后,在土壤形成过程中,风力搬运的花粉和当地的花粉开始在土壤中沉积。因土壤层的上部接受风力搬运和当地花粉较多,故其受当地植被影响较大,而底部的花粉仍可能主要由洪水从上游地区携带而来。② 故此,由于三杨庄遗址地层形成的特殊原因,导致其花粉来源受到上游地区植被种类的直接影响,所以在利用三杨庄遗址古地层中孢粉记录探讨当时的气候等环境条件时,一是需要认真仔细地分析,二是需要注意相关结论的相对性。不过,结合前述其他有关气候变化研究的成果,三杨庄遗址地层孢粉所反映的该地区4500—2000cal.aB.P.期间气候向降温变干的趋势发展的结论,是可信的。

　　综上所述,三杨庄遗址所在区域在西汉晚期至东汉初期的气候特征以寒冷干旱为主。气候的冷暖干湿变化,对人类社会的生产、生活,尤其是农耕活动有着重要影响。从三杨庄遗址所在区域农业生产水环境的角度来说,其虽处于黄河滩区,但为了防止黄河泛滥的影响,汉代聚落的居民已经修筑了民堤进行防护,灌溉沟渠和水井用水均能受到严格控制,则该区域对农业生产产生破坏性影响的水源,只能是不受人类控制的自然降水。三杨庄遗址汉代聚落的

---

① 刘耀亮等:《河南省内黄县三杨庄全新世以来的孢粉学记录》,《第四纪研究》2013年第3期。

② 刘耀亮等:《河南省内黄县三杨庄全新世以来的孢粉学记录》,《第四纪研究》2013年第3期。

时代为西汉晚期至东汉初期,这一时期该区域正好处于干旱少雨期。故此,三杨庄遗址汉代农田甽亩相间的形态,可能并不是为了排涝,而是为抗旱保墒。

(三)土壤质地及其影响

土壤质地对土壤蓄水、供水等特性影响较大。世界各国对土壤质地的分类标准不同,但都可以划分为砂质土、黏质土和壤质土三大类,其透水、保水性能差别较大。土壤质地的不同也决定了需要采取不同的耕作方法,在上述三种土壤中,壤质土兼具了砂质土和黏质土的优点,最有利于农业生产。

根据三杨庄遗址地层结构和土壤质地分析,汉代聚落的居民是在黄河泛滥冲积而成的相对比较肥沃的土壤上进行耕作的,汉代文化层主要为粉砂质黏土和粉砂质壤土。与黄河泛滥造成的沙地相比,这种土壤更有利于农业生产,这也正是当时居民冒着被黄河泛滥淹没的危险在河滩地上开垦农田,乃至定居下来的原因。但是在厚约10—15厘米的地层中,粉砂含量多在60%—70%之间,只是在其顶部和底部黏土含量上升。① 由于粉砂含量较高,其透水性能相对来说是较好的。顶部的黏土含量较高,可能跟淹没三杨庄遗址汉代聚落的洪水流速较低、能量较小,水中悬浮的黏土和极细的粉砂颗粒慢慢沉淀,渗透至汉代文化层有关。底部黏土含量较高,第一,可能与人类耕作过程中,土壤翻耕程度较低,对原有黏土层干扰较少有关;第二,可能是由于水的下渗,土壤中粒度较小的颗粒随之下渗造成的。第二种可能性较大,也说明了该土壤的透水性较强。

---

① 本书所用三杨庄遗址土壤粒度分析数据,主要采自李明霖:《平原地区全新世水文环境演变与人类活动研究——以田螺山遗址、三杨庄遗址为例》,北京大学 2012 年博士学位论文,以下不再做注。

汉代文化层以下的洪积层可以分为两部分:上部厚约 60 厘米,由一系列红黄相间的细小条带组成,条带为水平纹理,粒度为粉砂、粉砂黏土、黏土;下部颜色发红,由细颗粒物质组成的均质黏土层,厚约 3—6 厘米。粒度分析结果显示,这一洪积层的粉砂含量尤其的高,部分达到了 90% 以上,作为汉代文化层土壤的母质层,其透水性更强。

综上所述,由于构成三杨庄遗址汉代农田土壤的透水性能较强,正常雨量的情况下,形成长时间内涝或地表径流的可能性较小。而通过前面的分析,西汉晚期至东汉初期,三杨庄遗址所在区域又处于干旱少雨期。故此,三杨庄遗址汉代聚落虽然位于河滩地上,其农业生产应仍然属于北方旱作农业体系,以抗旱保墒为主。

三、农田遗迹所反映的耕作技术

(一)代田法推广的时间与区域

西汉后期,在"耕—摩—蔺"农耕技术体系应用以后,与畎亩法原理相同的耕作法是否就完全退出历史舞台了呢?三杨庄遗址汉代农田甽亩相间的形态很容易让人将其与代田法联系起来,要探索二者的关系,需要先分析一下代田法在汉代推广的时间与区域。关于代田法,《汉书·食货志》记载:

> (赵)过能为代田,一亩三甽。岁代处,故曰代田,古法也。后稷始甽田,以二耜为耦,广尺深尺曰甽,长终亩。一亩三甽,一夫三百甽,而播种于甽中。苗生叶以上,稍耨垄草,因隤其土以附苗根。故其《诗》曰:"或芸或芋,黍稷儗儗。"芸,除草也。芋,附根也。言苗稍

壮,每耨辄附根,比盛暑,垄尽而根深,能风与旱,故儭儭而盛也。其
耕耘下种田器,皆有便巧。率十二夫为田一井一屋,故亩五顷,用耦
犁,二牛三人,一岁之收常过缦田亩一斛以上,善者倍之。过使教田
太常、三辅,大农置工巧奴与从事,为作田器。二千石遣令长、三老、
力田及里父老善田者受田器,学耕种养苗状。民或苦少牛,亡以趋
泽,故平都令光教过以人挽犁。过奏光以为丞,教民相与庸挽犁。率
多人者田日三十亩,少者十三亩,以故田多垦辟。过试以离宫卒田其
宫壖地,课得谷皆多其旁田亩一斛以上。令命家田三辅公田,又教边
郡及居延城。是后边城、河东、弘农、三辅、太常民皆便代田,用力少
而得谷多。①

从上述记载来看,代田法在实验成功之后,在边城、河东、弘农、三辅等得到了
推广。但是除了上述记载之外,汉代内郡代田法的推行,限于史料的原因,具
体情况尚不是很清楚。边郡地区推广代田法的情况可从居延汉简中窥见一
斑,在居延汉简中出现了代田仓的相关记载。② 陈直结合居延代田仓制度实
施的情况,指出:"代田法制度之渐废,汉史与木简,皆无明文,以意推测,当在
成帝时氾胜之区田法推行以后,而代田仓之制度,亦随之破坏。"③这一看法有
其合理的因素。不过,需要注意的是制度与技术是两回事,代田仓等相关制度
的破坏,不宜作为代田法这一技术本身也随之消失的证据。

众所周知,汉武帝末年鉴于其前期征伐过度,导致民生凋敝、社会矛盾尖

---

① 《汉书》卷二四上《食货志上》,第 1138—1139 页。
② 陈直:《论居延汉简八事》,《北京大学学报》1963 年第 4 期。
③ 陈直:《论居延汉简八事》,《北京大学学报》1963 年第 4 期。

锐的情况,下诏调整国家政策,致力于发展农业,以稳定社会形势。在这一大
背景下,任用赵过为搜粟都尉,大力推行代田法。可以说,代田法之推行,是汉
武帝改革的主要内容之一。与这场改革相伴,肯定会在行政机构、职官等方面
建立与之相配套的制度,如居延代田仓之设立等。昭宣时期,在霍光主导下,
基本上延续武帝末年的政策,但是随着时间的推移,与推行代田法有关的制度
逐渐侵废。但是,与代田法有着"古法"渊源一样,作为农业耕作技术,不可能
从社会上彻底消失。在耕作环境相同的条件下,即便是所处历史时期不同,曾
经行之有效的耕作技术与方法,也会继续被选择、被利用。河南省淮阳县于庄
汉墓出土的陶院落及田园模型就是一个最好的说明(图13)。

图13　于庄汉墓陶院落①

①　张文军主编:《河南博物院》,长征出版社2009年版,第66页。

淮阳于庄汉墓出土的三进院陶院落西部为田园,大致分为两部分:一为旱田;一为水田。旱田有二式,一为块田,分为六大块,每块上有小孔 54(18×3)个,块与块间以垄沟分隔,规整而有条理。二式为条田,共有 12 块(垄),每块田地里有苗 20 棵,中间以田埂隔开。水田由水井向北灌溉,干渠分为东西两部分,每边有畦田 7 块,共 14 块。每块田中有苗 32(8×4)棵,每两块间有支沟高出畦田,便于放水流向畦内(图 14)。①

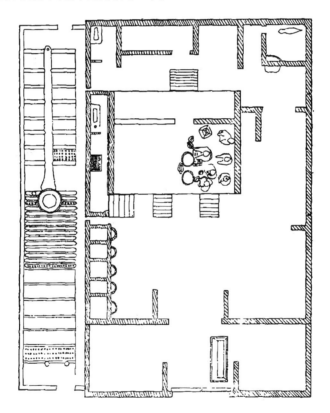

图 14 于庄汉墓陶院落平面图②

---

① 骆明、陈红军:《汉代农田布局的一个缩影——介绍淮阳出土三进陶院落模型的田园》,《农业考古》1985 年第 1 期。

② 骆明、陈红军:《汉代农田布局的一个缩影——介绍淮阳出土三进陶院落模型的田园》,《农业考古》1985 年第 1 期。

于庄汉墓农田模型将当时主要的农田形态大致包括了进去,这显然不是同一块田地的形态,而是制作者在刻意表现农田形态的多样性,主要目的应是为了显示院落主人的富庶,拥有大量种类齐全的田产,即可种植喜水作物,又可种植旱地作物,足以满足自我的日常需求。尤其值得注意的是两处旱田,块田之所以呈现块状态,正是因为要在亩上种植多行作物,故需要将亩修得宽大平整,陶田亩上实际种植了3行作物。而条田是因为在沟内实行条播,而且是单行播种,故此呈条状。这或许正是所谓"上田弃亩""下田弃圳"的历史遗留。

于庄汉墓出土陶院落的农田模型反映,在农业生产活动中,根据各地所处环境的不同,农田耕作法的选择亦不相同。同时说明了历史上的农田耕作法是适应具体环境的产物,只要类似的环境存在,它就不会完全彻底地消失。故此,我们不能将某一耕作方法的采用仅仅局限于某一特定时间段或某一特定区域内,在生产力水平、自然环境类似的情况下,采用类似的耕作原理和技术体系进行农业生产是符合历史发展逻辑的。

(二)从生产工具看三杨庄遗址汉代农田的耕作方法

三杨庄遗址汉代农田遗迹呈现为十分规律的圳亩相间状,与《汉书·食货志》记载的代田法十分相似。除农田之外,三杨庄遗址还出土了铁质生产工具,如大铁犁、犁铧冠等。关于大铁犁的功能,刘兴林分析:"大铁犁不任生地,只能在熟地耕作。可见,汉代农田在播种以前至少有两道整地的程序,首先要将农地以中小型犁或锸、镢类工具整体翻耕一遍,碎土、耱平,然后以大铁犁开沟起垄,最后是播种。这就是汉代推行的代田模式。"[①]

---

① 刘兴林:《汉代铁犁安装和使用中的相关问题》,《考古与文物》2010年第4期;刘兴林:《先秦两汉农业与乡村聚落的考古学研究》,第105页。

将三杨庄遗址发现的大面积畎亩相间的农田遗迹与这些农业生产工具相联系，并与代田法进行比较之后，可知三杨庄遗址汉代农田遗迹所反映的农田耕作法与赵过推行的代田法在抗旱保墒等基本技术体系具有某种程度的一致性。结合前面对三杨庄遗址汉代聚落农耕环境的分析，可以说，三杨庄遗址农田耕作法正是为了应对其所处特殊地理环境的一种技术选择，这种技术是以抗旱保墒为主要目的，与代田法耕作技术体系抗旱保墒的功能类似。虽然，不能将所有具有抗旱保墒的农田耕作法均归入到代田法的范畴，但是就目前三杨庄遗址农田遗迹、遗物，以及其所处的地理环境来分析，将三杨庄遗址农田耕作法完全排除在代田法的范畴之外，甚至否定其抗旱保墒的功能，直接将其归入历史上"下田弃畎"的垄作法范畴，还需要更多的证据来支撑。

不过，三杨庄遗址出土的一件鼓形石碌，其作用与功能可能与后代砘子类似，主要用于畎内条播时覆种，关于这一问题的认识对分析汉代农田遗迹所反映的耕作技术有启示意义。

四、鼓形石碌的功能

三杨庄遗址第二处宅院第一进院落院墙西段外侧出土了一件石碌，其形制较为特别，呈鼓形。这件鼓形石碌的功能是什么？它是种什么样的农业生产工具？反映了什么样的耕作技术体系？下面结合相关古农书的记载以及现在农村仍有使用的传统农具，进行分析。

（一）汉代农业生产中的"耱田器"

三杨庄汉代聚落遗址出土的这件鼓形石碌①（图15）肯定是一件农业生

---

① 河南省文物考古研究所、内黄县文物保护管理所：《河南内黄三杨庄汉代聚落遗址第二处庭院发掘简报》，《华夏考古》2010年第3期。

产工具,但是它独特的外形赋予了其功能的神秘性。石磙是农业生产中一件至关重要的工具,主要用于麦、禾类作物种子的脱粒,即在作物收割后,将其平铺于"场"中,再用牛或其他形式的动力源等牵引石磙,通过碾压使作物种子从秸秆上脱离。今河南等地农村将这个过程称作"打场"。这种石磙在现在农村仍十分常见,农闲时节散布于"场"或房前屋后,但是它们的形状一般为圆柱形。像三杨庄这件鼓形石磙,十分罕见,其磙身因具有弧度,如果用于"打场",因与"场"面的接触面较狭窄,将导致脱粒的效率大打折扣。所以,这件鼓形石磙用于作物脱粒的可能性比较小。那么,它的功能到底是什么呢?

图15　三杨庄遗址第二宅院出土鼓形石磙①

汉代的农业,从整地、播种、中耕、施肥、收获、到选种育种等生产环节的技术都大大提高,精耕细作的技术体系进一步完善。除了备受关注的农具铁器化和牛耕技术的推广外,以"耕—摩—蔺"体系为中心的抗旱保墒技术是当时

---

①　河南省文物考古研究所、内黄县文物保护管理所:《河南内黄三杨庄汉代聚落遗址第二处庭院发掘简报》,《华夏考古》2010年第3期。

黄河中下游地区农业生产的一大特点。其中"摩(后亦作'耱')"这一环节,春秋战国时期被称为"耰",如《国语·齐语》:"及耕,深耕而疾耰之,以待时雨。"①《庄子·则阳》:"深其耕而熟耰之。"②汉代,《氾胜之书》记载:"春地气通,可耕坚硬强地黑垆土。辄平摩其块以生草";"凡麦田,常以五月耕。六月,再耕。七月勿耕! 谨摩平以待种时"③。由此可见,"摩"就是将翻耕土壤时产生的土块磨碎,即切断了土壤的毛细管,防止水分蒸发,又改善了土壤的结构。

那么"摩"使用的农具是什么呢? 缪启愉说:"《氾书》的'摩',究竟是什么农具,是早期的'耰',还是后来的'劳'? 下文还有'蔺之',又是什么? 从它们的作用看来,应该是早期的耱田器和镇压器。"④由于没有实物为证,对于这种"耱田器"的具体形态一直不太清楚。山东省滕县黄家岭曾经出土了一块汉代耕耱画像石,其中的耱地图(图 16)则为了解其形制提供了线索,再结合甘肃嘉峪关魏晋墓中出土的画像砖耱地图,⑤则基本上可以确定它"是一根圆形粗木棍,中间安一长木辕,用牛拖动,可将已耕翻的土地耱碎"⑥。那么,它跟三杨庄的鼓形石碌有什么关系呢? 实际上,两者在使用的过程中运用了相同原理,即利用器物自身的重量以及形制特点,一是用作"平摩"土壤的"耱田器",一是用作镇压土壤的"镇压器"。

---

① 徐元诰集解,王树民、沈长云点校:《国语集解》,中华书局 2002 年版,第 221 页。
② (清)王先谦撰,沈啸寰点校:《庄子集解》,中华书局 2012 年版,第 279 页。
③ 石声汉:《氾胜之书今释》,科学出版社 1956 年版,第 4、8 页。
④ (后魏)贾思勰原著,缪启愉校释:《齐民要术校释(第二版)》,中国农业出版社 1998 年版,第 52 页。
⑤ 中国农业博物馆编:《汉代农业画像砖石》,中国农业出版社 1996 年版,第 146 页。
⑥ 陈文华:《从出土文物看汉代农业生产技术》,《文物》1985 年第 8 期。

图 16　山东省滕县黄家岭汉代耕耰画像石之耰地图①

(二)三杨庄遗址鼓形石磙是镇压器

《氾胜之书》载:"杏始华荣,辄耕轻土弱土。望杏花落,复耕;耕辄蔺之。草生,有雨,泽,耕重蔺之";"冬雨雪,止,辄以蔺之;掩地雪,勿使从风飞去。后雪,复蔺之;则立春保泽,冻虫死,来年宜稼";"冬雨雪,止,以物辄蔺麦上,掩其雪,勿令从风飞去。后雪复如此。则麦耐旱多实"。② 这里反复强调的"蔺",正是上文提到的缪启愉所问"下文还有'蔺之',又是什么?"从以上《氾胜之书》的记载来看,"蔺"主要分为耕后"蔺"和雪后"蔺",其主要目的也有两个,一是同"耰田器"磨碎土壤,一是镇压雨雪以抗旱保墒。

对于"耰田器",汉画像石已经有图为证,虽然不能代表全部,但也是其中之一。而这个用于"蔺"的"物",当然也可以使用"耰田器",即二者为一物,可以被称为"耰"。需要注意的是汉画像石所展示的"耰"是一根较长的"圆粗木棍",那么它的使用就会起到平整土地的作用。如前文所引《氾胜之书》所

---

① 中国农业博物馆:《汉代农业画像砖石》,第 24 页。
② 石声汉:《氾胜之书今释》,第 5、8—9、20 页。

谓"辄平摩其块以生草"和"仅摩平以待种时"。

有学者指出:《氾胜之书》"把《任地》《辩土》诸篇'深耕熟耰'技术发展为'耕、摩、蔺'相结合的崭新体系,而扬弃了畎亩结构的形式,使北方旱地耕作技术进入了一个新的阶段"。① "以《氾胜之书》为代表的农业耕作技术,其中已经没有了'代田法'或者与'代田法'垄作技术特点类似的描述……及至西汉初期,垄作法在华北有逐渐消亡的趋势,此时的耕作方式以'缦田法'为主,是一种比较粗放的平作法。"②确实,在《氾胜之书》的记载中,已经主要是平作耕作法,但"垄作法"在华北平原仍然继续存在。

今人所见《氾胜之书》,是经过一批学者辑佚而得到的片断,散佚前原貌如何,目前已不得而知。其中大部分佚文辑自《齐民要术》,而《齐民要术》却屡有垄作的记载,如"薄地寻垄蹑之。苗出垄则深锄,锄不厌数""苗生垄平,即宜杷劳。锄三遍乃止。"③等等。郭文韬指出:"汉代,我国是平作耕法和垄作耕法同时并存的……魏晋南北朝时代,我国在平作耕法迅速发展的同时,垄作耕法的应用范围也在扩大。"④"从《齐民要术》中可以看出,当时的垄作耕法不仅应用在小麦和旱稻等粮食作物上,应用在荙、葱、姜等蔬菜作物上,而且还应用在杨、柳、梓、柘、榆等林木上,其应用范围非常广泛。"⑤甚至直到清代,中国关于垄作耕法的理论与技术还都有新的发展。

结合三杨庄遗址汉代农田遗迹的考古发现,可证垄作法不仅没有逐渐消亡,反而在理论与实践中都得到推广和应用。辑佚的《氾胜之书》虽无记载,

---

① 董恺忱、范楚玉主编:《中国科学技术史·农学卷》,科学出版社2000年版,第204页。
② 韩同超:《汉代华北的耕作与环境:关于三杨庄遗址内农田垄作的探讨》,《中国历史地理论丛》2010年第1辑。
③ (后魏)贾思勰原著,缪启愉校释:《齐民要术校释(第二版)》,第66、102页。
④ 郭文韬:《中国古代的农作制和耕作法》,农业出版社1981年版,第179—180页。
⑤ 郭文韬:《中国耕作制度史研究》,河海大学出版社1994年版,第317页。

但这可能是某种历史原因造成的,不能据此得出垄作法逐渐消亡的趋势。而且从《齐民要术》中苗已经生长的高出垄("苗出垄")和苗已经生长到与垄相平("苗生垄平")等描述,可证存在着将作物种子种在垄沟内的垄作法。

既然"耱"是与平作法相适应的"耱田器"和"镇压器",那么垄作法使用的是什么工具呢?那就是三杨庄遗址出土的鼓形石磟。据三杨庄遗址第二处宅院发掘简报描述:这件鼓形石磟的"两端面中部均有一方形卯眼,边长约5厘米,深约7厘米。高35厘米,两端面直径17厘米,腹径(最大处)约37厘米。"①两边的方形卯眼显然是为了安装牵引设置而设计的,但是具体形制已不得而知,或其本为木质,已经腐烂。从后世的农器图谱中能看到类似的装置,如王祯《农书》中的"辊辗图"与"礰礋图"(图17)。依据现有的考古资料,当时的耕犁以及上文提到的"耱"多为长辕牵引,故鼓形石磟在使用牛牵引时,其牵引装置技术估计采用的也是长辕。但也不排除王祯《农书·礰礋》所载:"刊木括之,中受篑轴,以利旋转。"②然后用绳索与动力来源(如牛)相连接。如果确实如此,这件鼓形石磟的出土或许暗示了在农具装置上的某些进步因素已悄悄发生。

如前所述三杨庄汉代农田遗迹垄和沟的宽度(每个亩与甽的宽度总和)一般为60厘米,现存甽深(即最高点到最低点)约为6厘米。这件鼓形石磟的高(即平放时的长度)为35厘米,经计算其磟身弧高(最大腹径与端面直径差额的二分之一)为10厘米。再考虑到现存三杨庄农田遗迹垄(亩)和沟(甽)的非原始性,把鼓形石磟放在沟(甽)内,基本上是可以吻合的。鉴于

① 河南省文物考古研究所、内黄县文物保护管理所:《河南内黄三杨庄汉代聚落遗址第二处庭院发掘简报》,《华夏考古》2010年第3期。

② (元)王祯撰,缪启愉、缪桂龙译注:《东鲁王氏农书译注》,上海古籍出版社2008年版,第391页。

鼓形石磙的平放长度比单个亩畖组合宽度要小,可能会产生在垄沟内用它"蔺"雪的时候,覆盖面较小的情况,不过前引《氾胜之书》:"掩地雪,勿使从风飞去",可以理解为在"蔺"之前,先将雪往垄沟内收拢,再"蔺"。其实,这件鼓形石磙的主要功用还在于"覆种"上。

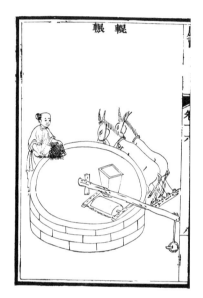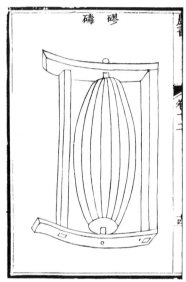

图 17 辊辗图与磟碡图①

关于"覆种",《论语·微子》:"耰而不辍。"何晏《集解》引郑玄:"耰,覆种也。"②《孟子·告子上》:"播种而耰之。"③《史记·龟策列传》:"耕之耰之,鉏之耨之。"张守节《正义》:"耰,覆种也。《说文》云:'耰,摩田器。'"④可见播种后覆种的历史悠久,其作用主要是使播种后的种子与土紧密结合,以有利于其

① (元)王祯撰:《农书》卷一六《农器图谱九·杵臼门》(清乾隆武英殿活字印本),哈佛大学图书馆藏,第8页;卷一二《农器图谱二·耒耜门》,第14页。
② (清)刘宝楠撰,高流水点校:《论语正义》,中华书局1990年版,第721页。
③ (清)焦循撰,沈文倬点校:《孟子正义》,中华书局2015年版,第817页。
④ 《史记》卷一二八《龟策列传》,第3232—3233页。

生长成活及避免鸟雀啄食。那么,汉代播种后是否要覆种呢? 答案是肯定的。

　　古农书中关于覆种的记载很多,如《齐民要术·种谷第三》:"凡春种欲深,宜曳重挞,夏种欲浅,直置自生。"①这里使用了"挞"这种农具。王祯《农书》:"挞,打田篅也。用科木缚如扫篅,复加扁阔,上以土物压之——亦要轻重随宜——曳以打地。长可三四尺,广可二尺余。古农法云:耧种既过,后曳此挞,使垄满土实,苗易生也。"②可见"挞"(图 18)是用树木枝条等制成,关于其形制也只能依据文献的记载推测。田野考古中,这种木质实物很少发现。而《氾胜之书》区种麦也载:"凡种一亩,用子二升。复土,厚而寸;以足践之,令种土相亲。"③可见,《氾胜之书》记载的区田法采用了以"足践之"的覆种方法。

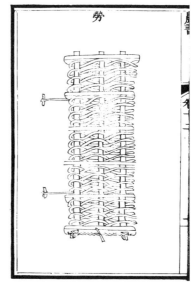

图 18　挞图与劳图④

①　(后魏)贾思勰原著,缪启愉校释:《齐民要术校释(第二版)》,第 66 页。
②　(元)王祯撰,缪启愉、缪桂龙译注:《东鲁王氏农书译注》,第 389 页。
③　石声汉:《氾胜之书今释》,第 47 页。
④　(元)王祯撰:《农书》卷一二《农器图谱二·耒耜门》,第 10、12 页。

三杨庄遗址出土的鼓形石碴与该遗址发现的大面积垄作农田关系密切，即它主要是一件用于播种后在垄沟内覆种的工具。当然它的功能也不是单一的，如前文所述的"蔺"雨雪的功用，当然也会像"耱"一样，在垄作的农田里起到磨碎土块的作用。

（三）砘车的形制与功能

缪启愉在谈到《氾胜之书》"以物辄蔺麦上"时说："蔺，借作'躏'字，碾压之意。这里明确指出用'物'，此物是何种器具，没有指明，从其压雪使紧实看来，明显是一种镇压农具，可以用'挞'，也可以用'劳'（图18），但都还没有这些名称。"[1]在谈到《氾胜之书》"秋锄以棘柴耧之，以壅麦根"时，缪启愉指出："棘柴，指酸枣枝条和多棘的树枝，而作为农具使用，应是用这些枝条扎制而成的壅土平土工具……《氾书》有'平摩其块'，也应是这种碎土平土农具，即'摩田器'，大概它是'劳'的近似物或其雏形，不过还没有'劳'的名称，也就是说，还没有定型。"[2]这里缪启愉指出这种还没有定型的农具，名称还不能确定。正因为其没有定型，在不同的地区、不同的耕作制度下，这种"镇压器"会采用不同的材质和形状。

据古代有关农器图谱的记载，也有一些古农具与三杨庄这件鼓形石碴的形制与功能类似。如前文所引"碌碡"，王祯说："余谓碌碡字皆从石，恐本用石也。然北方多以石，南人用木，盖水陆异用，亦各从其宜也。其制长可三尺，大小不等，或木或石；刊木括之，中受簨轴，以利旋转。又有不觚棱，混而圆者，谓混轴。俱用畜力挽行，以人牵之，碾打田畴上块垡，易为破烂；及碾捍场圃间

---

① （后魏）贾思勰原著，缪启愉校释：《齐民要术校释（第二版）》，第135—136页。
② （后魏）贾思勰原著，缪启愉校释：《齐民要术校释（第二版）》，第135页。

麦禾,即脱秸穗。"①这里王祯对"磟碡"的形制与功能进行了详细描述,它主要用于"碾打田畴上块垡"和"脱秸穗"。虽然三杨庄出土的这件鼓形石碌也可能兼有磨碎土块的功能,但如前所述,把它用于"脱秸穗"的可能性较小,它主要是一件覆种的镇压器。

此外,王祯《农书》记载用于覆种的农具中,有砘车(图19),"砘,石碌也;以木轴加碌为轮,故名砘车。两碌用一牛,四碌两牛力也。凿石为圆,径可尺许,窍其中以受机栝。畜力挽之,随耧种所过沟垄碾之。使种土相着,易为生发。然亦看土脉干湿何如,用有迟速也。古农法云:耧种后用挞,则垄满土实。又有种人足蹑垄底,各是一法。今砘车转辗沟垄特速,此后人所创,

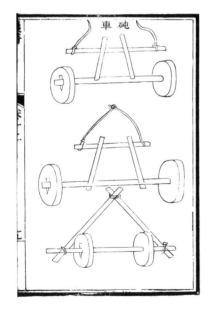 

图 19 砘车图

1.王祯《农书》砘车图②　　2.《天工开物》(涂本)北盖种图③

---

① (元)王祯撰,缪启愉、缪桂龙译注:《东鲁王氏农书译注》,第391页。
② (元)王祯撰:《农书》卷一二《农器图谱二·耒耜门》,第19页。
③ (明)宋应星撰:《天工开物》卷上,涂绍煃本,明崇祯丁丑(1637)刻本,第16页。

尤简当也"①。明宋应星在《天工开物》中对覆种进行了描述,"既播种后,用驴驾两小石团压土埋麦。凡麦种压紧方生"②,并绘有"北盖种图"(图19)。结合图文,宋氏所谓"两小石团"正与王祯砘车形制相同。可见,三杨庄出土的鼓形石碌与砘车的功能相同,但是形制相差太远,这件鼓形石碌从其形制上来说还构不成"车"字的含义(车有两轮)。

我国传统农具中也有与砘车类似的镇压器,如《中国农业博物馆馆藏中国传统农具》收录有类似的覆土镇压器,有单行、两行、三行等三种形制(图20)③,其中用于单行的被称为"鸡蛋滚子"。关于此种形制覆土镇压器,刘仙洲曾指出:"华北各省俗名'砘子',并有单行、两行、三行三种。"④也附有照片为证,其中用于单行播种者,正与三杨庄的鼓形石碌类似。由此更证明,使用这种鼓形石碌作为覆种后镇压器的现象,至今仍存。

但是砘车、砘子等均是后起之名,根据现存古农书与考古发现来看,金代初年已经出现砘车。⑤ 三杨庄遗址出土的这件鼓形石碌,在汉代形制与名称可能尚未完全固定,因此文献记载与考古发现均不多见。因此,砘车或砘子之名并不适合三杨庄遗址出土的这件鼓形石碌。所以目前要给这件鼓形石碌定名,或者确定当时它的名称是困难的。

三杨庄聚落遗址出土这件鼓形石碌,作为一件农业生产工具,其功能与古农书中记载的砘车及今华北等地农村仍在使用的"砘子"类似,主要用于播种后镇压覆土,令种、土"相亲",以到达易于作物发芽生长的功效。它在

---

① (元)王祯撰,缪启愉、缪桂龙译注:《东鲁王氏农书译注》,第396页。
② (明)宋应星著,潘吉星译注:《天工开物译注》,上海古籍出版社2013年版,第17页。
③ 雷于新、肖克之主编:《中国农业博物馆馆藏中国传统农具》,中国农业出版社2002年版,第193—195页。
④ 刘仙洲:《中国古代农业机械发明史》,科学出版社1963年版,第36页。
⑤ 史晓雷:《我国至晚在金代初年已经出现砘车》,《中国科技史杂志》2011年第3期。

图 20　覆土镇压器

1. 二轮砘子(中国农业博物馆馆藏,征集地:河北)
2. 三轮砘子(中国农业博物馆馆藏,征集地:山西平顺)
3. 鸡蛋滚子(中国农业博物馆馆藏,征集地:辽宁建平孤山)
4. 三轮砘子(2012 年 9 月 8 日笔者摄于郑州碧波园)

遗址内出土证明三杨庄遗址汉代农田遗迹畎亩相间的形态正是为将种子播种在畎内而设计的,不然这件作为镇压器而存在的鼓形石磙,其功能就得不到充分地发挥,其独特的形制及其本身也就完全没有存在的必要了。播种于畎中的种植方式,正好与代田法的耕作技术特征相符合,再一次证实三杨庄遗址汉代农田遗迹畎亩相间的形态与代田法抗旱保墒技术体系之间的内在联系。当然,这件鼓形石磙的功能肯定是多样的,如在垄作的农田里,当有雨、泽、雪的时候,用以"蔺之",从而达到抗旱保墒的作用,亦或兼有其他功能,但目前尚不为人所知。这或许都将随三杨庄遗址考古工作的深入开展,而逐渐被揭露出来。

西汉武帝末期,为适应当时的自然与社会环境,赵过在"古法"的基础上,通过一系列的技术创新,将代田法改进为一种精耕细作的技术体系,其目的主要是抗旱保墒。关于代田法推广的区域,根据文献的记载,主要分布在边城、河东、弘农、三辅等地。三杨庄遗址汉代农田遗迹的发现,促进了相关研究的进一步发展,结合遗址内出土的大铁犁、鼓形石磙等农业生产工具,以及三杨庄在汉代发展农业生产的自然环境条件,可以推测其汉代农田遗迹所采用的农耕技术应该是与代田法抗旱保墒技术体系类似的耕作方法。

虽然三杨庄遗址农田遗迹所反映的汉代耕作法是否就是代田法推广的结果,由于缺乏文献资料的准确记载,尚不足以断定,但是也不能因此对其与代田法具有类似的抗旱保墒功能加以否定。不同区域的农业生产活动,在面临着共同生产问题时,采用相同或类似的耕作法进行生产,是完全可能的。当然,影响耕作法选择的因素还有很多,如农作物的种类、播种的季节等,本节的分析仅针对目前所见三杨庄遗址汉代农田形态而言,至于三杨庄遗址汉代聚落是否存在因配合不同农作物或不同播种季节,而将农田整理成另外的形态,已伴随着三杨庄遗址汉代聚落的凝固化,成为历史的迷局。可以相信的是,随着更多考古资料的发现与公布,相关问题的研究将会越来越深入。

总之,三杨庄遗址汉代聚落的产生与当时的具体环境条件密切相关,但也正是因为与黄河之间特殊的位置关系,导致了它最终被废弃。那么,三杨庄遗址汉代聚落的废弃与新莽始建国三年(11 年)黄河决口有无关系? 以及这次决口的具体位置在哪里? 这些将是下面将要探讨的主要问题。

第四节　三杨庄遗址汉代聚落的废弃

三杨庄遗址汉代聚落位于隶属魏郡管辖的黄河河滩地内,地学考古与古环境研究表明黄河洪水泛滥是导致它被废弃的原因。① 而根据三杨庄遗址出土遗迹、遗物的类型学特征，考古学者指出三杨庄遗址汉代聚落的始建年代当在西汉晚期，最迟不晚于新莽前期，可能被黄河洪水淹没于新莽后期或东汉初年。② 这就很自然地让人们将其与新莽始建国三年（11 年）"河决魏郡"联系起来。但是，遗址内出土的"货泉"（图 21）铜钱系新莽天凤元年（14 年）币制改革的产物，③所以淹没三杨庄遗址汉代聚落洪水的上限是公元 14 年。故此，三杨庄遗址汉代聚落的废弃是否与新莽始建国三年（11 年）"河决魏郡"有关，学术界有不同的看法。

一、学术界相关认识

我们曾提出：三杨庄汉代聚落位于魏郡管辖的黄河河滩地内，遗址的形成与西汉中期日益严重的河患有密切关系。新莽始建国三年（11 年）"河决魏郡"后，王莽出于保护"元城冢墓"的一己之私等原因，在河决之后，并未及时加以治理，致使黄河在三杨庄遗址汉代聚落所在区域长期泛滥。三杨庄遗址汉代聚落周围的民堤在经受长期的洪水冲击之后，逐渐失去抵御功能，最终洪水得以侵入遗址所在区域。洪水侵入过程是缓慢的，因此，三杨庄遗址汉代聚落被逐渐淹没，得以完整地被埋藏在淤泥、淤沙之中。④ 这一思考，是建立在贾让《治河三策》记述当时居民在河滩地内自行修筑了民堤这一史实基础上，

---

① ［美］齐德淳（Tristram R. Kidder）、李明霖：《三杨庄汉代遗址地学考古和古环境研究》，载中国社会科学院考古研究所、河南省文物考古研究所编：《汉代城市和聚落考古与汉文化》，第102—111 页。

② 河南省文物考古研究所、内黄县文物保护管理所：《河南内黄三杨庄汉代聚落遗址第二处庭院发掘简报》，《华夏考古》2010 年第 3 期。

③ 《汉书·食货志》："货泉径一寸，重五铢，文右曰'货'，左曰'泉'，枚值一，与货布二品并行。"《汉书》卷二四下《食货志下》，第 1184 页。

④ 符奎：《三杨庄遗址形成的原因与过程》，《南昌师范学院学报》2014 年第 4 期。

但并没有对三杨庄遗址汉代聚落的废弃与新莽始建国三年(11 年)"河决魏郡"相关性的细节进行考证。

图 21　三杨庄遗址第二处宅院出土铜钱①

　　白岩推测新莽始建国三年(11 年)"河决魏郡"的决口位置应该在阴安上下,三杨庄遗址位于西汉繁阳县的东南,阴安处于三杨庄遗址的下游。因而,"河决魏郡,泛清河以东数郡"可能并没有直接影响三杨庄,那么三杨庄遗址汉代聚落的废弃就不能用新莽始建国三年(11 年)的河患来解释。结合三杨庄附近的河道在东汉发生的改道,原来北折的河道改为东流,避免了河流在此处淤沙漫溢,这或许才是三杨庄遗址汉代聚落废去的原因。② 这一观点另辟蹊径,拓宽了研究的视野。

　　齐德淳(Tristram R.Kidder)、李明霖认为:"如果历史文献记载'河决魏

①　刘海旺:《汉代农耕聚落考古学研究》,郑州大学 2017 年博士学位论文,第 181 页。
②　白岩:《三杨庄汉代聚落的废弃与东汉黄河改道》,载中国社会科学院考古研究所、河南省文物考古研究所编:《汉代城市和聚落考古与汉文化》,第 94—96 页。

郡'的年代和决口地点是正确的,那么'河决魏郡'和淹没三杨庄遗址的汉代洪水并非同一事件。很可能历史文献中并没有记载三杨庄汉代洪水,而遗址的发现和发掘恰恰填补了这一缺失。从公元 11 年至公元 14 年,仅仅 4 年间就在下游发生两次规模巨大的洪水。"①虽然考古新发现往往可以弥补传世史料之不足,但是认为历史文献对于这样一次导致黄河发生重大改道的决口事件缺载,则是在"河决魏郡"与三杨庄遗址汉代聚落废弃时间之间的差异无法合理解释的前提下,不得已作出的协调性推测。

无论是东汉黄河改道说,还是历史文献失载河决所导致洪水泛滥说,三杨庄遗址汉代聚落废弃原因得到合理解释的前提,均是新莽始建国三年(11 年)"河决魏郡"决口位置的正确判断。

二、始建国三年"河决魏郡"的位置

新莽始建国三年(11 年)黄河决口的位置,主要有以下几种不同的说法:邹逸麟主张在魏郡元城(今河北大名县东)或元城以上决口;②《黄河水利史述要》认为:"这次河决的地址和改道后的河道流经,尚难肯定。结合《汉书·地理志》分析,其河道大概不外乎由平原、济南,流向千乘。其决处可能在当时顿丘以北的阴安(在今南乐西南)上下。"③

---

① ［美］齐德淳(Tristram R. Kidder)、李明霖:《三杨庄汉代遗址地学考古和古环境研究》,载中国社会科学院考古研究所、河南省文物考古研究所编:《汉代城市和聚落考古与汉文化》,第 110 页。

② 邹逸麟在《中国历史地理概述(修订版)》(第 31 页)中指出:"公元 11 年(西汉末王莽时)黄河在魏郡元城(今河北大名东)决口。"在《黄河下游河道变迁及其影响概述》一文中认为是"在魏郡元城(今河北大名东)以上决口"。(原载《复旦学报》1980 年"历史地理专辑",第 13 页,收入《椿庐史地论稿》,天津古籍出版社 2005 年版,第 3 页)这一观点亦见邹逸麟、张修桂主编:《中国历史自然地理》,科学出版社 2013 年版,第 212 页。

③ 《黄河水利史述要》编写组:《黄河水利史述要》,黄河水利出版社 2003 年版,第 65—66 页。

据《汉书·王莽传》记载:"河决魏郡,泛清河以东数郡。先是,莽恐河决为元城冢墓害。及决东去,元城不忧水,故遂不隄塞。"①这是新莽始建国三年(11 年)"河决魏郡"最原始的记载。由于班固并没有指出决口的具体位置,故此这则材料成为分析此次黄河决口位置的主要依据。《黄河水利史述要》编写组认为此次河决当在阴安上下,从三个方面对这则材料作了分析:"(一)'泛清河以东数郡'只有决东岸才有可能;(二)《汉书·王莽传》记有'及决东去,元城不忧水',当决于元城之上;(三)汉时魏郡,部分跨河,而元城以上只有阴安上下属魏郡。"②由此可见,之所以将此次河决决口位置确定在元城或元城以上,均是根据"及决东去,元城不忧水"的记载。

这里需要注意的是,特定历史条件下,文本形成与文本书写者书写目的之间的关系。班固这里并没有详细记载此次河决的具体状况,他强调的是王莽在河决后没有及时"堤塞"的原因,带有明显的批判与谴责意识。搞清楚这一前提,"泛清河以东数郡"的记载就容易理解了。根据班固的记载,《禹贡锥指·略例》:"河决魏郡,泛清河、平原、济南,至千乘入海。"③胡渭将西汉时期清河郡,及其东部的平原郡、济南郡、千乘郡,均列为此次河决泛滥影响的地区。这是从东西向同纬度角度分析的。但是胡渭的分析并不全面,并没有将此次河决泛滥影响的地区全部包括在内。

新莽始建国三年(11 年)黄河决口的位置只有在元城上游,并且在其以东地区泛滥,方才满足班固所谓"元城不忧水"的记载。根据《中国历史地图

①　《汉书》卷九九中《王莽传中》,第 4127 页。
②　《黄河水利史述要》编写组:《黄河水利史述要》,第 66 页。
③　(清)胡渭著,邹逸麟整理:《禹贡锥指》,上海古籍出版社 2013 年版,第 11 页。

集》，西汉时期元城在黄河的东岸，①如在元城下游决口，假设具体位置在魏郡与清河郡交界处，虽然可以满足字面意义上"泛清河以东数郡"的记载，但元城与黄河的位置关系并未改变，依然无法消除王莽的担忧。所以前辈学者们认为黄河在元城以上决口的分析是值得肯定的。关于"泛清河以东数郡"的含义，需要进一步解释。因为无论是从元城以上决口，还是从具体的阴安决口，受河水泛滥影响的地区必然要包括东郡在内，不可能仅仅包括与清河郡处于大致相同纬度的平原、济南、千乘等郡。故此，班固的记载是不全面的。

西汉时期元城与清河郡的位置关系，从南北向经度来看，元城大致与清河郡辖区的最西部在同一经度上。② 也就说，东决而去的黄河，在清河郡以东地区泛滥，是无论如何也影响不到元城了。因为就中国整体地势而言，西部海拔高度相对高于东部，西汉时期元城周边地区亦不例外。总之，班固这里仅记载"泛清河以东数郡"的情况，目的是指出王莽的私心及不"堤塞"决口的根本原因，即河决后"元城不忧水"局面的出现。

如果仅从《汉书·王莽传》关于始建国三年（11 年）"河决魏郡"的记载分析，将此次黄河决口的位置定在元城以上是合理的。但是如前所述，出于写作目的，班固并没有详细地记载此次河决后的状况，因此仅仅根据这则文献判断黄河决口的位置是不全面的。

白岩根据元光三年（前 132 年）春，"河水徙，从顿丘东南流入渤海"，③及元光中"河决于瓠子，东南注钜野，通于淮、泗"④等记载，认为："河决于濮阳

---

①　谭其骧主编：《中国历史地图集》第二册《秦、西汉、东汉时期》，中国地图出版社 1982 年版，第 26 页。
②　谭其骧主编：《中国历史地图集》第二册《秦、西汉、东汉时期》，第 26 页。
③　《汉书》卷六《武帝纪》，第 163 页。
④　《汉书》卷二九《沟洫志》，第 1679 页。

或顿丘一带都是东南流,不太可能引起王莽'恐河决为元城冢墓害'的担心。而清河郡在魏郡以北,河水东南流也不会导致'泛清河以东数郡'的局面。因而,王莽始建国三年'河决魏郡'应该不会在濮阳、顿丘一带。"①从决口后的泛滥局面入手分析决口位置,具有启发性。

由于地势的原因,黄河在进入河北平原后形成了很多汊流,《尚书·禹贡》载:"又北播为九河,同为逆河,入于海。"②所谓"九河"泛指多数,是说黄河下游河道分成多股。③战国以后,两岸居民已经开始筑堤束缚河水,由于河水泥沙含量的增多导致河床逐渐抬高。西汉时期黄河在滑县、濮阳一线经常决口,从中上游地区携带来的大量泥沙淤塞不少湖泊、河流、洼地等,从而一定程度上改变了原有的地形、地势。故此,黄河在濮阳、顿丘一线决口,也不代表着决堤而出的河水必定全部"东南流"。所谓"泛清河以东数郡"是指河决后,在河北平原形成多股岔道漫流的状况。据史料记载,东汉初年,"河决积久,日月侵毁,济渠所漂数十许县"④;"又或以为河流入汴,幽、冀蒙利,故曰左隄强则右隄伤,左右俱强则下方伤,宜任水势所之,使人随高而处,公家息壅塞之费,百姓无陷溺之患"⑤。由此可见,东汉初年黄河在河北平原"泛清河以东数郡",而且"东南流"对济水、汴渠造成影响。新莽始建国三年(11年)"河决魏郡"后,如果泛滥的黄河出现"东北流"和"东南流"并存局面,反倒是决口位置

---

① 白岩:《三杨庄汉代聚落的废弃与东汉黄河改道》,载中国社会科学院考古研究所、河南省文物考古研究所编:《汉代城市和聚落考古与汉文化》,第94页。

② (汉)孔安国传,(唐)孔颖达正义:《尚书正义》,载(清)阮元校刻:《十三经注疏》,中华书局1980年版,第151页。

③ 邹逸麟:《黄河下游河道变迁及其影响概述》,《复旦学报》1980年"历史地理专辑",第13页;《椿庐史地论稿》,第2页。

④ 《后汉书》卷七六《王景传》,第2464页。

⑤ 《后汉书》卷二《明帝纪》,第116页。

在西汉濮阳附近,更符合河决后洪水泛滥的实际状况。

　　王景治河是以治理汴渠为主还是以治理黄河为主,学界有不少争议。《后汉书·明帝纪》记载:"今既筑隄理渠,绝水立门,河、汴分流,复其旧迹,陶丘之北,渐就壤坟。"①王涌泉、徐福龄指出:筑隄即修筑黄河堤,理渠即治理汴渠,绝水即堵绝黄河水串入汴渠的串沟和歧流,立门即修建渠首的水门。理渠和立门是治渠工程,筑堤和绝水是为了保护渠系而兴修的河防工程。故此,"治渠是其目的,因治渠必须治河,治河是为了治渠"。② 我们赞成这种观点。面对"河、汴决坏,未及得修"③及"河决魏郡"后的泛滥局面,王景一方面沿决口后河水因地势自然形成的主要河道修筑大堤,截断汉流,将河水束缚于固定的河道内;另一方面通过设立水门等措施梳理汴渠河道。前者是后者成功与否的基础。据《后汉书·王景传》记载,永平十二年(69 年),"夏,遂发卒数十万,遣景与王吴修渠筑隄,自荥阳东至千乘海口千余里"。④ 这条从荥阳东至千乘海口千余里的大堤,现今仍有不少残留。由于黄河河道重新固定,不再肆意泛滥,汴渠的治理也于永平十三年(70 年)宣告成功。

　　这里需要指出的是,从"河决魏郡"到王景治河这期间,由于没有得到及时治理,黄河在决口后,形成了众多的汉流。王景修筑河堤,重新固定黄河河道时,肯定是在这众多的汉流中选择一条最合适的作为黄河的新河道,这条新形成的河道与西汉黄河河道交结的位置,就应当是始建国三年(11 年)黄河决口的位置。之所以作出这样的判断,第一,新莽始建国三年(11 年)"河决魏郡"以后,史料中没有黄河再次发生重大决口的记载。如果真的曾经发生一

---

① 《后汉书》卷二《明帝纪》,第 116 页。
② 王涌泉、徐福龄:《王景治河辨》,《人民黄河》1979 年第 2 期。
③ 《后汉书》卷七六《王景传》第 2464 页。
④ 《后汉书》卷七六《王景传》,第 2465 页。

次造成黄河大改道的决口,相关史料不可能没有记载,完全失载是不合理的。第二,王景治河时,不可能掘开黄河大堤让河水冲出一条河道后,再筑堤;也不能挖掘一条人工河道并修筑大堤后,再引水入内,这样大的工程所耗费的财力、物力、人力,以及所需施工时间均是不可能想象的。王景治河从永平十二年(69 年)开始,翌年不仅完成千余里的黄河大堤工程,汴渠也治理完成,尤其重要的是,史料中同样没有如此庞大工程活动的记载。故此,王景治河筑堤所固定的黄河河道,一定是新莽始建国三年(11 年)"河决魏郡"后所形成的主河道。也就是说,新河道与西汉黄河河道对接的位置就是当年黄河决口的位置。结合现今残存的两汉黄河大堤、考古资料以及高程图,新莽始建国三年(11 年)"河决魏郡"决口位置在今濮阳北金堤与西汉河堤交结的位置,即三杨庄遗址东侧靠近濮阳处的河道。

那么黄河在这里决口,可不可以说是"河决魏郡"呢? 黄河决口的位置正处于河道东向转为东北向的河湾处,如前所述,这个河湾处形成三杨庄遗址汉代聚落的凸岸(左堤)一侧属于魏郡管辖,相对的凹岸(右堤)是河水主河槽位置。虽然存在魏郡在这里跨河而治的可能性,但是我们认为即便是东郡与魏郡在这里沿河分治,当黄河在这里决堤时,首先受到影响的也是魏郡一侧的居民。因为受水流弯道环流等因素的影响,凹岸(右堤)一侧河水侵蚀严重,大堤与主河道之间并不易形成较大面积的滩地,所以这里并不适宜人类居住,应没有聚落的存在。而且《汉书·王莽传》关于"河决魏郡"记载,原本就是为了说明隶属于魏郡的元城是否安危与王莽不"堤塞"黄河之间的关系。所以,从这两个角度上讲,班固"河决魏郡"的记载是合理的。黄河在这里决口东去,三杨庄遗址在决口的西侧,理论上洪水并不会对三杨庄遗址汉代聚落产生冲击,那么三杨庄遗址汉代聚落的废弃与新莽始建国三年(11 年)的"河决"就真的没有关系吗?

三、三杨庄遗址汉代聚落的废弃

三杨庄遗址汉代聚落的形成,是因为黄河在这里转弯,三杨庄位于河流弯道的凸岸,受河水弯道环流作用,在这里形成了大面积稳定的河滩地,成为发展农业生产和建立聚落的优良选地。不过,在黄河决口东流以后,正好形成了与原来相反的局面(图 22),三杨庄一侧成了凹岸,是水流侵蚀的对象。在决口之初,因为河水东流,三杨庄遗址汉代聚落并没有直接遭受决口洪水的冲击,加上聚落周围建有民堤防护,所以三杨庄遗址并没有在新莽始建国三年(11 年)"河决魏郡"时就被淹没。但是决口后处于凹岸的三杨庄遗址汉代聚

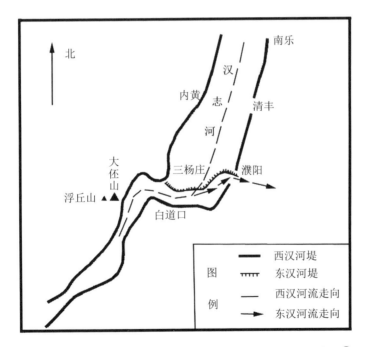

图 22　黄河流向与三杨庄遗址汉代聚落形成和废弃关系示意图①

---

① 据徐海亮《黄河故道滑濮段的初步考查与分析》一文"全新世中期大河形势图"改绘。

落受到弯道环流日积月累的侵蚀越来越危险,故此居民迫不得已撤离,最终导致聚落的废弃。河决后主河槽虽然已经于濮阳一侧东流而去,但东北流的西汉故道并没有断流,而是作为黄河的汉流长期存在。故此,在居民放弃了对聚落的维护之后,河水最终得以侵入聚落内部。侵入聚落的河水,与决口的洪水不同,携带的能量较小,故此聚落得以完整保存下来。这与考古发现情况一致,已发掘宅院倒塌瓦顶与墙基之间的位置关系并没有发生太大变动,板瓦与筒瓦仍然相对完整地扣合在一起,这是房舍土墙受洪水长期浸泡后坍塌所致。

由此可知,在第二处宅院发现天凤元年(14 年)的"货泉"铜钱,就完全可以得到合理的解释了。三杨庄遗址汉代聚落的废弃,并不是新莽始建国三年(11 年)河决直接造成的,决口后新河道的形成改变了聚落与河道水流走向的关系。这些聚落原本位于有利于发展农业生产和人类居住的河道凸岸,决口后变成了受河流弯道环流侵蚀的凹岸。新莽末年至东汉初年,黄河决口久不治理的泛滥局面,使得聚落受到洪水的威胁越来越大,最终被洪水吞没,淹埋于泥沙中。

这里还需要澄清的一个问题是,吴忱等根据文献记载、古河道、遥感影像资料等复原了一幅《东汉河水下游河道复原图》,认为图中一些古河道可能是东汉河道的汉流故道,推测从河南省南乐县东北行,经山东省莘县北至聊城的河道是新莽始建国三年(11 年)黄河从河北省大名南决口的河道。① 我们认为这条古河道是漯水故道。古漯水是黄河下游一条重要的支流,地位十分重

---

① 吴忱等:《黄河下游河道变迁的古河道证据及河道整治研究》,中国地理学会历史地理专业委员会《历史地理》编辑委员会编:《历史地理》第 17 辑,第 15 页。

要，文献屡有记载。《孟子·滕文公上》："禹疏九河，瀹济、漯，而注诸海。"①
《史记·河渠书》："太史公曰：余……行淮、泗、济、漯洛渠。"②《尚书·禹贡》：
"济、河惟兖州……浮于济、漯，达于河。"③吴忱等所绘《东汉河水下游河道复
原图》这条河道始于今河南南乐县东。《汉书·地理志》东郡东武阳条："禹治
漯水、东北至千乘入海，过郡三，行千二十里。"④《续汉书·郡国志》记载："东
武阳湿（漯）水出。"⑤郦道元《水经注》载："《地理志》曰：'漯水出东武阳。'今
漯水上承河水于武阳县东南，西北径武阳新城东。"⑥

据濮阳当地文史专家考证，东武阳县城址位于今河南南乐县韩张镇，⑦这
与吴忱复原的所谓始建国三年（11 年）"河决魏郡"河道的起点位置临近。古
漯水由于受到黄河多次决口的影响，一直处于变动之中。据《中国历史地图
集》考证，两汉时期，受到黄河河道变迁的影响，漯水河道虽然屡次发生变动，
但它流经的区域整体上仍然位于南乐、莘县、聊城一带。⑧ 古漯水河道的具体
走向因文献资料的局限，不同学者有不同的看法，但我们认为上述吴忱所复原
的河道当为某一历史时期古漯水的主要河道，而非新莽始建国三年（11 年）
"河决魏郡"的河道。

---

① （汉）赵岐注，（宋）孙奭疏：《孟子注疏》，载（清）阮元校刻：《十三经注疏》，中华书局
1980 年版，第 2705 页。
② 《史记》卷二九《河渠书》，第 1415 页。
③ （汉）孔安国传，（唐）孔颖达正义：《尚书正义》，载（清）阮元校刻：《十三经注疏》，第 147 页。
④ 《汉书》卷二八上《地理志上》，第 1557 页。
⑤ 《续汉书》志二一《郡国三》，第 3450、3463 页。
⑥ （北魏）郦道元著，陈桥驿校证：《水经注校证》卷五《河水》，中华书局 2007 年版，第
143 页。
⑦ 孙铁林、屈军卫：《西汉置东武阳县考》，《濮阳职业技术学院学报》2013 年第 2 期；孙铁
林、屈军卫：《从黄河下游河道历史变迁探寻古漯川流经轨迹》，《濮阳职业技术学院学报》2016
年第 3 期。
⑧ 谭其骧主编：《中国历史地图集》第二册《秦、西汉、东汉时期》，第 19—20、44—45 页。

第五节　三杨庄遗址汉代聚落的
形态及典型性

一、三杨庄遗址汉代聚落的形态

在三杨庄遗址已经勘探的约 100 万平方米范围内,共发现了汉代宅院遗存十余处,包括已经发掘或局部发掘的四座,即第一至第四号宅院。就整个三杨庄遗址汉代聚落的布局而言(图 2),已发现的十余处宅院遗存的平面布局较为分散,前后左右之间的距离或远或近,最近的相距为 25 米,远的可超过 500 米。聚落内发现贯通东西的主干道路 1 条,次主干道路 2 条,宅院通往主干道的独家小道 3 条,但各宅院与门前的道路距离远近不同。东西主干道路宽约 20 米,东西和南北次主干道路宽约 8 米,宅院通往主干道路的小道宽 3 米左右。此外,还发现了湖塘遗迹 1 处、疑似陶窑遗迹 1 处等。

从已发掘的四处宅院来看,它们本身具有一定的相似性。四处宅院均坐北朝南,方向一致(南偏西约 10°),宅院的整体布局均为二进院,占地面积大致相同,约 900 平方米,加上宅院前面的活动场地共约 1300 平方米。这说明宅院在朝向、布局以及占地面积等方面具有很强的规划性或约定俗成性。再者,每处宅院的周围均有农田,这些农田应当属于宅院所有。换言之,每户人家均有自己的田、宅,自己的宅院建造在自己的农田里。邻居之间的相邻,是宅院周围的农田与农田的相邻,宅院与宅院之间并不相邻。①

①　关于三杨庄聚落遗址的形态和空间布局,参见前引刘海旺:《首次发现的汉代农业闾里遗址——中国河南内黄三杨庄汉代聚落遗址初识》《由三杨庄遗址考古发现试谈汉代聚落》《新发现的河南内黄三杨庄汉代遗址性质初探》等文。

三杨庄遗址汉代聚落的形态与文献记载的闾里有着较大的差别。首先,居住区缺少门闾和垣墙等建筑设施,并没有被封闭于有限空间内。其次,邻与邻之间"比地为伍"的格局,是各宅院彼此远近各不相同地散布于较为广阔的地域范围,宅院周围是农田,民户之间的相邻关系是以宅院为中心的田地与田地的毗邻。可见,秦汉基层社会"比地为伍"组织形式是多样的。在闾里化聚落内,同伍居民房舍与房舍之间的布局关系应该较为整齐,且彼此间距较近。在乡野布局较为分散的聚落内,"伍"可能只是行政上的隶属关系,邻里之间的房舍距离较远。

三杨庄遗址汉代聚落的形态与它位于乡野有关。城邑中的闾里,因为被局限于一定的空间内,同时出于社会治理与构建社会秩序的需要,不仅有严格的内部空间形态,而且选址及分布形态也有严格的人为规划特征。这是因为,秦汉时期作为国家控制社会的主要手段之一,城邑本身就是国家权力的体现,闾里作为城邑内部主要的居民聚集地,自然要肩负起构建社会秩序的责任。质言之,闾里的形态、分布特征及其与其他建筑物(如皇宫、官寺、市场、道路、邮亭等)的空间关系,体现了国家的阶级本质与统治秩序,本质上是国家权力在空间结构上的表现。

乡野聚落更多地体现的是人类与自然的关系,反映了人类与自然界进行物质交换获取能量的自然属性。但是,随着国家对基层社会,包括乡野聚落控制力度的强化,这些聚落不可避免地将被社会秩序化。秦国自商鞅变法以后,聚落闾里化的发展趋势,就是国家权力强化的直接体现,说明中央集权制在基层社会的扩展。当然,国家对基层社会的控制力度,由于实际情况的需要或中央与地方权力的消长,在不同时期会表现为不同的方式或强度。西汉中期以后,随着经济发展、社会稳定以及由此带来的人口增长,使得聚落闾里化的需要性与迫切性都大为降低。而人口的增长必然导致新聚落的不断产生,从而使聚落形态呈现为多样化的特征。不过这种多样化的聚落形态是历时性的,即它是处于不断的发展过程中的一种暂时,并不是终极形态。从人类文明史的长期发展过程看,人类为了抵御自然灾害与应对社会危机,聚居是人类本能的自然选择。当然聚居的形态并不一定呈现为闾里化形态,闾里化的聚落是特定历史时期,国家权力向基层社会扩展的一种表现形式,与社会稳定程度、民众国家认同强弱、国家社会治理政策与形式等因素有着密切的关系。战国至西汉初年的社会环境,导致闾里化是当时聚落形态发展的主要趋势。西汉中期以后,聚落形态的闾里化不再是当时基层社会控制的主要策略,聚落在经历自然性的发展之后,呈现出多样化的特征。但不可否认的是,闾里化聚落及相应的社会组织机构仍然大量存在。

根据考古出土遗物的类型判断,三杨庄遗址汉代聚落形成于西汉中后期,新莽时期或东汉初年被黄河水淹没,这期间它应该正处于发展过程中,形态并未最终稳定下来。虽然被黄河泥沙固化的形态较为分散,但是如果将其放在历史发展进程中,再结合宅院与道路的位置关系,我们认为三杨庄遗址汉代聚落各宅院的布局并非没有规律,它反而是一个正处于发展壮大过程中的具有代表性的汉代聚落形态,只是一场黄河洪水打断了这一发展过程。

二、三杨庄遗址汉代聚落的典型性

聚落,是人类进行物质资料生产与日常生活的场所。为了生产、生活的方便,人们会自发地对聚落结构进行规划,所以聚落的首要特征就是聚居。出于社会控制的需要,国家行政权力的干预会对聚落形态产生深刻的影响,如聚落的闾里化。由于所处地理环境的局限性,或是因为远离行政中心尚未被纳入到国家行政体制内,还有一部分聚落呈现出自然发展的状态。社会经济结构往往也是影响聚落形态的一个重要因素,如北方游牧民族的聚落形态与中原地区汉族农业区的聚落形态迥异。① 而在南方地区,一部分纳入到国家行政体制内的聚落,其形态与中原地区类似,但也有较多的与周边地理环境与社会经济发展水平相适应的自然聚落。② 故此,汉代聚落形态时空特征明显。空间上,由于汉朝疆域辽阔,聚落形态具有区域性与多样化的特征;时间上,随着农业的南北推广与社会控制体系的完善,聚落齐整化与间里化发展趋势明显。总之,汉代聚落形态大致可以分为三种形式:间里化聚落、聚集型聚落、分散型聚落。三杨庄遗址汉代聚落是否具有典型性,需要将其还原到当时的时空背景下,通过与其他形态聚落的对比,方能显现出来。

(一)间里化聚落

间里化聚落,除了是城邑居民居住区的主要形式之外,战国秦汉时期乡野中也广泛存在,如前引岳麓秦简相关律令对间里形态作了具体的规定,如"诸故同里里门而别为数里者,皆复同以为一里。一里过百而可隔垣益为门者,分以为二里。□☑0466☑□出归里中、里夹、里门者,□车马,衷为门介(界),更令相近者,近者相同里0944"。对间里的户数规模及内部形态的规定,通过正式的律令在全国范围内颁布,表明其覆盖与适用范围是广泛的,乡野聚落自然也纳入到这种行政法律所管辖的范围内。

西汉初期,张家山汉墓竹简《二年律令·户律》中亦有类似规定:"田典更

---

① 参见张凤:《秦汉时期农业文化与游牧文化聚落的比较研究》,《考古》2011 年第 1 期。
② 参见郭涛:《新出简牍与江汉聚落景观体系的重建》,《华中师范大学学报》2018 年第 4 期。

挟里门籥（鑰），以时开；伏闭门，止行及作田者。"①如果视这些律令为一纸空文，与秦汉重视吏治和法治这一历史背景显然不符。前引 1973 年长沙马王堆汉墓《驻军图》标注的居民地大多数用红圈突出表示，地名注于圈内，其中有不少里清楚地旁注出户数。这里需要特别注意的就是《驻军图》上标注了"今毋人""不反""并××里"等语。这里的"并××里"，是鉴于当时形势的需要，出于加强社会控制等原因，将两里合并的意思。政府有计划的聚落合并行为，肯定会改变聚落原有的自然状态，使之呈现为更加规整的闾里化聚落。

《长沙五一广场东汉简牍选释》简 29 载"入书事，具簿。掾棠书言：作徒济阴成武髡钳庞绥等百六十八人刑竟，谨以本郡致书校计，应诏书，岁刑遣归田里。范、朗、崇叩头死罪。即日书谨到，辄实占：均所居高迁里"②，这与记载某人名数的简牍性质不同。例如，长沙五一广场东汉简牍简 709 载"零陵湘乡南阳乡新亭里男子伍次，年卅一，长七尺，黑色。持橌船一楼，绢三束，矛一只☐"③，男子伍次的户籍虽然是新亭里，但其可能并不在新亭里内居住，或居住在当时已经十分普遍的丘内，而"均所居高迁里"反映实际居住地是里。

东汉中期今湖南长沙一带在社会经济的发展与人口增加等因素的推动下，宅院或房舍布局较为分散的"丘"逐渐演变为具有普遍性的新居住形式。这则材料说明即便在如此背景下，闾里作为实际的居住区仍然存在。再如

---

① 张家山二四七号汉墓竹简整理小组编著：《张家山汉墓竹简［二四七号墓］（释文修订本）》，第 51 页。

② 长沙市文物考古研究所等编：《长沙五一广场东汉简牍选释》，中西书局 2015 年版，第 71 页。

③ 长沙市文物考古研究所等编：《长沙五一广场东汉简牍（贰）》，中西书局 2018 年版，第 154 页。

《长沙五一广场东汉简牍选释》简99:"钱十五万。到其十五年中,壬与覆买竹遂里宅一区,直钱四万六千。"①简中"宅一区"的实际位置在竹遂里。这说明"丘"内的居民是从闾里扩展分流出去的,虽然"丘"在不断扩大和增多,但作为居民居住形式之一的闾里也一直存在。②

根据目前公布的考古发掘信息,山东枣庄海子遗址可以视为外部形态较为规整的闾里化聚落。海子遗址共发现汉代沟2条、房址2座、地穴式建筑遗迹7座、道路2条、窄基槽4条、灶2个、灰坑118座、墓葬2座(彩版十一)。

沟G1位于遗址的西部边界,南北向,现存长度约230米,宽约2.5—3米,深约0.3米,沟内发现保存较好的石砌墙基及陶片铺成的道路。沟北端被一平面形状不规则的碎石铺面叠压,未发现拐角(彩版十二)。根据发掘情况,推测沟G1应是聚落的界沟。

海子遗址发现2座汉代房址,均为地面式,平面呈长方形,保存状况差,未见活动面,仅余不连续的石砌墙基和基槽。两座房址之间发现道路及墙基各一条,推测属于不同院落(彩版十三)。"溷厕",即畜圈厕所7座,均为地穴式建筑,平面呈长方形,面积35—70平方米,深1.2—1.6米(彩版十四、彩版十五)。汉代灰坑98座,大部分集中分布在发掘区的中部和南部,与房址和"溷厕"基本没有打破关系,表明经过人为的规划,应具有某种特定功能。汉代水井2口,井圈皆为石块砌筑,因坍塌较严重暂未清理至底,发现带有卡口、可四块一组构成方形井栏的石板(彩版十六)。出土遗物以瓦片为主,包括筒瓦和板瓦(图23)。

发掘者认为,海子遗址存在一处汉代基层聚落,其规模可能对应汉代行政

---

① 长沙市文物考古研究所等编:《长沙五一广场东汉简牍选释》,第94页。
② 参见本书第五章第一节中的相关论述。

图 23　海子遗址汉代瓦当残片

单位的"里"。聚落边缘有界沟,聚落内除供人居住的房屋外,还有供养殖的畜圈,可能还有贮存单位和小面积的农业用地。[①] 海子遗址具有明显的界沟,聚落内部经过人为规划,有不同的功能区,两座房屋排列在一起,具有规整性特征,整体规模与闾里相当,将其认定为汉代基层行政单位"里"是恰当的。

(二)聚集型聚落

关于聚集型聚落,白云翔认为聚落的"聚集式"布局,是指聚落内部的宅院与宅院之间或毗邻而建、或没有大的间隔地带、或不以农田相间隔的布局结构。[②] 这种类型的聚落,以辽宁省辽阳三道壕遗址和河南省遂平小寨遗址为代表。

---

① 海子遗址考古发掘收获,参见吕凯:《山东枣庄发现汉代基层聚落遗址——其规模可能对应汉代行政单位"里"》,《中国文物报》2019 年 8 月 9 日第 8 版;吕凯:《山东枣庄市海子汉代聚落遗址》,载河南省文物考古研究院等编著:《黄淮七省考古新发现(2018 年)》,第 247—252 页。

② 白云翔:《秦汉时期聚落的考古发现及初步认识》,载中国社会科学院考古研究所、河南省文物考古研究所编:《汉代城市和聚落考古与汉文化》,第 48—49 页。

三道壕遗址出土了较多的铁制农具和工具,如铁犁铧、铁镬、铁锄、铁镰、铁臿、铁铲、铁锛、铁凿、铁刀、铁匕、铁锥等,这充分说明农业是三道壕遗址汉代聚落居民的主要生产活动之一,从而可以确定该遗址是一处农业聚落遗址。从每个宅院均有畜栏来看,这里肯定也存在一定规模的畜牧业,只是由于没有农田遗迹的发现,暂无法确定农业与牧业在该遗址生产活动所占比重。此外,7 座窑址的出现,又说明这里存在专业的制陶手工业。可见,三道壕遗址丰富的内涵使其性质具有了多样化的特征。从遗址内出土的大量铜镞与铁镞来看,该遗址带有很强的军事色彩。结合其所处汉代东北部边疆地区的地理位置与该地区的政治形势分析,三道壕遗址可能是一处带有屯垦性质的汉代农业聚落遗址。[①]

三道壕遗址发掘面积为 1 万余平方米,一共清理宅院 6 处,水井 11 眼(包括陶管水井与土窖井),陶窑 7 座,铺石道路 2 段等遗存。各宅院正门南向,或稍偏东西,彼此之间互不连接,近的相距 15 米,远的约 30 米或更远。可见,宅院的建筑布局比较散乱,似没有经过仔细规划。宅院一般由房屋、水井、厕所、畜栏、土窖等组成,而陶窑位于宅院之间(图 24)。[②]

小寨遗址位于河南省遂平县西南约 13 公里的诸市乡小寨村西,遗址东西长 400 米,南北宽 300 米,面积约 12 万平方米,是战国晚期至东汉时期、以西汉时期为主的聚落遗址。1975 年对因当年特大洪水冲刷出来的部分遗址进行了发掘,主要清理出 7 条道路和 28 眼水井遗存,但未发现居址遗存。[③] 遗

① 符奎:《秦汉农业聚落的形态与耕作技术——以三杨庄遗址为中心的探讨》,郑州大学 2013 年博士学位论文,第 12—13 页。

② 东北博物馆:《辽阳三道壕西汉村落遗址》,《考古学报》1957 年第 1 期。

③ 河南省文物研究所:《河南遂平县小寨汉代村落遗址水井群》,《考古与文物》1986 年第 5 期。

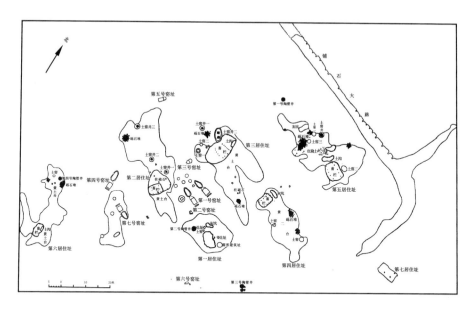

图 24　三道壕遗址平面图

址内的道路分布十分规整,为东西向与南北向整齐排列,而水井也有规律不等距地呈六行与道路平行分布。白云翔认为:"如果说水井是宅院建筑的基本组成部分,那么可以认为其宅院是沿道路两侧成排分布的,并且分布密集。"①刘海旺认为:"该遗址可能从战国晚期或西汉初期开始,就有居民按规划、较为有序和集中地聚居,并且这种聚居方式一直沿袭到东汉,这可能与文献和简帛记载中的当时里居方式有关。这是否是一种有围墙的农耕闾里聚落形态或没有土围墙的散居聚落,尚需要更多的考古发现予以实证。"②

考古调查资料显示,没有围墙的聚集型聚落在汉代相当普遍。永城市汉代聚落遗址的考古调查显示,遗址按照面积的大小可以分为四级(表4),如果从是否筑有防卫墙体(城墙)来区分这些遗址是城邑或聚落,显然,城邑是极

---

①　白云翔:《秦汉时期聚落的考古发现及初步认识》,载中国社会科学院考古研究所、河南省文物考古研究所编:《汉代城市和聚落考古与汉文化》,第 49 页。
②　刘海旺:《河南秦汉考古发现与研究概要》,《华夏考古》2012 年第 2 期。

少数的,聚落占绝大多数:第四级遗址的全部(76.5%)、第三级遗址的绝大部分、第二级遗址的部分应属于没有围墙的聚落。①

表4　永城市范围内汉代遗址调查统计分级表②

遗址分级	遗址数量	遗址面积（万平方米）	比例（%）	总面积（万平方米）	备注
一级	2	48.25	1.5	73	酂县故城、西王庄遗址
二级	7	5—10	5.1	47.55	分布于高庄、陈集、蒋口、王集、顺和、裴桥等乡镇
三级	23	1—4.1	16.9	54.2	分布于15个乡镇
四级	104	0.04—0.9	76.5	26.53	面积在3000平方米以下的遗址有79处,占比约为58%
总计	136				含1处6400平方米冶铁遗址

汉代没有围墙的聚集型聚落数量之所以增加,主要与社会稳定和基层社会治理政策变化有关。随着战国秦汉之际大规模战争的结束,社会逐渐稳定下来,基层人口的地区间主动流动减少,③人身严格控制的迫切性降低。而且鉴于秦速亡的历史教训,汉朝对基层社会的控制策略,一定程度上改变了秦的直接控制方式,开始注重培养和利用基层社会的自然秩序(如宗法血缘关系)进行统治。因此,在人口增加、聚落逐渐扩大和增多的情况下,一些新增聚落并没有统一建造门间、垣墙等封闭性措施。随着时间的延续,这些没有围墙的聚集型居住点逐渐成为聚落的主要形态。聚集型聚落内,物质化的建筑设施虽已不存在,但是间里的行政组织仍然存在,设置有里正、里父老等吏员,以履行间里的行政管理职责,当然在新的形势下吏员的设置及职责也在不断地变化。

---

① 刘海旺:《中原地区汉代聚落试探》,《中原文物》2016年第5期。

② 刘海旺:《中原地区汉代聚落试探》,《中原文物》2016年第5期。

③ 逃避战争与赋税等原因所导致的国家间人口流动大为减少。

（三）分散型聚落

分散型聚落,白云翔称之为聚落的"散点式"布局,是指聚落内部的宅院与宅院之间有较大的间隔地带或以农田相间隔的布局结构。① 实际上,如果从历时性的角度分析,分散型聚落是从聚集型聚落分离出来的新聚落,并且最终会发展成聚集型聚落。这也正是目前为学术界所忽略的一个问题,在对三杨庄遗址汉代聚落进行分析时,基本上是静态的视角,仅将它视为与闾里化聚落和聚集型聚落不同的一种聚落形态。白云翔认为三杨庄聚落遗址是分散型聚落"最为典型"的代表。② 刘海旺认为:"三杨庄遗址呈现的是田宅相接、宅建田中、宅与宅隔田相望的空间布局景象,可能代表着汉代聚落的另一种形态——相对散居型聚落。"③当然,从共时性角度分析,分散型聚落与闾里化聚落、聚集型聚落在某一时间断面上确实是共存的,将它们视为三种聚落形态是有道理的。但是,从事物动态发展的角度看,三杨庄遗址汉代聚落是因为黄河洪水泛滥而被迫中断了发展,故而呈现出这种较为分散的状态。

考古发掘表明,三杨庄遗址汉代聚落所在的文化层下,还有一层被泥沙覆盖的东周至西汉中期文化层。遗迹、遗物的类型学特征表明三杨庄遗址汉代的聚落形成于西汉晚期,新莽时期或东汉初期就已经被黄河泛滥的洪水所淹没。故此,三杨庄遗址汉代聚落的发展时间短暂,并没有完全形成规模并稳定

---

① 白云翔:《秦汉时期聚落的考古发现及初步认识》,载中国社会科学院考古研究所、河南省文物考古研究所编:《汉代城市和聚落考古与汉文化》,第49页。
② 白云翔:《秦汉时期聚落的考古发现及初步认识》,载中国社会科学院考古研究所、河南省文物考古研究所编:《汉代城市和聚落考古与汉文化》,第49页。
③ 刘海旺:《中原地区汉代聚落试探》,《中原文物》2016年第5期。

下来。如果忽略遗址内道路与宅院的关系,三杨庄遗址汉代聚落内各宅院的布局确实具有分散性特征。但是,聚落的形态并不只仅仅涵盖宅院的样式与分布特征,除宅院与宅院的空间关系外,宅院与聚落内其他功能性建筑、宅院与为聚落居民提供物质资料来源的自然环境、宅院与其他聚落或居住区之间的空间关系,也是决定聚落形态的重要因素。作为聚落与外部世界沟通的道路系统,其功能是否完备对聚落的发展有着重要的影响。故此,当将宅院与道路的空间位置关系纳入分析视角后,我们发现,已发掘的四处宅院和探明的其他几处宅院的分布,带有明显的规律,即沿着遗址内一条南北主干道分布。位于今颛顼帝喾陵东西垣墙外面的遗址,目前性质不明,结合颛顼帝喾陵周围分布的晚期墓葬,推测它们有可能是汉代的墓葬区。① 这种布局与三道壕遗址和小寨遗址宅院的布局特征类似。虽然这两个遗址均未全面发掘,各类遗迹总体分布情况也未探明,而且就三道壕遗址而言,学界往往仅用相对集中的六处宅院和三杨庄遗址比较,忽略了与这六处宅院隔路相望的第七号宅院的存在及其所反映的聚落结构特征。但根据已经知道的局部情况可以判断,三道壕遗址、小寨遗址与三杨庄遗址有一个共同的特点,就是宅院均沿道路两侧分布。

根据出土遗物,郑君雷认为:三道壕遗址“各居住址均有可能始建自战国末期,增修沿用至新莽,大致经历战国末期—西汉前期、西汉中期、西汉晚期、西汉末期—新莽四个阶段,居住址和土窖井建筑材料和建筑方式也在逐渐进步”②。

---

① 刘海旺:《三杨庄汉代聚落遗址考古新进展与新思考》,《中国史研究动态》2017 年第 3 期。

② 郑君雷:《辽东汉代乡聚的性质、形态和社会生活——辽阳三道壕遗址补议》,载魏坚、吕学明主编:《东北亚古代聚落与城市考古国际学术研讨会论文集》,科学出版社 2014 年版,第 85 页。

小寨遗址的时代是战国晚期至东汉时期,以西汉时期为主。从聚落存在的时间长短上分析,三杨庄遗址汉代聚落与三道壕遗址、小寨遗址最大区别就是前者的短暂性,可以说到其废弃时止,它仍然处于发展状态中。三道壕遗址与小寨遗址聚落形态的最终面貌是经过长时段的发展逐渐形成的,不少建筑经过多次的翻修,或者是后期逐渐增修而成,并最终呈现为排列相对有序的聚集状态。因此,三杨庄遗址汉代聚落的形态是被黄河泥沙所凝固的汉代普通聚落的过渡状态,其代表性或典型性是它的发现展示了汉代聚落形态逐步发展成型的动态过程。三杨庄遗址与三道壕、小寨遗址一样,聚落内的各宅院沿道路排列,只是彼此间距要比后两者明显大得多,这是因为聚落正处于发展的初期,尚未最终定型。如果聚落存在的时间能够得以延长,宅院将逐渐增多,布局将更加密集,正如王彦辉所指出的:"这些新形成的聚落或依地势走向,或按先占取得的原则,庭院之间的间距最初可能较大,但随着外来户的增多和分户别居等因素,庭院的布局就会越来越密集。"①故此,刘海旺"三杨庄汉代聚落遗址所表现出来的聚落形态可能既是汉代聚落的其中一种形态,也可能是许多汉代聚落发展的初步阶段的一种普遍形态"的判断,无疑是独具慧眼的。②

郑君雷通过对三道壕遗址宅院建筑结构、布局、形态等特征的分析,指出:三道壕"聚落布局至晚在西汉中期以后未见大的变动,各阶段的宅院格局和设施配置也基本相同"。③聚落作为人类进行物质资料生产与日常生活的物

---

① 王彦辉:《秦汉户籍管理与赋役制度研究》,第201页。

② 刘海旺:《三杨庄汉代聚落遗址考古新进展与新思考》,《中国史研究动态》2017年第3期。

③ 郑君雷:《辽东汉代乡聚的性质、形态和社会生活——辽阳三道壕遗址补议》,载魏坚、吕学明主编:《东北亚古代聚落与城市考古国际学术研讨会论文集》,第87页。

质载体，在社会经济形态、生产力水平等因素固定的前提下，居住区大小及其结构形态与周边提供物质资料的自然界处于动态的平衡状态中。聚落的人口规模、居住区与周边提供物质资料的自然界之间保持平衡的临界点，决定了一个聚落不可能无限扩大，当其达到一定规模时，必然需要分离出新的聚落。新聚落在达到平衡状态以后，继续分离新聚落。这是由当时生计模式与社会经济结构所决定。三道壕遗址的稳定状态就是聚落内部人口与自然界达到平衡状态的表现。长沙东牌楼、五一广场东汉简牍中出现的"丘"作为一种聚落形态，也遵循着这种聚落的再生模式。需要指出的是，虽然这些被命名为"丘"的新聚落，可能规模较小，但是聚居也是其必然的选择，这与聚落本身是人类聚居点的性质分不开。前引《三国志·魏书·郑浑传》记载："入魏郡界，村落齐整如一，民得财足用饶。"可见，即便是与闾里形态不同的村落，即便是门闾、垣墙等建筑已经不存在，房舍的布局依然十分整齐。

三杨庄遗址汉代聚落宅院的布局虽然较为分散，但并非没有规律，结合聚落内部的道路分析，它与三道壕遗址和小寨遗址聚落宅院的布局结构一样，沿道路网格化分布，只是由于仍然处于发展阶段，各宅院之间的距离较远。根据考古调查，三杨庄村东约5公里的乔小吴村北，在与三杨庄汉代聚落遗址相同的层位也发现有宅院及房屋建筑遗迹和遗物，表明在三杨庄汉代聚落遗址周边存在有同时期若干处类似的聚落遗址；在乔小吴村东约3公里的北召村东北也发现有汉代耕土层。[①] 由此可见，三杨庄遗址汉代聚落居住区与自然环境之间仍然是符合前述保持平衡的原则，仍然是一种相对聚集的形态。

---

① 刘海旺：《三杨庄汉代聚落遗址考古新进展与新思考》，《中国史研究动态》2017年第3期。

综上所述,三杨庄遗址汉代聚落所表现出来的形态,与文献记载及其他考古发现的汉代聚落相比,具有一定的独特性。由于其地处黄河河滩地,聚落的形成与河滩地的开发均受到黄河泛滥的影响。从考古调查与发掘情况看,三杨庄遗址汉代聚落出现于西汉晚期,受到新莽始建国三年(11 年)黄河决口的影响,在新莽末或东汉初年被黄河泛滥的洪水淹没。由于形成时间短暂,故此聚落内各宅院的分布表现出了较为分散的状态。与三道壕遗址和小寨遗址这些持续存在数百年形态稳定化的聚落相比,三杨庄遗址汉代聚落自然具有特殊性,一定程度上展现了汉代聚落形态多样化的特征。但是从三杨庄遗址汉代聚落所表现出来的沿道路分布的网格化特征来说,它与三道壕遗址和小寨遗址的聚落具有同样的性质。更为重要的是,虽然坐落于黄河河滩地内,但是宅院仍然相对集中地分布于某一个特定的范围,而非普遍的散点式分布于河滩地内。三杨庄遗址汉代聚落与其东约 5 公里处乔小吴村汉代聚落的间隔性分布,说明聚落的大小受到经济形态与生计模式的制约,当聚落的人口规模达到环境承载力的上限之后,新增人口须重新选址建立新聚落。聚落不可能出现绝对意义上的分散状态,这是由聚落的社会属性所决定的。

聚落的产生,本身是人们结成一定的社会关系共同应对自然灾害与社会危机的生存手段。在秦汉这种已经高度复杂化的社会里,聚落形态更是各种社会关系和组织结构的外在表现,不可能超脱于社会关系之上而独自存在。聚落具有自然与社会双重属性,分别规定着聚落的内部结构与外部形态。聚落的社会属性决定了单体聚落的外部形态必然要聚集;聚落自然属性决定聚落规模的上限,在特定的生计模式下,受环境承载力的限制,聚落内部的人口与外部的环境之间有一个平衡点。根据贾让《治河三策》的描述,当时河滩上聚落众多,这些聚落的内部形态应大致与三杨庄遗址汉代聚落类似,而聚落与聚落之间的空间位置关系,则应当是与三杨庄遗址聚落和乔小吴村聚落相似的间隔性分布。

　　三杨庄遗址汉代聚落宅院与道路的位置关系表明,如若不是聚落持续存在时间相对比较短暂,待到聚落发展到稳定阶段,其形态将与三道壕遗址和小寨遗址类似,呈现为典型的聚集状态。也就是说,三杨庄遗址聚落的形态表现了汉代聚落演变的动态过程。在人口不断增长的大趋势下,新聚落不断产生和发展,使得这种动态的形态成为当时聚落的一种常态,是普遍存在的。故此,三杨庄遗址聚落的形态是汉代聚落的一种典型形态,其典型性在于它既是一种普遍存在的形态,又反映了汉代聚落形态演变的历史过程。

第五章　环境与社会的互动:长沙东汉
简牍所反映的聚落形态

　　商鞅变法推行闾里制度,实质是借助闾里的外部形态和闾里内的什伍组织加强社会控制。西汉时期基本延续了这一制度,但随着社会经济的发展,人口不断增加,基层社会的聚落形态日益多样化,乡里社会的人地关系日趋复杂。长沙走马楼三国吴简中出现了大量带"丘"的地名,为研究汉代聚落形态发展演变提供了新线索。其中,关于"丘"的性质问题,是学者关注的焦点之一,研究成果丰硕,直接推动了秦汉基层社会与聚落研究的深化。长沙五一广场东汉简牍中也有不少关于"丘"的资料,王彦辉从聚落和交通的视阈分析了秦汉时期亭制的变迁,[①] 沈刚从五一广场简出发重新审视了吴简中的"丘",指出东汉时期长沙地区是以亭丘与乡里两套体系实现地方管理的。[②] 可见,围绕吴简的研究,主要着眼点仍是"乡""亭""丘""里"之间的关系。长沙五一

---

① 王彦辉:《聚落与交通视阈下的秦汉亭制变迁》,《历史研究》2017 年第 1 期。
② 沈刚:《再论吴简中的丘——从长沙五一广场东汉简牍谈起》,载复旦大学历史学系等编:《中国中古史研究》第 9 卷,第 290 页。

广场、东牌楼、尚德街等东汉简牍反映,虽然里仍是当时主要居住形式之一,但东汉临湘县(临湘县故城在今湖南长沙市)及其周边地区的地理环境,如丘陵、沙洲等地貌对聚落形态产生了重要的影响,丘已经普遍化,冢间、渚、州等在得到开发后也逐渐形成聚落。本章将以长沙东汉简牍文献为中心,在学界既有研究成果的基础上,从地理环境与聚落形成的关系入手,分析东汉时期长沙郡临湘县及其周边地区聚落形态特征与乡里社会权力结构体系等问题。

第一节　乡里社会实际居住地考察

东汉时期延续了秦及西汉时期的基层社会控制策略,里仍然是普通民众主要的居住地之一,但在长沙郡临湘县及其周边地区,受自然地理环境影响,丘已经发展成为当时基层社会一种重要的聚落形态,并成为乡里社会组织农业生产与征收田租的基本单位。

一、传统的居住地——里

长沙五一广场东汉简牍反映,里仍然是当时居民主要的实际居住地之一,前面在讨论三杨庄遗址汉代聚落形态典型性时已有所涉及,这里再补充论之。如:

> 《选释》简29:入书事,具簿。掾棠书言:作徒济阴成武髡钳庞绥
>
> 等百六十八人刑竟,谨以本郡致书校计,应诏书,岁刑遣归田里。范、
>
> 朗、崇叩头死罪。即日书谨到,辄实占:均所居高迁里①

①　长沙市文物考古研究所等编:《长沙五一广场东汉简牍选释》,第71页。

《肆》简 1420：我。语绝，建直去。番建见建去时着黑帻衣、白布

单衣，空手无所赍持(？)，不见有吏卒以惠敕呼建者。其日暮，惠暴

得头身塞热，归所治处三门亭中卧。龙从都亭归部，便归家私舍，新

道上北入里中①

《选释》简 29"均所居高迁里"，指的应该不是其户籍地，而是实际居住地。《肆》简 1420"龙从都亭归部，便归家私舍，新道上北入里中"，案情记录详细记载了涉案人归家进入里中的道路，显示里仍然是当时民众的实际居住地。

秦汉土地制度主要包括田和宅两部分。商鞅变法规定"明尊卑爵秩等级，各以差次名田宅"。② 汉高祖亦实行"以有功劳行田宅"制度。③ 张家山汉简《二年律令·户律》有根据爵级授予田宅的法律规定，所授"宅"为营造房屋及其附属设施所需的土地，相当于宅基地。④《论衡·四讳篇》："田，人所饮食；宅，人所居处。"⑤"宅"即指房屋。长沙五一广场东汉简牍中有买卖和租赁"宅"的记载，例如：

《选释》简 99：钱十五万。到其十五年中，壬与覆买竹遂里宅一

区，直钱四万六千。不处年中，仲昌买上头缯肆一孔，直钱十二万；复

① 长沙市文物考古研究所等编：《长沙五一广场东汉简牍(肆)》，中西书局 2019 年版，第 113 页。

② 《史记》卷六八《商君列传》，第 2230 页。

③ 《汉书》卷一下《高帝纪下》，第 54 页。

④ 张家山二四七号汉墓竹简整理小组编著：《张家山汉墓竹简［二四七号墓］（释文修订本）》，第 52 页。

⑤ 黄晖撰：《论衡校释》卷二三《四讳篇》，第 1127 页。

买下头缯肆一孔，直钱八万。有大奴柱、婢益。益产①

《选释》简108：中，元物故仓梧，归临湘坙。坙后有大婢侍、民、奴秩、主及坙，大宅、市肆各二，及家口物，何皆检录。时珠年四、五岁，幼小，随修留泉陵，何卖宅、侍、民、秩、主，散用钱给和，免坙②

《选释》简110：各异。会计，萧察举孝廉。永元七年十一月中，萧迎绥之雒。其月卅日通豢㑺绥宅，约四岁直钱五万，交付，率岁直万二千五百。时充送绥，证见通以钱付绥，绥去后，通、良自还归。③

《贰》简401：见高出入邑下。到十月不处日，定复㑺圣珠宅居。定、汉、世、昌等不见高，不相识知。匡不解止胡栒宅中，以胡均转相临汉、匡、世、定等，非高入所解民舍平者，以胡均等辞相参验，谨牒别④

《周礼·天官·叙官》"掌舍"条，郑玄注："舍，行所解止之处。"孙诒让正义："解犹休也，息也，止也……解止者，休止也。"⑤"解止"即休止、住宿。可见，《贰》简401"定复㑺圣珠宅居""匡不解止胡栒宅中"表明"宅"的主要功能就是"人所居处"。区，亦有居处义。《汉书·食货志》："商贩贾人坐肆列里区谒舍。"颜师古注引如淳曰："居处所在为区。"⑥《选释》简99"壬与覆买竹遂里

---

① 长沙市文物考古研究所等编：《长沙五一广场东汉简牍选释》，第94页。
② 长沙市文物考古研究所等编：《长沙五一广场东汉简牍选释》，第97页。
③ 长沙市文物考古研究所等编：《长沙五一广场东汉简牍选释》，第97页。
④ 长沙市文物考古研究所等编：《长沙五一广场东汉简牍（贰）》，第86页。
⑤ （清）孙诒让撰，王文锦、陈玉霞点校：《周礼正义》，中华书局1987年版，第38页。
⑥ 《汉书》卷二四下《食货志下》，第1181页。

宅一区",表明"里"仍然是居民实际的居住地。《选释》简 108 是卖宅的记录，从简文看，元应该是商人，拥有两处"市肆"。元去世之后，宅作为遗产被何出售。《选释》简 110 中绥将随萧去洛阳，故将宅租赁出去。这两个例子中，因主人变动导致宅将闲置，故而将宅售卖或租赁出去。

长沙东牌楼东汉简牍中亦有相关资料，如牍 70 载：

> 、子约，顷不语言，烦内他①为改异。又前通檄，
>
> 白刘寔忍有北里中宅，意云曹白部，中部贼捕掾考
>
> 事属右辞曹，传曹史问，令召贼捕掾急，竟其□□
>
> 见在立可，竟为数催，勿忘大小改易，数告景□□②

简文"刘寔忍有北里中宅"的"宅"，应与五一广场简牍《选释》简 99"竹遂里宅一区"的性质相同，均为实际居住地。

二、新兴的居住地——丘

因案情调查的需要，长沙东汉简牍司法文书中，一般会详细登记相关人员的实际居址，如《右部劝农贼捕掾悝言盗陈任𡅏者不知何人未能得假期书》载：

---

① "他"原作"代"，长沙东牌楼东汉简牍研读班据图版改。参见长沙东牌楼东汉简牍研读班：《〈长沙东牌楼东汉简牍〉释文校订稿》，载卜宪群等主编：《简帛研究二〇〇五》，广西师范大学出版社 2008 年版，第 161 页。

② 长沙市文物考古研究所、中国文物研究所编：《长沙东牌楼东汉简牍》，文物出版社 2006 年版，第 103 页。

右部劝农贼捕掾向悝名印

史　　白开/2172B

二月　　日　　邮人以来

永元十七年二月乙酉朔廿一日乙巳,右部劝农贼捕掾悝、游徼光、市亭长则叩/头死罪敢言之。带肆女子陈任诣则告,辞:履所有青糸蔉之市,解置肆前。/2172A 有顷,欲起,不知蔉所在。辄讯问任知状女子马亲、陈信、王义等,辞皆曰:/县民,各有庐舍御门、都亭部,相比近知习,各占租、坐卖缴带为事。任今月十七/304(略)/6060(略)6213【……叩头死罪敢言之。】/缺简

(略)/6068①

简文"蔉"字,罗小华疑为"虌"字,读为"麤"。②《释名·释衣服》:"履……荆州人曰麤,丝麻韦草,皆同名也。麤,措也,言所以安措足也。"③丢失"青糸蔉"者为陈任,她与马亲、陈信、王义"各占租、坐卖缴带为事"。所谓"坐卖",《长沙五一广场东汉简牍选释》注:"坐卖,指固定摊位之买卖,相对于流动摊贩而言。《汉书·胡建传》:'时监军御史为奸,穿北军垒垣以为贾区。'师古注:'坐卖曰贾,为卖物之区也。区者,小室之名,若今小庵屋之类耳。'"④简文提到

---

① 杨小亮:《五一广场东汉简牍册书复原研究》,中西书局 2022 年版,第 143—144 页。简 6060、6213、6068 为未发表简,故杨书据内容对册书进行复原时,仅标明了各简在简册中的位置,而没有详录原文。

② 罗小华:《五一广场简牍所见名物考释(一)》,载李学勤主编:《出土文献》第 14 辑,中西书局 2019 年版,第 347—348 页;罗小华:《五一广场简牍所见名物考释(三)》,载中国文化遗产研究院编:《出土文献研究》第 18 辑,中西书局 2019 年版,第 318—319 页。

③ (汉)刘熙撰,(清)毕沅疏证,王先谦补:《释名疏证补》,中华书局 2008 年版,第 176—178 页。

④ 长沙市文物考古研究所等编:《长沙五一广场东汉简牍选释》,第 213 页。

"带肆",《后汉书·刘盆子传》:"以为列肆。"李贤注:"肆,市列也。"①《急就篇》卷二:"赍贷卖买贩肆便。"颜师古注:"肆,谓坐市行列也。"②"肆"为市中店铺或固定摊位,故简文称陈任等为"坐卖"。陈任等虽然在市肆中从事商业活动,但他们的实际居住地,即各自的庐舍分别位于御门亭、都亭。亭部是地域概念,范围较广,五一广场东汉简牍中一般会详细列出相关人员庐舍的具体位置,例如:

> 《伍》简 1842:死罪,逐捕鯹,未能得。考问知状者男子李纪,節讯少卿妻僑、鯹妻濡、纪妻泽等,辞皆曰:县民,自有庐舍廉亭部杯丘,与男子胡元、胡卫等相比近知习,各以田作、绩纺为事。③

简文中"辞皆曰:县民,自有庐舍××亭部××丘,与××相比近知习,各以××为事"是固定的格式套语,虽然不同文书的记载详略有差异,但是从中可以看出丘是当时居民的实际居住地之一,例如:

> 《叁》简 958:诣昭自首。辄考问寿、赐,知状者男子光文,節谇女子光妾等,辞皆曰:文,安成鄙乡;寿、赐、妾,县民。各有庐舍:文,其县鄙亭;寿、赐,昭亭部巨坂丘。寿与父齐、同产兄会、会④

---

① 《后汉书》卷一一《刘盆子传》,第 486 页。
② (汉)史游撰,(唐)颜师古注:《急就篇》,《丛书集成初编》,商务印书馆 1936 年版,第 125—126 页。
③ 长沙市文物考古研究所等编:《长沙五一广场东汉简牍(伍)》,中西书局 2020 年版,第 86 页。
④ 长沙市文物考古研究所等编:《长沙五一广场东汉简牍(叁)》,中西书局 2019 年版,第 99 页。

安成鄁乡光文的庐舍位于鄁亭,但并没有具体记载是否位于某丘。寿、赐、妾等均为临湘民,庐舍位于昭亭部巨坂丘。除了这些格式套语之外,文书其他部分内容对案件相关人员的实际居住地也有反映,例如:

> 《贰》简403+416:从父兄弟福之罗椮溏亭部栯溪丘居,笱以十四年九月廿六日之所有田宿,获、游在家不出,罗贼捕掾、游徼、亭长,皆不处姓名,之笱舍掩捕笱,不得,捕得游①

> 《叁》简1081:充、乐辟则,亡不见。其月不处日,赐、尤捕得充父负,赐送负县。廿五日愈得病。六月九日,乐于所居丘东北佝田旁为愈祠。其日尤将斗、旷,俱掩捕充,行道见乐祠②

简文"之罗椮溏亭部栯溪丘居""于所居丘东北佝田旁为愈祠",表明丘确实是实际居住地,而且丘与田相接。因为丘成为实际居住地,在五一广场简牍司法文书中,"○○丘+男子+○○"这样的固定用语也变得常见,用以表示案件相关人员的居址,例如:

> 《陆》简2496A+B:兼逢门亭长德叩头死罪白:前行居,当会月廿九日旦赍诣曹,德所部师溏丘男子区抚杀丘(?)晏,德诣发所,以故不赍诣曹,不知德有解,適出卒一人作官寺,愿蒙列理乞適,恩唯明廷,德愚戆惶恐叩头死罪死罪。

> 三月九日丙戌白③

---

① 长沙市文物考古研究所等编:《长沙五一广场东汉简牍(贰)》,第86页。
② 长沙市文物考古研究所等编:《长沙五一广场东汉简牍(叁)》,第122页。
③ 长沙市文物考古研究所等编:《长沙五一广场东汉简牍(陆)》,中西书局2020年版,第112页。

《壹》简381A：永初二年闰月乙未朔四日戊戌，东部邮亭掾茂叩

头死罪敢言之：廷移府记曰：男子石官自言：同丘男子区伯、伯子男仪

以今年四月中，共

简381B：　　东部邮亭掾张茂名印

史　　　白开①

闰月　日　邮人以来

《贰》简433：姓李，不处名，于语丘男子唐豊舍饮酒，令豊请金舍

客王英柘弩一张，本直六百，宫求雇百五十，英不与，宫其时醉酒，入

金舍收金父，宫②

简文"师溏丘男子区抚""同丘男子区伯""语丘男子唐豊"等用语，反映丘作
为居民实际居地，已经具有一定的普遍性，从而才会出现"自有庐舍××亭
部××丘"这样的司法文书套语。长沙东牌楼东汉简牍中亦有"○○丘＋男
子＋○○"的固定语式，例如简100载：

正面：中平三年二月桐丘男子何君公③从临湘伍仲取▢

背面：十月当还。以手书为④信。同文　▢⑤

此外，简88正面有"度上丘郭▢"⑥等文，其中"郭"为姓，亦是丘名后接人名，
中间虽缺"男子"二字，但性质相同。

---

① 长沙市文物考古研究所等编：《长沙五一广场东汉简牍(壹)》，第176—177页。
② 长沙市文物考古研究所等编：《长沙五一广场东汉简牍(贰)》，第94页。
③ "公"原文未释，《长沙东牌楼东汉简牍书法艺术》释为"公"。参见长沙市文物考古研究
所等编，刘涛、王素主编：《长沙东牌楼东汉简牍书法艺术》，文物出版社2010年版，第40页。
④ "为"原作"券"，长沙东牌楼东汉简牍研读班据图版改。参见长沙东牌楼东汉简牍研读
班：《〈长沙东牌楼东汉简牍〉释文校订稿》，卜宪群等主编：《简帛研究二○○五》，第163页。
⑤ 长沙市文物考古研究所等编：《长沙东牌楼东汉简牍》，第112页。
⑥ 长沙市文物考古研究所等编：《长沙东牌楼东汉简牍》，第109页。

另外,在五一广场东汉简牍中还出现了"冡间""渚""州"等地名,虽然数量不是很多,但它们和丘一样,也是由特殊的自然地理单元经民众开发而形成的新聚落,可能兼具生产与居住功能。特殊的自然地貌与民众自发的经济生产活动的交互影响在这些新兴聚落中展现得格外清晰,这些情况将在本章第四节详述。

三、临时居住点

里和丘是当时民众的主要居住地,但在某些情况下,一些人会主动选择居住于山泽之中。例如,《盐铁论·复古》:"远去乡里,弃坟墓,依倚大家,聚深山穷泽之中。"①《后汉书·党锢列传》:"(李)膺免归乡里,居阳城山中。"②《后汉书·朱晖传》:"自去临淮,屏居野泽,布衣蔬食,不与邑里通。"③《后汉书·方术列传》:"(公沙穆)居建成山中,依林阻为室,独宿无侣。"④长沙五一广场东汉简牍主要是司法文书,相关简文表明,为了躲避缉捕,走投无路的罪犯往往会选择藏匿于山中。例如:

> 《贰》简653:□欲□范从户□以矛刺东心下,创一所,衺一寸五分,广一寸,深通中,凡创□□东以范辜□时立物故,发觉,范持犯法矛去亡,于练山中藏匿。其月廿⑤
>
> 《贰》简478:得惕我。语绝,寿留宿。其夜五鼓时,寿起谓画曰:我去之秉山中匿,若数来视我。画曰:可。画即以故箕为寿盛饭二

---

① 王利器校注:《盐铁论校注》卷一《复古》,第84页。
② 《后汉书》卷六七《党锢列传》,第2195页。
③ 《后汉书》卷四三《朱晖传》,第1459页。
④ 《后汉书》卷八二下《方术列传下》,第2730页。
⑤ 长沙市文物考古研究所等编:《长沙五一广场东汉简牍(贰)》,第143页。

笥,米二斗,小土釜、甑各一,与寿。寿持去①

《贰》简 653 范藏匿于练山中,《贰》简 478 寿藏匿于秉山中,具体藏匿地点应较为隐蔽,因为对于犯罪亡匿者,官府会采取措施进行逐捕,如《肆》简 1422:

乏竟不得。时堂为伍长,受诡阴微起居乏、各等。到五月十四日,堂于半山中格杀乏。明十五日,晹以状言县。其月十八日,男子杨居、烝嵩、黄俌等持鸡②

起居,即居址、住地。《汉书·赵广汉传》:"宗族宾客谋欲篡取,广汉尽知其计议主名起居。"颜师古注:"起居谓居止之处。"③马力指出:"受诡阴微起居乏、各等"是说伍长堂接受上级指令,暗中监视乏、各等人以确定他们的居住地。④"堂于半山中格杀乏",很有可能是堂在山中监视乏时所为,可见乏等应是在山中藏匿。藏匿之所可能还有房舍等建筑设施,用以居住和储备物资,如:

《贰》简 509:绝(?),不可杖任,卿与我易持卿只矛。户可,即以矛与苌。苌复谓户:我迁之,去有所之,奏为数日复来。语绝,谢决去。后,可六、七日,苌复来之户舍,谓曰:今故来,欲于臾坑驾匿舍⑤

---

① 长沙市文物考古研究所等编:《长沙五一广场东汉简牍(贰)》,第 106 页。
② 长沙市文物考古研究所等编:《长沙五一广场东汉简牍(肆)》,第 114 页。
③ 《汉书》卷七六《赵广汉传》,第 3199—3200 页。
④ 马力:《五一广场简〈延平元年守史勤言调署伍长人名数书〉复原——兼论东汉临湘的伍长与地方司法》,载王沛主编,黄海执行主编:《出土文献与法律史研究》第 10 辑,法律出版社 2021 年版,第 81 页。
⑤ 长沙市文物考古研究所等编:《长沙五一广场东汉简牍(贰)》,第 115 页。

《壹》简121:□□杀区云于何所匿?苌曰:前之醴陵界中,□密,可为小舍匿。苌曰:善,我今所持矛、小服①

《壹》简228:祖及建妻女等俱归于西北山中,杀羊祷祠,事已,复亡。尚等不为收捕。又建二男子杀根,截取左肩上肉,长、广各三寸,深至骨。部吏皆匿不言。书到,趣逐捕,必得,亟考实,并处绝。不言二男子②

《贰》简509"臾坑"为地名。"驾",亦作"架",义为搭设。《淮南子·本经训》:"大构驾,兴宫室。"高诱注:"构,连也。驾,材木相乘驾也。"③《诗·召南·鹊巢》:"维鹊有巢,维鸠居之。"郑玄笺:"鹊之作巢,冬至架之,至春乃成。"④《选释》简61:

妻以元所有大婢婴送纳,纳为世产男石。后何卖民,直钱九万五千。以其五万买大婢侍,空地一所直八千,自驾起居。其中复买粢肆一孔,直二千四百。元本有豉肆一孔,后纳⑤。

何买"空地"目的是营建居址。《贰》简509苌"欲于臾坑驾匿舍"就是准备在臾坑搭建用以藏身的房舍。《壹》简121与《贰》简509相关,"□密,可为小舍匿"的地方,很可能就是位于"臾坑",说明亡匿者会于藏匿的地方搭建房舍。

---

① 长沙市文物考古研究所等编:《长沙五一广场东汉简牍(壹)》,第119页。
② 长沙市文物考古研究所等编:《长沙五一广场东汉简牍(壹)》,第141页。
③ 何宁撰:《淮南子集释》,中华书局1998年版,第589页。
④ (汉)毛亨传,(汉)郑玄笺,(唐)孔颖达正义:《毛诗正义》,载(清)阮元校刻:《十三经注疏》,第283页。
⑤ 长沙市文物考古研究所等编:《长沙五一广场东汉简牍选释》,第82页。

《壹》简 228 祖等人在西北山中杀羊祷祠,可见此山中可能有他们的居住点,并储存了一定的生活物资。

虽然山中这些临时居住点最终转化为官府正式承认的聚落的当属少数,但是这反映了受自然与社会环境的影响,当时的实际居住点应该是多样的,如官府"寺舍"为属吏及其家属提供了工作期间的居址,"谒舍"①为旅客提供住宿场所等。不过,据五一广场东汉简牍反映,当时的山中可能的确存在一些由临时居住点转化而成的自然聚落。例如:

> 《壹》简 130+131+122:大怒,呼尼归。语绝,斗去。臬、斗未复还视夜。护恚夜将尼去,即持所有木枱矛一,之山草中追求尼,到旱山中,见尼与夜俱在舍下,未到廿步②
>
> 《伍》简 2017:旱山中,见尼与□☑③

简文"到旱山中,见尼与夜俱在舍下",说明"旱山"中修建有供居住的房舍,可能有聚落的存在。此外,五一广场简牍中还出现了"田舍"的记载。

> 《贰》简 683:留宿,积四日,后猪之夜舍,时夜出不在,猪见愈问曰:我前日怒燕,燕去不知所在,得无来在是。愈曰:燕前日来。愈即呼燕付猪将去。其月不处日,昏时,猪之夜田舍,谓夜:若何故臧央妇,时昏④

---

① 《选释》117 号木牍有"推辟谒舍、亭、例船刺"(标点据马力《长沙五一广场东汉简牍"孙诗供辞不实案"考证》,载王捷主编:《出土文献与法律史研究》第 9 辑,法律出版社 2020 年版,第 381 页)。谒舍,即客舍。《汉书·食货志》:"工匠医巫卜祝及它方技商贩贾人坐肆列里区谒舍。"颜师古注引如淳曰:"谒舍,今之客舍也。"《汉书》卷二四下《食货志下》,第 1181 页。
② 长沙市文物考古研究所等编:《长沙五一广场东汉简牍(壹)》,第 119 页。
③ 长沙市文物考古研究所等编:《长沙五一广场东汉简牍(伍)》,第 106 页。
④ 长沙市文物考古研究所等编:《长沙五一广场东汉简牍(贰)》,第 150 页。

简文中"夜舍""夜田舍"不知是否为同一居址,但是"田舍"表明当时在农田里搭建临时居址的房舍,仍然具有一定的普遍性。前引《贰》简 403+416 记载"笱以十四年九月廿六日之所有田宿",故此贼捕掾、游徼、亭长等人前往笱舍抓捕笱时,未能抓获,而"获、游在家不出",故游被抓获。可见,"笱舍"应指笱家,即家庭常态化的居址,而"田宿"之地,很有可能就是"田舍"一类的临时住所。沈刚认为,当时的居民断无舍弃固定住所,而如候鸟般居住在田中庐舍之理,因而田之庐至多是临时休息处。① 我们赞成这种观点。

据新出土的东汉时期简牍文献所反映的情况,当时民众的实际居住地应以丘和里为主。例如,"楮溪例亭长黄详杀不知何一男子"案中,为了确定该男子的身份,《肆》简 1260 载:"表楬道,偏抚告上下丘里、行道过客,无有识有男子者,疑远所奸人。"②"偏抚告上下丘里",表明丘和里作为主要聚落,已经是东汉社会包括官方在内的普遍共识。再如:

> 《叁》简 983+1183:与我贷二千钱。波、往曰:今各当用其钱,无
>
> 有余钱。德谓波、往曰:今乡里从若曹贷钱,何如不可得者? 且用与
>
> 之。禹即以左手引取波右手中钱八百,持去归③
>
> 《贰》简 458A:□□顿首顿首,叔原陵前日受赐甚厚□□□□发以
>
> 得船□景初孙与同船致,留止入待之二乚三日,耳重难弃去,与□□
>
> □□惠哀之,匄心何曰:岂能忘前日乚君所赖、□……去耳(?)幸……

① 沈刚:《从塑造到瓦解:汉代居住区形态的一种解说》,中国中古史集刊编委会编:《中国中古史集刊》第 3 辑,第 13 页。
② 长沙市文物考古研究所等编:《长沙五一广场东汉简牍(肆)》,第 85 页。"表楬道",原释作"卷(?)楬道",杨小亮校改。参见杨小亮:《五一广场东汉简牍册书复原研究》,第 193 页。
③ 长沙市文物考古研究所等编:《长沙五一广场东汉简牍(叁)》,第 103 页。

赐高药行解各少……

《贰》简458B：☐者谨如敕，杨元孙妇弟高、东弟定自取之，以今月入钱前比欲白报，会乡里费伯节、侯元仲持酒☐舒时大醉，不志为辣时大负想=君易不非也，前欲①

《肆》简 1674：租长督☐所部丘民男子陈尊（?）不输租☐☐☐☐☐②

《叁》简983+1183、简458中的"乡里"应是"同乡"的代称。简1674"丘民男子陈尊"与"〇〇丘+男子+〇〇"的格式化用语均表明，丘居是当时的主要居住形式。因此，与当时民众的实际居住地相呼应，乡里、丘民也就成为日常生活中习以为常的用语。

第二节　里与丘的形态

一般而言，里的形态较为规整，丘是自然形成的聚落，受地形、地貌的影响，具有一定不规则性。作为人类生产、生活的场所，聚落的营建肯定会以满足人类的需要为第一原则，聚落所在地的环境，必然会被人类加以适当改造。五一广场东汉简牍反映丘主要沿河流及道路分布，其内部形态仍以聚居形式为主。

一、里的形态

秦汉时期，里作为主要的居住区，一般形态较为规整，里门、垣墙等设施齐

---

① 长沙市文物考古研究所等编：《长沙五一广场东汉简牍（贰）》，第101页。
② 长沙市文物考古研究所等编：《长沙五一广场东汉简牍（肆）》，第147页。

全。封闭式的居住区，有利于官府的控制，故此，为了保护里的基础设施，还制定有专门的保护法律，如张家山汉简《二年律令·杂律》："越邑里、官市院垣，若故坏决道出入，及盗启门户，皆赎黥。其垣坏高不盈五尺者，除。"①里门成为出入闾里的必由通道，启闭程序及时间有严格规定，《二年律令·户律》记载：

　　自五大夫以下，比地为伍，以辨 券 为信，居处相察，出入相司。

有为盗贼及亡者，辄谒吏、典。田典更挟里门籥（钥），以时开；伏闭

门，止行及田作者；其献酒及乘置乘传，以节使，救水火，追盗贼，皆得

行，不从律，罚金二两。②

里包括城市之里和乡野之里。相对而言，城市之里应更为规整。由于受到城墙限制，地理空间有限，所以城市之里的形态更加稳定。长沙五一广场东汉简牍《陆》简 2556 记载：

　　小刀各一，曲尘长襦一领，算一，盛镜枏枼刷，并直钱三千四百

册，俱之宜春县下，解止市南门外道东北入第五不处姓名舍，留二宿。

恶谓承：若当③

简文"宜春县下"的"下"字，用在名词"宜春县"后，表示一定的范围、处所、时

<hr>

①　张家山二四七号汉墓竹简整理小组编著：《张家山汉墓竹简［二四七号墓］（释文修订本）》，第 33 页。
②　张家山二四七号汉墓竹简整理小组编著：《张家山汉墓竹简［二四七号墓］（释文修订本）》，第 51 页。
③　长沙市文物考古研究所等编：《长沙五一广场东汉简牍（陆）》，第 120 页。

间、条件等。所谓"俱之宜春县下",就是全部来到宜春县。县城内一般设置有市,简文"市南门外道东北入第五不处姓名舍"的"市",应指宜春县城中的市。五一广场简中还出现了"市里"的记载,《贰》简 712:"贷主汝南吴房都乡市里男子王奉,年卅三,长七尺,赤色,持缲一□☑"①,此处的"市里"或许因与"市"有关而得名。居延汉简中关于城市闾里内房舍方位的记载,有与此类似者,例如:

居延 282·5:终古隧卒东郡临邑高平里召胜字游翁 贳卖九稯曲布三匹,匹三百卅三,凡直千,鑴得富里张公子所,舍在里中二门东入,任者同里徐广君。②

居延 287·13:惊虏隧卒东郡临邑吕里王广 卷上字次君 贳卖八稯布一匹,直钱二百九十,鑴得定安里随方子惠所,舍在上□门第二里三门东入,任者阎少季、薛少卿。③

由此可见,受城市形态的影响,秦汉城市之里内房舍的布局,整体上较为稳定,具有一定的规整性。

二、丘的形态

与里相比,位于城市之外丘内的房舍,受到地形等自然环境的影响,自然

---

① 长沙市文物考古研究所等编:《长沙五一广场东汉简牍(贰)》,第 154 页。

② 谢桂华等:《居延汉简释文合校》,文物出版社 1987 年版,第 472 页;简牍整理小组编:《居延汉简(叁)》,"中研院"历史语言研究所 2016 年版,第 213 页。

③ 谢桂华等:《居延汉简释文合校》,第 485 页;简牍整理小组编:《居延汉简(叁)》,第 235 页。

会与城市之里有所区别,例如:

> 《贰》432:官各十余下,无痕痏,宫、宗从英、官请,弩不脱田租,
> 受周长高等钱金,自言以便去,不诣考所。又长高等家皆在阳马亭
> 部,离散辟远,未得讯问。盛、春、官□□①

长沙五一广场东汉简牍中,丘多与亭部相联系,是设于亭部下的一级组织,归亭管辖。② 据此推测,《贰》简432中周长高等人家在阳马亭部,但很可能不属于同一丘,且可能距离县廷较远,故简文称之为"离散辟远"。五一广场简牍中有些案件记录了当事人家庭距县廷的距离,如《陆》简2176:

> ☒乡逢门亭部李丘僻子黄□家去县五十里☒
> 南乡逢门亭部柤唐丘僻子傅贤家去县六☒
> 南乡逢门亭部玄丘僻子李崇家去县五十里☒③

需要指出的是,"离散辟远"并非同一聚落内部房舍分布状况的描述,五一广场简牍反映东汉时期丘内仍然执行"比地为伍"政策,这必然会对丘内房舍的分布及丘本身的形态产生影响。《伍》简1853:

> 得,周亡,逐捕有书。不处周与冯饮酒时,谁皆在旁,有证见者

---

① 长沙市文物考古研究所等编:《长沙五一广场东汉简牍(贰)》,第93页。

② 沈刚:《再论吴简中的丘——从长沙五一广场东汉简牍谈起》,载复旦大学历史学系等编:《中国中古史研究》第9卷,第283页。

③ 长沙市文物考古研究所等编:《长沙五一广场东汉简牍(陆)》,第70页。

非？时比伍何不合？周、冯各有父兄同者不？亭长刘柳稽留不？即言状。阳、范、尊叩头死罪死罪。奉得书①

周犯罪后逃亡，上级机关（可能是县廷）指示阳、范、尊（职务可能分别是贼捕掾、游徼、亭长）三人对相关细节进行调查，所谓"比伍"，即《二年律令·户律》"比地为伍"，五一广场简牍中亦常见伍长一职，如《壹》简298+299："……实，迁、宝、鲔叩头：死罪死罪，谨案文书，辄复推辟所部，考问伍长☑□重等辞皆曰：不识知傅，所部广大，人民商贾"。② 如果这里的"部"指亭部，伍长就很有可能是亭部所辖丘的伍长。五一广场简牍中还出现了丘内设置小伍长的记载，如《陆》简2202+2636：

何延等相比近知习，以田作为事。不处年中，妾更嫁为同乡男子棋国妻，产子女愈。今年五月，斗为其丘小伍长，其月十七日，亭长赐与右仓曹史高尤、功曹书佐文③

与"比地为伍"制度相关，为了案情调查等需要，案件相关人员庐舍相"比近"者会被记载在司法文书中，除前举例证外，又如：

《叁》简880：罪，辄考问宠、汉、知状宠同产兄凤、逐事伍长马抚，辞皆曰：县民，宠与父武、母臧及凤、汉妻姬等俱居，各有庐舍监亭部。

---

① 长沙市文物考古研究所等编：《长沙五一广场东汉简牍（伍）》，第89页。
② 长沙市文物考古研究所等编：《长沙五一广场东汉简牍（壹）》，第153页。
③ 长沙市文物考古研究所等编：《长沙五一广场东汉简牍（陆）》，第81页。

宠,堤下;汉、抚,松田丘;相比近,皆各以田作为事。今年四[1]

五一广场东汉简牍中"俱居"可指"同居",又可指居住在同一亭部。[2] 前者,如《选释》简22:"详弟终,终弟护;晨与父宫、同产兄夜、夜弟疑、疑女弟捐;戀与母妾、同产弟强;除与妻委、子女婴俱居,自有庐舍伦亭部。尼、晨、除,汉丘[3];戀,上辱丘;与"[4],详、终与护,晨、宫、夜、疑与捐,戀、妾与强,除、委与婴等,分别为家人关系。又《壹》简93:"父母。虽产子,不成人。妻与若和奸,及华取钱、衣物亡,以华、海相与俱居,有通财,义不应盗。废,即华从弟。废虽送华,道宿庐。华奸时,废得卧,出,不觉。仵不知情"[5],"通财",即"共财",共同拥有财产。所以,这两枚简中的"俱居"应指"同居"。[6]

"俱居"指居住在同一亭部的例子,如《壹》简137:"□武陵酉阳。起,江夏安陆都乡平里,父母前皆物故,斋与妻起、勋□宛等俱居其县都亭部,与□人(?)等相比近,各以贩鱼黔行"[7],简文"俱居其县都亭部",表明相关人员均居住在同一亭部。《叁》简880中的宠、汉与抚共同居住在监亭部。堤下,当为

---

① 长沙市文物考古研究所等编:《长沙五一广场东汉简牍(叁)》,第85页。

② 杨小亮:《〈五一广场东汉简牍选释〉释文补正》,载李学勤主编:《出土文献》第10辑,中西书局2017年版,第265页。

③ 汉丘,孙涛认为应当作"溿丘"。参见孙涛:《释五一广场汉简第22号简"溿丘"》,简帛网2017年12月16日,http://www.bsm.org.cn/？hanjian/7686.html。

④ 长沙市文物考古研究所等编:《长沙五一广场东汉简牍选释》,第68页。

⑤ 长沙市文物考古研究所等编:《长沙五一广场东汉简牍(壹)》,第112页。

⑥ 《汉书·惠帝纪》:"今吏六百石以上父母妻子与同居。"颜师古注:"同居,谓父母妻子之外若兄弟及兄弟之子等见与同居业者,若今言同籍及同财也。"《汉书》卷二《惠帝纪》,第85、88页。五一广场简牍中亦出现"同居"一词。《选释》简62:"有庐舍庱亭部,以绩织为事。荣夫荆前与同产弟郎、弟御及知等同居。郎有子男彊、女廉,荆有子女令、令弟偖,无男,御无子。郎、御皆前物故,未壅。"长沙市文物考古研究所等编:《长沙五一广场东汉简牍选释》,第82页。

⑦ 长沙市文物考古研究所等编:《长沙五一广场东汉简牍(壹)》,第123页。

丘名,因下文"松田丘"而省略了"丘"字。五一广场简在表述"亭部"时,亦出现过类似省略用法。《壹》简348:"父母皆前物故,往不处年中,姬、旦各嫁,姬为苏憙、旦良妻,自有庐舍,姬逄门、旦广亭部,与男子吕窦、烝次、雷勒等相比近知习。憙贾贩,旦、姬绩纺为事。到永初"①,"姬逄门"后,即因紧接着的"旦广亭部"句,而省略了"亭部"二字。《叁》简880中汉为当事人,抚为知情者,均与案件相关,他们的庐舍皆在监亭部松田丘,并且"相比近"。

在一些司法文书中,对本身与案件无关(既非当事人又非知情人)但居住地与案件当事人"相比近知习"者,也会加以记载,如《直符右仓曹史豫言考实女子雷旦自言书佐张董取旦夫良钱假期书》:

兼右仓史谢豫名印
　　　　　　　　　史　白开/341B
五月　日　邮人以来

永初二年五月丙寅朔十八日癸未,直符右仓曹史豫叩头死罪敢言之。/廷书曰:女子雷旦自言,夫良前为广亭长,他坐毄狱。书佐张董从良少夏防/341A求钱一万,以赎掾董、普。防以钱七千二百付董。书到,亟考实奸诈,证椾验,正处/言。豫叩头死罪死罪。奉得书,辄考问董及普,即讯旦,辞皆曰:县民、乡吏,里、年、/338姓名如牒。普,都乡三门亭部。董、旦桑乡广亭部。董与父恭、母何、同产兄辅、弟农俱/居。旦父、母皆前物故,往不处年嫁为良妻,与良父平、母莫俱居,自有庐舍/339广亭部。董,上丘。旦,桥丘,与男子烝愿、雷勒相比近知习。辅、农以田作,莫、旦绩纺为/事,普以吏次署狱掾,董

① 长沙市文物考古研究所等编:《长沙五一广场东汉简牍(壹)》,第168页。

良家子给事县，备狱书佐。不处年中，良给事县，永初元/126 年不处月日，为广亭长，债醴陵男子夏防为少，月直六百。今年二月不处日，左/贼史连阳、邓修白，属狱戤良，坐桑乡游徼帛豫书言：良送杀人贼黄玉，道物故，良/523 当適效亭长；逐捕所负，便盗玉刀，结良主守盗。其月不处日，良少仲，仲名防，防到/狱门外呼董曰："为我报雷督，我欲去。"董即到南牢门外，呼良曰："防在狱门欲去，使我来/489 汝。"良曰："我有万余钱在外舍，恐防盗持去，我寄因处。"董谓良："恐防不付我。"良/即令董将防入，与良相见狱南牢门所。良谓防："汝持钱付是张史。"良、防语未绝/5552＋2207【……】/缺简（略）/4308【……】/缺简爵一级，无罪名，但出適效亭长。良出可四五日，董之下津亭为□□—□□到东索/门外，与良相逢。良乘马，良问董："汝从来？我这过若二人。"董曰："□下津□□。"良/371 曰："汝何时当复出乎？我欲取央钱。"董曰："汝欲取钱者，我旦、日暮当出，明日暮时/事毕。"董从县出，归主人苏到舍。其日暮，良乘马到董所取钱，皆以钱著马/408 上。其月不处日，良病物故。旦令男弟烝柊与防俱责董钱。防、柊报旦，钱未得，/董辞已付良钱，董不为良赇普。防债日备，归醴陵不处亭部；柊，桑乡广/396 亭部，皆不问。旦不敢上爰书，董付良钱时无证左。请且適董狱牢监，愿假期/逐召柊，考实，正处言，不敢出月。唯/415（略）/4972

  直符右仓曹史豫言考实女子雷   □

  旦自言书佐张董取旦夫良钱假期书 五月廿日开□/2208①

---

① 杨小亮：《五一广场东汉简牍册书复原研究》，第 158—159 页。

就目前所见文书内容而言,炗愿、雷勒与案情无涉,也不是知情人员,但仍然作为与旦"相比近知习"者被记录下来,这说明什伍制度在丘内得到了贯彻。

关于"比近"的含义,李均明认为是"比邻关系";①符奎指出"比近"等说明"丘"内仍然是聚居的;②袁延胜、崔林认为长沙五一广场东汉简牍中"相比近""相比近知习"等记载,表明这些人的居住地是相比邻的,很有可能是同伍之人。③《右部劝农贼捕掾悝言盗陈任蠡者不知何人未能得假期书》载"辄询问任、知状女子马亲、陈信、王义等,辞皆曰:县民,各有庐舍御门、都亭部,相比近知习,各自占租、坐卖繳带为事",杨小亮曾分析说:

> "相比近知习"在五一简中常见,一般指居住地的庐舍"相比近",因而知习。但这种格式套语,有时需仔细分析,陈任与知状马亲、陈信、王义等分属御门亭和都亭两部,即使御门亭和都亭或"相比近",也不一定意味着他们的庐舍也"相比近"。因此句中'相比近'更多的指向应是陈任与马亲、陈信、王义等人的"肆"相比近,而不是指他们居住的"庐舍"相比近。陈任丢失蠡的事件发生在"市",因而与带肆相比近的马亲、陈信、王义等才成为案发现场的"知状",他们在下文中描述了陈任从开肆到报案的全过程。而这些详情,居住地庐舍相近的比邻,应该是不会知晓的。④

---

① 李均明:《长沙五一广场东汉简牍所见身份认定述略》,载中国文化遗产研究院编:《出土文献研究》第17辑,中西书局2018年版,第332页。
② 符奎:《三杨庄遗址汉代聚落的形态》,《中国农史》2019年第5期。
③ 袁延胜、崔林:《长沙五一广场东汉简牍中的户籍问题》,邬文玲等主编:《简帛研究二〇二〇(秋冬卷)》,广西师范大学出版社2021年版,第318—319页。
④ 杨小亮:《五一广场东汉简牍册书复原研究》,第145页。

此说有理，可从。庐舍分属不同的亭部，彼此之间的社会关系仍然被认定为"相比近知习"，可能是因为他们在市肆中店铺紧邻的关系。秦汉市肆的管理体系比较完善，如本案中就出现了市亭长。再如，《陆》简2205+2223A：

> 告市官留事到□□

廷留事

> 捧（？）主一石平贾□☑①

简文中的"市官"，在传世文献中也曾出现，《汉书·王莽传》："又令市官收贱卖贵，赊贷予民，收息百月三。"②根据出土文献记载，市肆内设置有伍的组织，睡虎地秦墓竹简《秦律十八种·金布律》："贾市居列者及官府之吏，毋敢择行钱、布；择行钱、布者，列伍长弗告，吏循之不谨，皆有罪。"③张家山汉简《二年律令·□市律》："市贩匿不自占租，坐所匿租臧（赃）为盗，没入其所贩卖及贾钱县官，夺之列。列长、伍人弗告，罚金各一斤。啬夫、吏主者弗得，罚金各二两。"④所以《右部劝农贼捕掾悝言盗陈任矗者不知何人未能得假期书》所谓马亲、陈信、王义等人的"相比近"很可能是指市肆内的编伍组织。

　　比近，即邻近。《史记·滑稽列传》："十二渠经绝驰道，到汉之立，而长吏以为十二渠桥绝驰道，相比近，不可。"⑤《三国志·吴书·吕蒙传》："时蒙与成当、宋定、徐顾屯次比近，三将死，子弟幼弱，权悉以兵并蒙。"⑥五一广场简

---

①　长沙市文物考古研究所等编：《长沙五一广场东汉简牍（陆）》，第81页。

②　《汉书》卷九九中《王莽传中》，第4118页。

③　睡虎地秦墓竹简整理小组：《睡虎地秦墓竹简》，第36页。

④　张家山二四七号汉墓竹简整理小组编著：《张家山汉墓竹简［二四七号墓］（释文修订本）》，第44—45页。

⑤　《史记》卷一二六《滑稽列传》，第3213页。

⑥　《三国志》卷五四《吴书·吕蒙传》，第1275页。

中,"比近"亦是指空间关系的邻近。《贰》简585:

> □皆相比知习,以田作绩纺为事。危父柱有父古枯田可种三斛
> 所,与□□橪所有财田相比近,柱贫穷,往不处年中,卖其田与橪,直
> 禾八斛,斛为①

此简庐舍"相比近",作"相比"。"比"本意就是"近"。《史记·汲黯列传》:"家人失火,屋比延烧。"②《汉书·汲黯传》所记相同,颜师古注:"比,近也。言屋相近,故连延而烧也。"③简文"与□□橪所有财田相比近",应该是两块田地相邻之义。再如《叁》简948:"男子不处姓,名麻,放船梃上卧。高船与郴船相比。高妻姬病,时高上归视姬。郴卧,有顷,比船男子何仲病在船中,见郴转则、隋水中,即出呼成、幼曰:郴隋水中。成、幼即走之船上,各持楫"④。何仲在船中能看到"比船"上彬落水的情况,说明这里的"比""相比"是相邻之义。所以,五一广场东汉简牍中"相比近""相比"等是指空间位置的邻近关系。

丘是与里相对的自然聚落,虽然有编伍组织,但受自然地形、地势影响,每家每户庐舍的"比近",可能并不像里内那么整齐划一,但这并不意味着丘内庐舍的分布完全没有规律。例如:《壹》简93"废虽送华,道宿庐。华奸时,废得卧,出,不觉";《选释》简105"怒殴击柱,柱去,随世居,丑呼柱不还。元兴元年十一月不处日,世令柱持羊一级之市卖,不雠。柱掔(牵)羊还,道便过建

---

① 长沙市文物考古研究所等编:《长沙五一广场东汉简牍(贰)》,第131页。
② 《史记》卷一二〇《汲黯列传》,第3105页。
③ 《汉书》卷五〇《汲黯传》,第2316页。
④ 长沙市文物考古研究所等编:《长沙五一广场东汉简牍(叁)》,第98页。

舍,候视顷。须臾,丑将子女纑来,到顷舍与",①"道宿庐""道便过建舍"表明庐舍分布与道路之间的关系密切。考古发现的三道壕遗址、三杨庄遗址等汉代聚落内房舍也是沿着道路分布,可与简文互相参证。

聚落是人们为了组织生产与生活开辟的聚居场所,丘内的庐舍分布亦当以聚集为主,如《选释》49:

> 理讼掾伉、史宝、御门亭长广叩头死罪白:廷留事曰:男子陈羌自言,男子董少从羌市马,未毕三千七百。留事到五月诡责治决。处言。伉、宝、广叩头死罪死罪。奉得留事,辄召少,不得。宝问少比舍男子张孙、候卒张尊,辞:少七月廿八日举家辟则。辄与尊、孙集平少所有什物,直钱二千七百廿,与羌。尽力晓喻少出,与羌校论。谨籍少所有物,右别如牒。少出,辞有增异,复言。伉、宝、广惶恐叩头死罪死罪。 八月十二日丁巳白。②

比舍,《选释》注:"比邻之舍,即邻居。"③这里舍是庐舍的简称,具体负责案件的官吏出现了御门亭长,如前所述,五一广场东汉简牍中"占有庐舍××亭部××丘"为惯用套语,据此可以推测,董少、张孙与张尊应居住在御门亭某丘内。简336禹等人报复王纯案,"到今年二月不处日,纯使之醴陵追逐故市亭长庆睦,不在。偰同产兄宗、宗弟禹将二男子不处姓名,各掺兵之纯门,司候纯。三月不处日,宗、禹复之纯门。今月十三日,禹于纯对门李平舍欲徼杀纯。

---

① 长沙市文物考古研究所等编:《长沙五一广场东汉简牍选释》,第96页。
② 长沙市文物考古研究所等编:《长沙五一广场东汉简牍选释》,第78—79页。
③ 长沙市文物考古研究所等编:《长沙五一广场东汉简牍选释》,第159页。

平于道中告语纯,纯使弟子便归家取刀矛自捄。禹度平后落去。"①王纯与李平对门而居,虽然这里并未明确记载他们的住所是位于城市还是乡野,但至少说明聚落内宅院庐舍的布局是具有一定规律的。目前公布的长沙五一广场简牍中,有几枚记录了聚落内发生火灾的情况,如:

《壹》简282:素与信相知识□□火延及威舍,即开□□②

《伍》简1874:府(?)前言男子蔡宏失火延燔张□、李纯□③

《叁》简1864+882:中客匄,匄皆言:火浅,与他俱起出户,之舍后,见火在更、衣屋上,适康上屋捄火,令他取水,他即于井上汲水,火延燔著宾舍,不可复捄。他出器物未悉得,火复著他等舍。不知火所从起,其④

《叁》1286A+996A:永元十五年十一月壬戌朔十八日己卯,左部贼捕掾宫、游徼饶、庚亭长扶叩头死罪敢言之:谨移男子袁常失火所燔烧民家及官屋名,直钱数如牒,前以处常

《叁》1286B+996B:左部贼捕掾殷宫名印

　　　　　　　　　　　　　　史　　　白开⑤

　　十一月　日邮人以来

《壹》简282残断,阙文较多,但"火延及威舍",表明起火点不是威舍,只是因为房舍邻近而被殃及。《伍》简1874可能是指张□、李纯的房舍因蔡宏失火

①　长沙市文物考古研究所等编:《长沙五一广场东汉简牍(壹)》,第164页。
②　长沙市文物考古研究所等编:《长沙五一广场东汉简牍(壹)》,第149页。
③　长沙市文物考古研究所等编:《长沙五一广场东汉简牍(伍)》,第93页。
④　长沙市文物考古研究所等编:《长沙五一广场东汉简牍(叁)》,第85页。
⑤　长沙市文物考古研究所等编:《长沙五一广场东汉简牍(叁)》,第106页。

而被烧着。《叁》简 1864+882 中,至少有更、衣、宾、他等人房舍被火烧及,从火势的蔓延来看,这几家人的房舍也应是彼此邻近关系。《叁》简 1286A+996A "谨移男子袁常失火所燔烧民家及官屋名"的记载,表明此次火灾延及范围较大,既有民家,还有官屋。这些记载充分说明了聚居是聚落形态的主要特征。

第三节　里与丘的性质及其相互关系

学界关于走马楼吴简里丘关系的研究,成果丰硕,但观点不一,莫衷一是。分析五一广场东汉简牍中有关里和丘的记载,不仅有助于弄清楚它们之间的关系,而且对理解东汉聚落形态的演变、走马楼吴简里丘关系等问题,也具有重要价值。

一、里的性质

里是户籍登记的基本单位,如里耶古城北护城壕户籍简,出土时为 51 个残段,经整理拼复缀合得整简 10 枚、残简 14 枚(段)。① 里耶户籍简以户主为中心,以家庭血缘关系为纽带分类登记,并按照大男、大女、小男、小女课役身份这一顺序登记。② 例如 K27:

第一栏:南阳户人荆不更蛮强

第二栏:妻日嗛

第三栏:子小上造□

---

① 湖南省文物考古研究所编著:《里耶发掘报告》,第 203 页。
② 袁延胜:《秦汉简牍户籍资料研究》,人民出版社 2018 年版,第 7 页。

第四栏:子小女子驼

第五栏:臣曰聚

伍长①

"南阳"是里名,②秦人占领该地后,将南阳里一分为二,即属于贰春乡的"南里"和都乡的"阳里"。③ 走马楼吴简户籍登记仍然以里为基本单位,例如:

宜阳里户人公乘张厥年二九(壹·9322/14)

厥妻大女瞻廿一(壹·9408/14)

厥男弟世年十一踵两足(壹·9374/14)

世男弟易年七岁(壹·9459/14)

易男弟闻年四岁(壹·9375/14)

右厥家口食五人　中訾　五　十(壹·9366/14)。④

据五一广场东汉简牍,东汉时期丘作为实际居住地已经普遍化,孙吴时期更是如此,但在户籍登记时延续了秦汉时期的做法,仍以里为基本单位。

---

① 湖南省文物考古研究所编著:《里耶发掘报告》,第203页。

② 邢义田:《龙山里耶秦迁陵县城遗址出土某乡南阳里户籍简试探》,简帛网2007年11月3日,http://www.bsm.org.cn/? qinjian/4954.html;邢义田:《从出土资料看秦汉聚落形态和乡里行政》,载黄宽重主编:《中国史新论·基层社会分册》,第13—126页,收入《治国安邦:法制、行政与军事》,第249—355页;张荣强:《湖南里耶所出"秦代迁陵县南阳里户版"研究》,《北京师范大学学报》2008年第4期,收入《汉唐籍帐制度研究》,第7—36页;陈絜:《里耶"户籍简"与战国末期的基层社会》,《历史研究》2009年第5期;黎明钊:《里耶秦简:户籍档案的探讨》,《中国史研究》2009年第2期;袁延胜:《秦汉简牍户籍资料研究》,第9页。

③ 晏昌贵:《秦简牍地理研究》,第231页。

④ 凌文超:《走马楼吴简采集簿书整理与研究》,广西师范大学出版社2015年版,第50页。

秦汉时期,户籍是控制编户民的基本工具。作为基本的册籍,户籍是制作征收赋税、征发徭役等籍簿的依据。此外,诉讼等司法文书中也要登记相关人员的籍贯等身份信息。例如,睡虎地秦简《封诊氏·有鞫》:

> 有鞫　敢告某县主:男子某有鞫,辞曰:"士五(伍),居某里。"可
> 定名事里,所坐论云可(何),可(何)罪赦,或覆问毋(无)有,遣识者
> 以律封守,当腾,腾皆为报,敢告主。①

简文"名事里",《秦律十八种·仓律》作"名事邑里",整理者注:"姓名、身份、籍贯。"②里耶秦简 14-18:"廿六年七月庚辰朔乙未,迁陵拔谓学佴:学童拾有鞫,与狱史畸徽执,其亡不得。上奔牒而定名事里、它坐、亡年月日、论云何、[何]皋赦,或覆问之毋有。与狱史畸以律封守上牒,以书言,勿留。"③迁陵县关于学童拾逃亡事件的指示,反映其处理程序与睡虎地秦简《封诊氏·有鞫》记载基本一致。所谓"奔牒",陈伟认为就是"奔书"。④ 王萍指出"奔牒"是一种调查逃亡情况的司法文书,具体记载逃亡者的姓名、身份、逃亡日期等信息,以准确掌握逃亡时间,确定逃亡罪名。⑤ 当然,"定名事里"广泛适用于各类司法文书,如里耶秦简 9-756:"八月乙巳朔甲寅,迁陵守丞都告厩主:亟定丞以

---

① 睡虎地秦墓竹简整理小组编:《睡虎地秦墓竹简》,第 148 页。
② 睡虎地秦墓竹简整理小组编:《睡虎地秦墓竹简》,第 25、26 页。
③ 张春龙:《里耶秦简中迁陵县学官和相关记录》,载李学勤主编:《出土文献》第 1 辑,中西书局 2010 年版,第 232 页。标点有改动。
④ 陈伟:《秦简牍校读及所见制度考察》,武汉大学出版社 2017 年版,第 283 页。
⑤ 王萍:《岳麓秦简〈尉卒律〉"削爵"考》,邬文玲等主编:《简帛研究二〇二〇(秋冬卷)》,第 112—113 页。

下当坐者名吏(事)里、它坐、赀,遣诣廷。以书言,署金布发。/欣手。"①

　　司法文书"定名事里"制度被汉代沿用。例如:益阳兔子山遗址 J7⑦:307:"四月乙巳,益阳丞梁告氵沥陵乡主,写下,书到定当坐者名吏里、它坐,遣诣狱,以书致署西 曹 ▢";②居延汉简 239.46:"鞫系书到,定名县爵里年▢";③五一广场东汉简牍《直符右仓曹史豫言考实女子雷旦自言书佐张董取旦夫钱假期书》载"豫叩头死罪死罪。奉得书,辄考问董及普,即讯旦,辞皆曰:县民、乡吏、里、年、姓名如牒"等,均是明证。传世文献中亦有相关记载,《汉书·宣帝纪》:"其令郡国岁上系囚以掠笞若瘐死者所坐名、县、爵、里,丞相御史课殿最以闻。"颜师古注:"名,其人名也。县,所属县也。爵,其身之官爵也。里,所居邑里也。"④

　　"名县爵里"实际上是对案件当事人身份信息的确定。李均明指出,长沙五一广场东汉简牍诉讼文书中屡见有关身份认定的记录,通常位于文件的中前段,有特定的要素,包括当事人的姓名、性别、年龄、爵位、居住地、社会关系、职业、四邻等。⑤ 需要注意的是,在丘作为聚落普遍化之后,司法文书中登记的"里"可能是户籍信息,而不是实际的居住地信息,如《直符右仓曹史豫言考实女子雷旦自言书佐张董取旦夫钱假期书》记载张普、雷旦等"辞皆曰:县民、乡吏、里、年、姓名如牒",但他们实际居住地并非"里",而是"董、旦桑乡广亭部。董与父恭、母何、同产兄辅、弟农俱居。旦父、母皆前物故,往不处年中嫁

　　① 陈伟主编:《里耶秦简牍校释(第二卷)》,第 198 页。
　　② 湖南省文物考古研究所等:《湖南益阳兔子山遗址七号井出土简牍述略》,《文物》2021年第 6 期;湖南省文物考古研究院等编著:《益阳兔子山七号井西汉简牍》,上海古籍出版社 2023年版,第 160 页。
　　③ 谢桂华等:《居延汉简释文合校》,第 395 页;简牍整理小组:《居延汉简(叁)》,第 94 页。
　　④ 《汉书》卷八《宣帝纪》,第 253 页。
　　⑤ 李均明:《长沙五一广场东汉简牍所见身份认定述略》,载中国文化遗产研究院编:《出土文献研究》第 17 辑,第 325 页。

为良妻,与良父平、母莫俱居,自有庐舍广亭部。董,上丘。旦,桥丘,与男子烝愿、雷勒相比近知习",也就是说,张董实际居住地在广亭部上丘,雷旦实际居住地在广亭部桥丘。所谓"里、年、姓名如牒"的"里"应该是指他们的户籍登记单位。再如前引《壹》简137"□武陵酉阳。起,江夏安陆都乡平里,父母前皆物故,斋与妻起、勋□宛等俱居其县都亭部,与□人(?)等相比近,各以贩鱼鲃行",都乡平里很有可能也是起的户籍登记单位,实际居住地则可能是都亭部某丘,只是交代具体丘名的简牍缺失。

在张雄等人"不以征逿为意不承用诏书"案中,张雄等人名籍登记格式,据《贰》421记载:

> 临湘耐罪大男都乡利里张雄年卌岁
>
> 临湘耐罪大男南乡匠里舒俊年卌岁
>
> 临湘耐罪大男南乡逢门里朱循年卌岁
>
> 临湘耐罪大男南乡逢门里乐竟年廿六岁
>
> 临湘耐罪大男中乡泉阳里熊赵年廿五岁
>
> 皆坐吏不以征逿为意、不承用诏书,发觉,得。
>
> 永初三年正月十二日觳。①

简文登记了县乡里的详细信息,没有涉及亭部丘名,与直符户曹史盛的举劾文书登记内容基本一致。举劾文书见《陆》2187:

> 案:都乡利里大男张雄、南乡匠里舒俊、逢门里朱循、东门里乐
>
> 竟、中乡泉阳里熊赵皆坐。雄,贼曹掾。俊、循,史。竟,骖驾。赵,驿

---

①　长沙市文物考古研究所等编:《长沙五一广场东汉简牍(贰)》,第90页。

曹史。驿卒李崇当为屈甫证。二年十二月廿一日被府都部书,逐召崇,不得。雄、俊、循、竟、赵典主者掾史,知崇当为甫要证,被书召崇,皆不以征逮为意,不承用诏书,发觉,得。

永初三年正月壬辰朔十二日壬寅,直符户曹史盛劾,敢言之,谨移狱谒以律令从事,敢言之。①

直符户曹史盛举劾张雄等的日期为永初三年正月十二日,同日张雄等人被系狱,两处关于张雄等人籍贯或实际居住地的记载一致,应是根据张雄等人的口述,尚未得到官方正式确认,这反映在临湘令丹、守丞皓、掾商及狱助史护对张雄等人的判决文书中。《壹》392:

鞫:雄、俊、循、竟、赵,大男,皆坐。雄,贼曹掾;俊、循,史;竟,骖驾;赵,驿曹史。驿卒李崇当为屈甫证。二年十二月廿一日,被府都部书,逐召崇不得。雄、俊、循、竟、赵典主者掾史,知崇当为甫要证,被书召崇,皆不以征逮为意,不承用诏书,发觉,得。直符户曹史盛劾,辞如劾。案,辟都、南、中乡未言,雄、俊、循、竟、赵辞,皆有名数,爵公士以上,癸酉赦令后以来,无他犯坐罪耐以上,不当请。

永初三年正月十四日乙巳,临湘令丹、守丞皓、掾商、狱助史护,以劾律爵咸论,雄、俊、循、竟、赵耐为司寇,衣服如法,司空作,计其年。(A面)

得平(B面)②

---

① 长沙市文物考古研究所等编:《长沙五一广场东汉简牍(陆)》,第77页。
② 长沙市文物考古研究所等编:《长沙五一广场东汉简牍(壹)》,第181页。

"名数",即户籍。《汉书·高帝纪》:"民前或相聚保山泽,不书名数,今天下已定,令各归其县,复故爵田宅,吏以文法教训辨告,勿笞辱。"颜师古注:"名数,谓户籍也。"①简文"案,辟都、南、中乡未言,雄、俊、循、竟、赵辞,皆有名数,爵公士以上,癸酉赦令后以来,无他犯坐耐罪以上,不当请",可以说明两个问题:第一,张雄等人的名数(即"名事里")、爵位、曾经判过什么刑罚或赦免等身份信息,需要详细审查并记录在案,可见"定名事里"制度,自秦至东汉仍然在严格执行,基本格式没有变动;第二,张雄等人爵里等身份信息均来自他们本人。但这并不是说,不需要经过官方核实。

秦汉时期,户籍正本在乡,张家山汉简《二年律令·户律》:"恒以八月令乡部啬夫、吏、令史相襍案户,户籍副臧(藏)其廷。"②《壹》392 简文"辟都、南、中乡未言","辟"为法律术语,指调查、案验。可见,县廷曾就张雄等人的"名数"向乡进行调查核实。《陆》2579"☑□毛肜陈□中乡啬夫五贤言:雄、俊、循、竟、赵皆有名数爵"③,表明中乡啬夫五贤等人确实核查过乡户籍正本,并正式向县廷汇报。县廷之所以在张雄等人身份信息尚未得到乡正式确认的情况下作出判决,应与张雄等人是贼曹、驿曹等机构在职官吏有关,县廷可能通过其他名籍掌握他们的身份信息。

张雄等人"不以征遝为意不承用诏书"案中,关于张雄等人"县名爵里"的记载,"里"很有可能是指户籍所在地,而非实际居住地。里作为户籍登记单位,在长沙东汉简牍中有不少直接例证,如《壹》简 36:"永初七年八月乙丑朔十

---

① 《汉书》卷一下《高帝纪下》,第 54—55 页。

② 张家山二四七号汉墓竹简整理小组编著:《张家山汉墓竹简[二四七号墓](释文修订本)》,第 54 页;邬文玲:《张家山汉简〈二年律令〉释文补遗》,载卜宪群等主编:《简帛研究二〇〇四》,广西师范大学出版社 2006 年版,第 166 页。

③ 长沙市文物考古研究所等编:《长沙五一广场东汉简牍(陆)》,第 125 页。

二日丙子,南乡有秩选、佐均、助佐襄,敢言之,逢门里女子路英诣□□……别为户,谨爰书,听受如楼,选、均、襄叩头死罪敢言之。"①户籍正本在乡,副本藏县,南乡在对所辖逢门里居民单独立户之后,需要通过文书向县廷汇报。这里的户籍登记单位显然是里。再如《连道写移奇乡受占临湘南乡民逢定书》记载:

> (略)/6587 本县奇乡民,前流客,留占著。以十三年案筭后,还归本乡。与男子蔡羽,/石放等相比。当以诏书随人在所占。忠叩头死罪死罪。得阂、豊佺移/369 书,辄逐召定,考问,辞:本县奇乡民,前流客,占属临湘南乡乐成里。今/欲还本乡,执不复还归临湘,愿以诏书随人在所占。谨听受。占定西/81(略)/5937 叩头死罪死罪敢言之。/479
>
> 七月一日庚子,连道长均守丞叩头。移/临湘写移。书御,唯令史白长吏,部其乡吏明削除/384 定名数,无令重。叩头叩头,如诏书律令。/
>
> 七月七日开　　　　　　　　掾虑、助史昆、著/387
>
> 已/384B②

逢定原为连道奇乡民,成为流客(即流动人口)后,曾在临湘县南乡乐成里著录户籍,成为临湘县民。后来又返回本籍,希望将户口迁回,故连道通过文书通告临湘"部其乡吏明消除定名数,无令重",表明户籍登记工作仍然由乡负责,登记单位仍然为里。长沙东汉简牍户籍简中基本登录单位均为里,如《陆》2173:

---

① 长沙市文物考古研究所等编:《长沙五一广场东汉简牍(壹)》,第 101 页。
② 杨小亮:《五一广场东汉简牍册书复原研究》,第 111 页。

胡刚 长成里户人公乘刚年十六筭一 中 凡口一事 筭一事 訾二百五十①

东牌楼东汉简牍79、80、81、82:

建宁四年 益 成里户人公乘其【年】卅九筭卒笃奉 子 公 乘 石 ……

曹 其

……卅七 筭 卒 笃 奉 (79)②

区 益

子 公 乘 朱 年 卅囗 筭 卒九十复 (80)

囗年卅筭卒囗 (81)

囗 凡口五事 囗

囗中 筭三事二③ 訾五十 囗

囗 甲卒一人 囗 (82)④

东牌楼户籍简主要为残简⑤,尚德街简牍中出现了较为完整的户籍简(简68+69):

---

① 长沙市文物考古研究所等编:《长沙五一广场东汉简牍(陆)》,第70页。
② 释文据长沙东牌楼东汉简牍研读班《〈长沙东牌楼东汉简牍〉释文校订稿》作了调整,载卜宪群等主编:《简帛研究二〇〇五》,第162页。
③ "二",原阙释,凌文超据图版补。参见凌文超:《秦汉魏晋丁中制衍生史论》,河南人民出版社2019年版,第102页。
④ 长沙市文物考古研究所等编:《长沙东牌楼东汉简牍》,第107—108页。
⑤ 简79、简80为户籍简的上半部分,简82为户籍简的下半部分,凌文超认为,综合起来看,可以反映东汉户籍简的基本情况。参见凌文超:《秦汉魏晋丁中制衍生史论》,第102页。

[□□][□]☑□里户人士伍□ 年 □□ 筭 卒，十四年产子复。

☑妻大女姜年十八，筭一，十四年 产子 复。（第一栏）

子士伍官年一。（第二栏）

新 ☑ 户（第三栏）

凡 □□（口三）事

筭二复

甲卒一人（第四栏）

訾 二千六百（第五栏）①

前文已经论证，东汉时期的长沙地区，虽然丘作为实际居住地已经普遍化，但里仍然是实际居住地的主要形式之一。五一广场、东牌楼、尚德街户籍简表明里作为户籍登录的基本单位，从秦以来一直没有发生变化。丘的普遍化导致里聚分离，即户籍登记单位与实际居住地分离。丘民的来源主要由两部分组成：一是里内居民自然繁衍、增长，导致人口迁出；二是其他地区人口迁徙至长沙地区，五一广场简中有不少流民、流客的记载。② 二者形成合力，促使长沙地区丘等自然聚落逐渐普遍化。③ 丘作为一种聚落而广泛存在，丘民的户籍登记问题成为官府不得不面对的问题。官府延续了以里为户籍登记基

---

① 图版参见长沙市文物考古研究所编：《长沙尚德街东汉简牍》，第 113、166 页；释文据凌文超：《秦汉魏晋丁中制衍生史论》，第 100—101 页。

② 参见蒋丹丹：《五一广场东汉简牍所见流民及客——兼论东汉时期长沙地区流动人口管理》，邬文玲等主编：《简帛研究二〇一七（秋冬卷）》，广西师范大学出版社 2018 年版，第 229—238 页；袁延胜、崔林：《长沙五一广场东汉简牍中的户籍问题》，邬文玲等主编：《简帛研究二〇二〇（秋冬卷）》，第 316—325 页。

③ 王彦辉指出："丘的形成是一个自然的过程，既有邑居之民外迁的路径，更有移民在国家赋民草田、赋民丘地等安置政策下通过'占垦'而聚居的渠道。"参见王彦辉：《聚落与交通视阈下的秦汉亭制变迁》，《历史研究》2017 年第 1 期。

本单位的办法,将丘民归入相应的里内登记,可以说是利用成熟的户籍制度解决新出现的社会问题。《直符右仓曹史豫言考实女子雷旦自言书佐张董取旦夫钱假期书》等司法文书登记相关人员"名县爵里"等身份信息时,先登记县乡里,再登记亭部丘名,实际上就是既录入了户籍所在地信息,又登记了实际居住地,以解决里聚分离后,"比地为伍"制度的贯彻问题。

五一广场简牍中除了户籍简之外,还有一种名籍也以里为基本单位。例如：

> 《贰》709:零陵湘乡南阳乡新亭里男子伍次,年卅一,长七尺,黑色,持橘船一艘,绢三束,矛一只☑①
>
> 《贰》740:贷主颍川昆阳都乡仓里男子陈次,年廿五,长七尺,白色……☑②
>
> 《叁》839:武陵临沅都乡□西里男子何当,年卅,长七尺,黑色,持□☑③

李均明认为,"此类名单或与进出关津、入住旅舍相关"。④ 五一广场简牍中有一条简文,可能与此相关,《贰》简746+569:"斤,鮿鱼七合。廿一日,王珍持鮿鱼过备例所。寅自占名,属都乡安成里,珍广成乡阳里。备称寅鱼重卌斤,鮿鱼七合。官平鱼斤直钱三,卌斤并直钱百卅四"。⑤ 备为人名。李均明认为

---

① 长沙市文物考古研究所等编：《长沙五一广场东汉简牍(贰)》,第154页。
② 长沙市文物考古研究所等编：《长沙五一广场东汉简牍(贰)》,第160页。
③ 长沙市文物考古研究所等编：《长沙五一广场东汉简牍(叁)》,第77页。
④ 李均明：《长沙五一广场东汉简牍所见身份认定述略》,载中国文化遗产研究院编：《出土文献研究》第17辑,第331页。
⑤ 长沙市文物考古研究所等编：《长沙五一广场东汉简牍(贰)》,第129页。

"例"当读作"迾",本义指遮拦阻挡,引申为检查的意思,"例所"指检查站所在。① 戴卫红认为,从《说文解字》"例,比也"的本义和《史记》《汉书》等传世文献中"比,例也"的用法以及颜师古的注文来看,在解释"例掾""例督盗贼""例亭长"等材料时,采用"例,比也"之意比较妥当。②《贰》简 746+569 中的"例所"可能是指例亭所在地。简文表明寅、王珍二人持鱼通过"例所"时,需要"自占名",即上报姓名、籍贯等个人身份信息,所携带的鱼也要进行称重、估价。这些信息应该会被详细记录在相关籍簿上。

在"孙诗供辞不实案"③中,涉及"亭、例船刺"。相关简文记载:"府告兼贼曹史汤、临湘:临湘言,攸右尉谢栩与贼捕掾黄忠等别问儳赵明宅者完城旦徒孙诗,住立,诗畏痛自诬南阳新野男子陈育、李昌、董孟陵、赵 次 公 等劫杀明及王得等。推辞谒舍、亭、例船刺,无次公等名",④李均明认为此"例"当为遮拦检查的意思,对实际情况进行登录的文书形式称为"刺",则"例船刺"是检查过往船只的记录。⑤ 马力认为"亭、例船刺"是指沿行船水道设置的亭与

---

① 李均明:《五一广场东汉简牍所见"例亭"等解析》,《出土文献》2020 年第 4 期。
② 戴卫红:《五一广场东汉简所见"例"职》,《中国社会科学报》2022 年 3 月 25 日第 5 版;又载清华大学出土文献研究与保护中心主编:《长沙五一广场简与东汉历史文化学术研讨会论文集》,清华大学出版社 2023 年版,第 98 页。
③ 相关研究参见赵平安、罗小华:《长沙五一广场出土 J1③:285 号木牍解读》,《齐鲁学刊》2013 年第 4 期;刘乐贤:《长沙五一广场所出东汉孙诗供辞不实案再考》,载中国文化遗产研究院院编:《出土文献研究》第 12 辑,中西书局 2013 年版,第 272—279 页;李兰芳:《长沙五一广场出土 J1③:285 号简牍再释》,西北师范大学历史文化学院等编:《简牍学研究》第 7 辑,甘肃人民出版社 2018 年版,第 158—165 页;庄小霞:《长沙五一广场东汉简 CWJ1③:285 号木牍文书结构新探》,中国社会科学院历史研究所学刊编委会编:《中国社会科学院历史研究所学刊》第 11 集,中国社会科学出版社 2019 年版,第 1—18 页;马力《长沙五一广场东汉简牍"孙诗供辞不实案"考证》,载王捷主编:《出土文献与法律史研究》第 9 辑,第 373—400 页。
④ 长沙市文物考古研究所等编:《长沙五一广场东汉简牍选释》,第 202 页。标点有改动。"赵 次 公 "的"次公"二字,刘乐贤据后文"无次公等名"补释。参见刘乐贤:《长沙五一广场所出东汉孙诗供辞不实案再考》,载中国文化遗产研究院编:《出土文献研究》第 12 辑,第 273 页。
⑤ 李均明:《五一广场东汉简牍所见"例亭"等解析》,《出土文献》2020 年第 4 期。

例亭制作的行船登记簿。① 孙诗被迫自诬与赵次公等人劫杀人，但是临湘县在对谒舍（旅舍）、亭、例亭进行调查时，均没有找到赵次公等人的登记信息。可见，针对过往人员，尤其是从事商业活动等流动性较强人员，例亭一般要详细登录籍贯等身份信息。《贰》简709、《贰》简740、《叁》简839等，很有可能就是例亭船刺或与其相似的籍簿。李均明指出：“虽然不能完全肯定它们是‘例船刺’，但所录事项当相类，需要时可作为办案的书证。”②简文中登记的里，应该是户籍单位。

二、丘的性质

里既是户籍登记单位，又是实际居住地。一部分居住在丘内的居民，户籍登记也以里为基本单位，其原因应当是人口增加，而里的空间范围有限，导致居民被迫迁出，但户籍仍以里为单位。侯旭东在研究走马楼吴简里丘关系时，指出：“假定西汉时人口居住在封闭的聚落中，面对人口的持续增加，原有的空间显然难以容纳，出现新的聚落势属必然，至晚东汉后期出现‘丘’是很正常的。而形成‘里’与‘丘’的复杂对应关系则是由于居民自由迁往新聚落，却又要保持旧有乡里名籍的结果。”③人口增长导致丘的普遍化，虽然户口登记延续了以里为单位的办法，但是为了准确确定丘民的位置，司法文书中还需要详载亭、丘等丘民实际居住地信息。

除了人口增长这一因素外，丘成为主要居住区，还与自然环境、社会经济

---

①　马力：《长沙五一广场东汉简牍“孙诗供辞不实案”考证》，载王捷主编：《出土文献与法律史研究》第9辑，第381页。

②　李均明：《五一广场东汉简牍所见“例亭”等解析》，《出土文献》2020年第4期。

③　侯旭东：《长沙走马楼三国吴简“里”“丘”关系再研究》，载武汉大学中国三到九世纪研究所编：《魏晋南北朝隋唐史资料》第23辑，第22页。

发展等因素有关。随着农业的发展,土地开垦量增加,在新垦农田或其周边修建庐舍居住,以方便从事农耕活动,如前引《贰》简 683 出现的"田舍"以及《叁》简 1081"乐于所居丘东北徇田旁为愈祠"等记载,都可以说明这个问题。五一广场简牍中还经常出现"以田作为事""以田作、绩纺为事"等记载,除前引外,再如:

  《伍》简 2150+1872+1886:☐柱、纪伯、纪仲,節(即)讯难,辞皆曰:郁,吏次署视事;干、伯等,县民,庐☐部租溲丘,相比近知习,田作、绩纺为事。难不处年中嫁为①

  《壹》简 303:阶、番武等相比近知习,各以田作、绩纺为事。到永初二年十二月不处日,敢从同丘男子周楚求狼食鲑严波溏田②

《伍》简 2150+1872+1886 有残断,根据相同格式的文书简,可知相关人员的实际居住地是丘,"田作、绩纺为事"的记载,表明他们主要从事农业生产活动。《壹》简 303,《选释》注:"波溏,即'陂塘'。《国语·周语下》:'陂塘污庳,以钟其美。'韦昭注:'畜水曰陂,塘也。'韩愈《唐故江西观察使韦公墓志铭》:'灌陂塘五百九十八,得田万二千顷。'"③敢从同丘男子周楚求垦食"波溏田",说明生计模式仍以农业为主,故此丘亦可以看作是组织农业生产的基本单位。丘作为实际居住地和农业生产单位的普遍化,势必对田租的征收产生一定的影响。

---

① 长沙市文物考古研究所等编:《长沙五一广场东汉简牍(伍)》,第 93 页。
② 长沙市文物考古研究所等编:《长沙五一广场东汉简牍(壹)》,第 154 页。
③ 长沙市文物考古研究所等编:《长沙五一广场东汉简牍选释》,第 212 页。

汉代赋税的征收，主要由乡吏负责。《续汉书·百官志》："（乡）有秩，郡所署，秩百石，掌一乡人；其乡小者，县置啬夫一人。皆主知民善恶，为役先后，知民贫富，为赋多少，平其差品……又有乡佐，属乡，主民收赋税。"[1]长沙东牌楼简 105 为签牌，正面载"中仓券也"，背面载"南山乡啬夫租券本也"。[2]徐俊刚指出："中仓租券签牌"正反面字迹不同，"南山乡啬夫租券本也"由乡啬夫将租券编联成册时书写，上交到中仓之后，再由中仓之吏书写"中仓券也"归档。因为南山乡乡啬夫将租券本上交到中仓，所以"南山乡啬夫租券本也"也就成了"中仓券也"。[3]这与传世文献记载相符，表明租税的征收工作主要由乡负责。

五一广场东汉简牍中亦有相关资料，如：

《肆》简 1506A：长沙大守审上书言：临湘乡故有秩张晧坐正李世责民更口算钱逋，晧为贯入毕，世辟则，晧遣乡佐李范、小史栂咸将世父軌之乡，械诡[4]

《壹》简 305：小武陵乡助佐佑言所主租豢墨毕簿书[5]

《肆》简 1506 反映东汉中晚期"更口算钱"的征收已经形成定制，[6]其中的

---

[1]　《续汉书》卷二八《百官五》，第 3624 页。

[2]　长沙市文物考古研究所等编：《长沙东牌楼东汉简牍》，第 114 页。

[3]　徐俊刚：《〈长沙东牌楼东汉简牍〉集释》，吉林大学 2014 年硕士学位论文，第 254 页。

[4]　长沙市文物考古研究所等编：《长沙五一广场东汉简牍（肆）》，第 126 页。

[5]　长沙市文物考古研究所等编：《长沙五一广场东汉简牍（壹）》，第 155 页。

[6]　五一广场简牍的年代，整理者指出："已经清理的简文中，时代最早为汉章帝章和四年（实际是汉和帝永元二年，属年号延后现象），时当公元九〇年；最晚者为安帝永初六年，时当公元一一二年……根据目前已整理纪年简文分析，初步断定该批简牍的时代主要为东汉中期和帝至安帝时期。"长沙市文物考古研究所等编：《长沙五一广场东汉简牍（壹）·前言》，第 2 页。

"正"指"乡正"。《选释》简63有"债代南山乡正,随佐区肝在乡"的记载。①
因为乡正李世征收赋税不力,拖欠"更口算钱",致使乡有秩张晧被连坐。
《壹》简305中的"助佐"的"佐"指"乡佐"。助佐佑所主"租䌛墨毕簿"与赋税
征收相关,具体情形有待更多资料佐证,但已可表明赋税征收工作主要是由乡
有秩、助佐、乡正等乡官负责。

"更口算钱"等赋税应当以征收现钱为主,田租征收则为谷物,如:

> 《贰》简525:卒任、钉俱在门,桑乡男子番干输租,从仓持米一斛
> 出门,爵、宫苛干代何等米,干便弃米走去,爵、宫令钉逐干,不及,钉
> 还徙□置(?)其②

> 《陆》简320+2184:戴乡啬夫。其月廿七日,中部督邮掾收充、福
> 敷狱。充、福编失亡国等卷,竟以国外卷书言县所部租毕。仓曹掾冯
> 京、史宋信以竟所言卷拘校,实官卷无,李③

《贰》简525、《陆》简320+2184表明,田租需要由百姓亲自缴纳至仓,并由仓
曹根据相关卷书进行拘校。有些乡地处偏远,为了防止乡民在输租过程中遭
遇盗贼,还专门设置例亭长负责禁绝奸人。例如:

> 《伍》简1792A:兼左部贼捕掾勤叩头死罪白:案故事横溪深内

---

① 长沙东汉简所见临湘县乡部吏情况,参见徐畅:《东汉三国长沙临湘县的辖乡与分部——兼论县下分部的治理方式与县廷属吏构成》,《中国史研究》2022年第4期。
② 长沙市文物考古研究所等编:《长沙五一广场东汉简牍(贰)》,第119页。
③ 长沙市文物考古研究所等编:《长沙五一广场东汉简牍(陆)》,第75页。

匜,常恐有小发,置例亭长禁奸。从间以来,省罢。方今民输租时间,

漤阳乡民多解止横溪入县输

十一月六日开

《伍》简 1792B:租,或夜出县归主人,恐奸猾昏夜为非法,奸情难

知,愿置例亭长一人禁绝奸人,益为便。唯廷。勤愚戆,职事无状,惶

恐叩头死罪死罪。

·十一月五日甲申白　①

横溪位于漤阳乡前往县输租的交通要道上,故此兼左部贼捕掾勤向县廷报告,建议根据"故事"置例亭长一人以禁奸。与长沙走马楼吴简的性质不同,五一广场东汉简牍多为司法文书,目前尚未见到专门记录租赋征收具体情况的簿书,因此没有直接材料来证明基层租赋征收的统计单位。但丘已是主要居住地和耕作区,势必对赋税征收产生影响。《伍》简 1792A 中的"漤阳乡民",可能是概括而言,丘很有可能在东汉时期就已经成为田租征收的基本单位。例如:

《叁》简 886:贼捕掾□、游徼、求盗、亭长,民自言:谛如辞,尊负

租不输所□□□□□②

《肆》简 1674:租长督 □ 所部丘民男子陈尊(?)不输租

□□□□☑③

①　长沙市文物考古研究所等编:《长沙五一广场东汉简牍(伍)》,第78页。

②　长沙市文物考古研究所等编:《长沙五一广场东汉简牍(叁)》,第86页。

③　长沙市文物考古研究所等编:《长沙五一广场东汉简牍(肆)》,第147页。

《叁》简886与《肆》简1674可能相关,应是因陈尊不输租而引起的司法案件。
"督□所部丘民"表明"租长"应是为了督促田租缴纳及管理相关工作而专门
设置的吏员,并且以"丘"为基本单位。再如:

> 《贰》简561:敢等丏,敢无钱与错,错收缚殴敢等数十下,即次、
> 汝、伯、辇证。错复责冢间民五十钱,日债少月五百。错责不得钱,收
> 取民鸡、犬。谛如辞。书到亟考实奸诈,明证检验正①
>
> 《壹》简382:钱三千,米五斛;上利丘:钱七百,米二斛,皆以付
> 初。又正月廿七日,初将末收缚船丘女子谢何,诡责其丘,得钱二千,
> 付初,皆受,非等所当得,为皆共以自给。记到亟爱②

因为存在缺简,《贰》简561、《壹》简382所记具体内容,有待进一步证实,但从
"收缚""收取民鸡、犬""诡责"等用语看,错、初等人可能具有官方背景。
《贰》简561所谓"错复责冢间民五十钱",实际上就是以实际居住地为单位收
责钱。《壹》简382"钱三千,米五斛;上利丘:钱七百,米二斛,皆以付初"前面
的缺文应是丘名,虽然所收责钱的性质不明,但以丘为收责钱的基本单位是可
以肯定的。

第四节　自然环境与聚落发展的相互影响

自然地理环境是人类组织生产及生活的客观基础,对人类聚落形态产生

---

① 长沙市文物考古研究所等编:《长沙五一广场东汉简牍(贰)》,第127页。
② 长沙市文物考古研究所等编:《长沙五一广场东汉简牍(壹)》,第177页。

着重要的影响。远古时代,人们建造房屋首先要适应当地的自然环境,如北方采用半地穴式建筑,而南方则流行干栏式建筑。长沙及其周边地区,地貌复杂多样,有山地、丘陵、岗地及平原等多种地形。亚热带季风气候又使得这一地区四季分明、水热条件充足,湘江及其支流流域内,地表水系发达,河网密布,动植物等自然资源十分丰富。这些自然环境特征,无不塑造和影响着东汉时期当地居民的生产与生活。五一广场东汉简牍虽以司法文书为主,但有不少反映自然环境及其对人们生产和生活影响的资料。

一、山地、丘陵与岗地

通过五一广场东汉简牍的记载可知,山已经融入到人们的日常生活中,除前引罪犯藏匿的练山、秉山、半山、西北山及旱山等相关资料外,还出现了龙山、勹山、吴山、平溲山等山名。例如:

《壹》简94:君教诺　　兼左贼史修,助史寿、庞白:待事掾□☑
与守史黄错、胡训掩廋□龙山中□☑①

《贰》简643+685:隆等诡课孝逐捕应。其月十六日,孝见应在勹山中,孝诣隆告。隆将孝、竞、武等俱掩捕应。应以所持弓毒矢射隆、孝,穿衣。复射伤武右肩,创一所。隆射应左脾、左②

《贰》简676:自有马一匹。音与监俱各骑马将人兵掩捕法、茂,欲诡出惕。法、茂各辟则。音于法舍收井,事已,廋索吴山中,求捕惕,不得。见竞母匹取薪,音谓匹曰:若独行山中,疑饷贼。收匹,及

---

① 长沙市文物考古研究所等编:《长沙五一广场东汉简牍(壹)》,第113页。
② 长沙市文物考古研究所等编:《长沙五一广场东汉简牍(贰)》,第141页。

将井戠①

《贰》简589：前(？)手将送县。其日昏时，行到平溲山中，守手械道得脱，走入草中，可卅步所。忠追逐，谓守还就拘。守还，举械曰：却。即欲捽忠，不受缚。忠其时即以所持矛前刺守右颈下，创②

简文中出现的山，多与逃亡者藏匿及官府收捕工作等相关，如简643+685，孝在勹山中发现应，说明应可能在勹山藏匿。值得注意的是，这些山名并非山系、山脉名称，而可能是当地山峰或山丘的名称。例如：

《贰》简427：君教诺　左贼史颜迁白：府檄曰：乡佐张鲔、小史石竟、少郑平殴杀费栎，亡入醴陵界。竟，还归临湘不处；鲔，从迹所断绝。案文书，前部贼捕掾蔡错、游徼石封、亭长唐旷等逐捕鲔、平、竟，迹绝醴陵棨亭部劣淳丘乾溲山中，前以处言如府书，丞优、掾隗、议请□却贼捕掾错等白草③

张鲔、石竟、郑平等人因殴杀人而逃亡，贼捕掾蔡错、游徼石封、亭长唐旷等人负责追捕，追至乾溲山中踪迹消失。虽然乾溲山存在跨若干丘的可能，但是根据地名从大到小的惯例，简文"醴陵棨亭部劣淳丘乾溲山"表明，乾溲山应是当地的小地名，而非横跨区域的山脉名。

众多的山峰或山丘有了专名，说明在日常生产与生活中，人们与聚落周围

---

① 长沙市文物考古研究所等编：《长沙五一广场东汉简牍（贰）》，第148页。
② 长沙市文物考古研究所等编：《长沙五一广场东汉简牍（贰）》，第132页。
③ 长沙市文物考古研究所等编：《长沙五一广场东汉简牍（贰）》，第92页。

山地之间的关系越来越密切。简676记载音在法舍抓获井之后,又在吴山中搜捕惕,说明法舍与吴山在空间位置上并不遥远。竟的母亲匹在山中取薪,其所居止处应在山中或山脚等周边地区。简589表明山中修筑有专门通行的道路,"草中"指与道路相对而言的区域,如"楮溪例亭长黄详杀不知何一男子"案中,简529"至赤坑冢间,详从马上见不知何一男子伏在草中,去大道可",①简359、简1279+1272"到赤坑冢间,详从马上见不知何一男子伏在道旁草中",②"伏在草中,去大道可"后应为具体的距离数量及单位,在简359、简1279+1272中则直接被省去,缩写为"伏在道旁草中"。简130+131+122与简2017相关,"之山草中追逐尼"表明"草"并非仅仅就草丛而言,山中亦应有树木,所以"草"亦指代树木。质言之,简文"草中"一词,是指道路之外长有草木等植物的地方,与成语"落草为寇"的"草"含义相同。简589所谓"守手械道得脱,走入草中,可卅步所",指守在解脱手械之后,逃至距道路约三十步远的草木丛中。实际上,随着农业的发展,人们已经将农田开垦至山旁,例如:

《壹》简343:绝。俱还卧。明日,有复为翕、冉作食,其日中时,冉、翕决去,有送到门外,翕谓有曰:央人将母弟兄妻子十一人,在北首田旁山中匿,今往迎之,还当于何所匿? 有曰:我有空舍在央西,平往,我③

《伍》简2106:随若。盛可。廿日,戍留调田旁山中,盛☐④

①　长沙市文物考古研究所等编:《长沙五一广场东汉简牍(贰)》,第120页。
②　长沙市文物考古研究所等编:《长沙五一广场东汉简牍(壹)》,第170页;长沙市文物考古研究所等编:《长沙五一广场东汉简牍(肆)》,第87页;杨小亮:《五一广场东汉简牍册书复原研究》,第199页。
③　长沙市文物考古研究所等编:《长沙五一广场东汉简牍(壹)》,第166页。
④　长沙市文物考古研究所等编:《长沙五一广场东汉简牍(伍)》,第114页。

《壹》简343"北首田旁山中"和《伍》简2106"田旁山中"反映的是,在人口增加的情况下,适合耕作的土地资源日益紧张,人们开垦的农田不断向山丘推进。五一广场东汉简牍中有南山乡、南山亭等,①应是设置于南山的基层社会组织机构。

如前所述,丘成为实际耕作区、实际居住地以及田租征收单位,与人口增加有关。除了山地、丘陵之外,简359、简1279+1272所提到的"赤坑冢间",很有可能也是一类依托地形而自然形成的特殊居住聚落。前引《贰》简561"错复责冢间民五十钱",表明"冢间"有居民存在。"冢"在五一广场简中,有两种用法,第一种表示坟墓,如:

> 《伍》简1774+2160+1758+2191:廷移府记曰:男子吴请与番当、番非共发胡叔冢,盗取铜器。请捕得,当、非亡,家在广成亭部。移书县掩捕考实有书。案:非、当等所犯无状,记到,乃掩捕非、当②
>
> 《陆》简2170A:从掾位翁叩头死罪白:前记言乞身为大父霸治冢郭,未蒙听遣。父霸冢有三丧,卜定堑日宜以四月,当豫定郭处扁旁及郭具,须翁为
>
> 《陆》简2170B:成,愿得假日,定具所当得,不敢出月卅日,恩唯明廷财蒙决教,翁惶恐叩头死罪死罪。

---

① 《选释》简112:"南山乡言民马忠自言不能趣会假期书。八月廿八日发。"(长沙市文物考古研究所等编:《长沙五一广场东汉简牍选释》,第98页)《壹》简4:"□永初四年三月乙酉朔廿五日乙酉,书佐修叩头死罪敢言之:□□廷前受遣赍敕,与南山、高置亭长纯、护逐召证人赦,即日到南山亭,辄与□□逐召赦,人在高置亭部,护……修与护□□□□,修叩头……"(长沙市文物考古研究所等编:《长沙五一广场东汉简牍(壹)》,第95页)

② 长沙市文物考古研究所等编:《长沙五一广场东汉简牍(伍)》,第72页。

二月三日白①

《伍》简 1774+2160+1758+2191 所记盗墓行为,五一广场简牍中尚有其他案件,这里不再一一转引。简 2170 记载从掾位翁向县廷请假为祖父霸修建冢郭。

"冢"的第二种用法,与"冢间"一词有关,在五一广场东汉简牍中多有出现。前引"楮溪例亭长黄详杀不知何一男子"案中所提到的"赤坑冢间",表明"冢间"并非一处,并且具体的某一"冢间"已经具有标示地名与地理位置的作用。再如:

《伍》简 1798:时横溪奸匿有小发,前置例亭,并循行冢间,防遏未②

《伍》简 1801:然,如勤言,可复请□□□选(?)亭长一人以傅(?)例③

《叁》简 1132:左胁下一所,衺二寸,广八分,深通中,凡创五所。辅以康辜立物故,康解所依黄衣冠绔絑履,握道旁草中,走入冢间去亡,常追逐,迹绝不知所首艻,即常等证。案:康吏刃贼杀人④

《叁》简 824:冢间草中有□□⑤

---

① 长沙市文物考古研究所等编:《长沙五一广场东汉简牍(陆)》,第 68 页。
② 长沙市文物考古研究所等编:《长沙五一广场东汉简牍(伍)》,第 79 页。
③ 长沙市文物考古研究所等编:《长沙五一广场东汉简牍(伍)》,第 80 页。
④ 长沙市文物考古研究所等编:《长沙五一广场东汉简牍(叁)》,第 134 页。
⑤ 长沙市文物考古研究所等编:《长沙五一广场东汉简牍(叁)》,第 76 页。

《伍》简 1798 与《伍》简 1801 可编联。李均明认为:"冢间,指山丘之间。"①杨小亮认为:"按惯常理解,'冢'当指坟地,但蒙李均明提示,此'冢'或可指类似于丘陵地貌的山地……长沙地区地形多山地、丘陵、岗地的特点,我们觉得李均明的说法还是很有道理的。"②《说文解字·勹部》:"冢,高坟也。"③《尔雅·释山》:"山顶,冢。"④《诗·小雅·十月之交》:"山冢崒崩。"毛传:"山顶曰冢。"⑤《周礼·春官·序官》"冢人"条,孙诒让正义:"冢本义为山顶。山顶必高起,凡丘墓封土高起为垅,与山顶相似,故亦通谓之冢也。"⑥可见,冢由山顶引申为坟墓之义,而此二义在五一广场东汉简牍中均有出现。"冢"和"丘"本义均与山地、丘陵、岗地有关,而作为聚落的"冢间"和丘的区别,可能是前者位于山丘之间,而后者位于山丘、岗地之上。从已经公布的五一广场东汉简牍看,丘已经普遍化,并具有一定的行政特征,而"冢间"一词出现较少,它是否已从临时居住点成规模地转化为聚落,仍需结合更多资料来分析。

受地形、地势的影响,处于山地、丘陵地带的聚落,就其内部形态而言,不可能十分规整;就聚落的分布形态而言,当较为分散。但是,丰富的水热条件,密布的河网,便利的水路交通,为聚落与聚落之间的沟通创造了便利条件。五一广场东汉简牍反映,聚落实际上正是沿着河流与道路延展分布的。

---

① 李均明:《五一广场东汉简牍所见"例亭"等解析》,《出土文献》2020 年第 4 期。
② 杨小亮:《五一广场东汉简牍册书复原研究》,第 191 页。
③ (汉)许慎撰,(宋)徐铉校定:《说文解字》,第 185 页。
④ (晋)郭璞注,(宋)邢昺疏:《尔雅注疏》,载(清)阮元校刻:《十三经注疏》,第 2618 页。
⑤ (汉)毛亨传,(汉)郑玄笺,(唐)孔颖达正义:《毛诗正义》,载(清)阮元校刻:《十三经注疏》,第 446 页。
⑥ (清)孙诒让撰,王文锦、陈玉霞点校:《周礼正义》,第 1267 页。

二、河流与溪水

东汉时期,长沙郡的主要河流是湘水,临湘县及周边地区的水系由湘水及其支流构成。五一广场东汉简牍中有不少涉及湘水及其支流的内容。《选释》简24:"后呼谓赣等曰:婢子持央物还。放复射林等一发,不中。赣等其☐尾、近以桡更掘沙土,狸(埋)臧(赃)物。事已,俱渡湘,弃栿西市渚下,各别☐"①栿,应是一种水上交通工具。作为作案工具,栿在与本案相关的其他简文中也有提到,如:

> 《肆》简1262:持把刀一、柘弩一张;赦持矛一只、把刀一;李叔持吴镯刀一;俱乘栿之阳马亭界,至亭可十里所,留止。须臾,林等船到,赣等各以粉粉面,叔敬谓赣等曰:但(?)从②
>
> 《肆》简1513:☐☐勿杀之。赣等曰可。赣、赦、叔三人持栿,邀遮林等船前,叔敬、厚止岸☐上,赦以厚所持弩,与叔敬各以箸箭射林等船前后各二发,皆无所中③

邀遮,即拦阻。荀悦《汉纪·孝平皇帝纪》中"如遇险阻,衔尾相随。虏邀遮前后,危殆不测"④即是此义。赣等人乘坐栿至阳马亭约十里的地方,拦截并抢劫林等船上的物资。《选释》简37:"舍辞:十四年五月不处日,俱乘栿船上之

---

① 长沙市文物考古研究所等编:《长沙五一广场东汉简牍选释》,第69页。

② 长沙市文物考古研究所等编:《长沙五一广场东汉简牍(肆)》,第85页。

③ 长沙市文物考古研究所等编:《长沙五一广场东汉简牍(肆)》,第128页。

④ (汉)荀悦撰,张烈点校:《汉纪》,中华书局2002年版,第538页。

沂溪中市鱼,到潘溪······□"注曰:"桄,人名。或说'桄船'为一种船的称谓。"①从《选释》简 24、《肆》简 1262、《肆》简 1513 来看,桄为一种船的称谓说是正确的。《说文解字·木部》:"桡,曲木。"②《楚辞·九歌·湘君》:"荪桡兮兰旌。"王逸注:"桡,船小楫也。"③简文应是后一义,即船桨。《选释》简 24"事已,俱渡湘,弃桄西市渚下"所提及的"湘",应即湘水。尾、近等人用船桨将赃物埋在沙土中之后,渡过湘水,各自亡匿。

除了湘水之外,人们利用众多的溪水,通过水路交通实现交往的目的。前引《选释》简 37 出现了"沂溪""潘溪",五一广场东汉简牍中还有漻溪、横溪、楮溪、栂溪、繆溪等溪水名称,相关简文如下:

《壹》简 91:郭亭部,市不处姓名男子鲜鱼以作炙。今年正月不处日,持随漻溪水上解止徐舍,卖,得米卌四斛。三月不处日,持米下于横溪,糴尽,余米五十斛在徐舍。冯立④

《叁》简 1474+923:间无事,宁可俱行于樊爱丘求债□小笄。请可,即持所有解刀,与当、非俱行。其日昼时,到樊爱丘,求债不得,即俱前到横溪桥下浴。事已,俱于水旁倨。当谓请、非⑤

《壹》简 359:廷书曰:故亭长李嵩病,邮亭掾赵竟敕楮溪例亭长黄详次领嵩职,其夜鸡鸣时,详乘马将子男顺起例之广成,到赤坑冡

① 长沙市文物考古研究所等编:《长沙五一广场东汉简牍选释》,第 150 页。
② (汉)许慎撰,(宋)徐铉校定:《说文解字》,第 114 页。
③ (宋)洪兴祖撰,白化文等点校:《楚辞补注》,中华书局 1983 年版,第 61 页。
④ 长沙市文物考古研究所等编:《长沙五一广场东汉简牍(壹)》,第 112 页。
⑤ 长沙市文物考古研究所等编:《长沙五一广场东汉简牍(叁)》,第 93 页。

间,详从马上见不知何一①

《贰》简403+416:从父兄弟福之罗糁溏亭部栴溪丘居,笤以十四年九月廿六日之所有田宿,获、游在家不出,罗贼捕掾、游徼、亭长皆不处姓名,之笤舍掩捕笤,不得,捕得游②

《贰》简426A:永元十六年十月丁亥朔廿日戊午,南部游徼栩、柚州例游徼京、纙溪例亭长福,叩头死罪敢言之:廷前以府唐掾书,阴微起居逐捕杀独栎例亭长、盗发冢者男子区义

B:南部游徼张栩名印

　　十月　日邮人以来　　史　白开③

《壹》简91和《叁》简923+1474"横溪"在前引《伍》简1792置例亭长白事文书中已经出现,准此,《壹》简359"楮溪例亭长"和《贰》简426"纙溪例亭长"中的"楮溪""纙溪"亦为溪名。《壹》简91"漻溪""横溪",《选释》注:"漻,溪水名。下文'横溪'亦溪水名。今湖南省邵阳市洞口县有漻溪乡(今名高沙镇)和横溪乡,东汉为昭陵县,属长沙郡,疑两水即在附近。"④在《伍》简1792置例亭长白事文书中,兼左部贼捕掾于"十一月五日甲申白",次日,即"十一月六日开",属于临湘县县内文书,所以横溪、漻阳乡应属于临湘县。⑤《壹》简91中的漻溪和横溪应该相连,从简文"随漻溪水上""下于横溪"可以判断漻溪应

---

① 长沙市文物考古研究所等编:《长沙五一广场东汉简牍(壹)》,第170页。
② 长沙市文物考古研究所等编:《长沙五一广场东汉简牍(贰)》,第86页。
③ 长沙市文物考古研究所等编:《长沙五一广场东汉简牍(贰)》,第92页。
④ 长沙市文物考古研究所等编:《长沙五一广场东汉简牍选释》,第129页。
⑤ 连先用根据简999+1002"漻阳乡男子黄间自言本事在此中"签牌不写县名,判断漻阳也是临湘所辖之乡。参见连先用:《长沙五一广场简所见东汉临湘属乡考论》,载《张旭华教授七十寿辰纪念文集》,郑州大学出版社2022年版,第223页。

该位于横溪的上游,很有可能是横溪的一条支流。《伍》简1792置例亭长白事文书提到"澬阳乡"前往临湘县输租时,需要经过横溪,当亦位于横溪的上游。结合《壹》简91和《伍》简1792,可以判断澬阳乡应是因位于澬溪旁而得名。所以,简文提到的澬溪、横溪实际均属于临湘县管辖。《叁》简1474+923提到的樊爰丘,应距横溪不远,所以请、当、非等人在"求债不得"的间隙中,才能来到横溪桥下洗浴。横溪上修建有连通两岸的桥梁,可见此处应当是交通要道。无论是水路还是陆路,樊爰丘的交通均十分便利。《贰》简403+416"梌溪丘"位于罗县,亦属于湘水流域,梌溪丘应是因位于梌溪旁而得名。可见,正是密布的水网将分布于山地、丘陵及岗地的聚落连接了起来。

三、渚与州

河溪众多的地理环境对聚落的影响,还表现在形成的一些特殊地貌上,如渚、州等。五一广场东汉简牍有不少渚的记载,如:

> 《贰》简466:置、谭各起家,宋、客、根、置醴陵界中,置如波亭部芗渚丘,谭雍亭部帛租丘,各以田作为事。干弟梁给元年使正,干代梁作,与乡佐邓据共殴杀正胡彊,亡。会丙戌赎罪诏书①
>
> 《贰》简467:发嬴廆,不能饭食,到监亭部上桐渚,加困物故,失不并结秉罪,讯新辞实当从今,前失不分别处,唯②
>
> 《贰》简517:冯、祝、商等问康杀人贼刘宝所在,康曰:昨暮行取薪,见宝在崇渚下洗足,当在崇舍。延、山将康在前,冯、祝、商、昭等

① 长沙市文物考古研究所等编:《长沙五一广场东汉简牍(贰)》,第103页。
② 长沙市文物考古研究所等编:《长沙五一广场东汉简牍(贰)》,第103页。

将敞在后,相次属,时鄉晨,鸡已一鸣①

《贰》简681:枚,下到其亭渚,得兼尉曹史周香赍府胡卒史檄,召庞置材亭渚,之漻阳乡诣卒史。卒史以材留迟,敕巫发民下材。月十九日还,廿日将民下材。其日日入时②

《肆》简1490:衡屋邸兰不肯。今月十五日,晓复诣县自言:成主人区仲阳从成假致持书一封于庚亭渚下,求湘乡船寄书与晓母妾,其日餔时,成令致持刺及书于渚③

渚,本义为水中的小块陆地。《说文解字·水部》:“《尔雅》曰:‘小洲曰渚。’”④《诗·召南·江有汜》:“江有渚。”毛传:“渚,小洲也。”⑤渚,引申为水滨、水涯。《楚辞·九歌·湘君》:“鼅骋骛兮江皋,夕弭节兮北渚。”王逸注:“渚,水涯也。”⑥前引《选释》简24尾、近等人“弃栿西市渚下”,“下”表示一定的范围、处所等。《肆》简1490“庚亭渚下”与“西市渚下”的下,均是表示处所。“西市渚”应是临湘县西市旁边的沙洲。尾、近等人渡过湘水之后,将栿船弃置于西市渚。《贰》简681“亭渚”应是某亭所在地附近的沙洲或岸边,与《肆》简1490“庚亭渚”含义相同,只是缺少亭名。“西市渚”“亭渚”尚不是专名,需借助已有地名标示渚的位置。不过,“西市渚”及“庚亭渚”等记载反映,由于水路交通发达,作为商品交易场所的西市及一些负责治安的亭是沿着河

---

① 长沙市文物考古研究所等编:《长沙五一广场东汉简牍(贰)》,第117页。
② 长沙市文物考古研究所等编:《长沙五一广场东汉简牍(贰)》,第149页。
③ 长沙市文物考古研究所等编:《长沙五一广场东汉简牍(肆)》,第123页。
④ (汉)许慎撰,(汉)徐铉校定:《说文解字》,第227页。
⑤ (汉)毛亨传,(汉)郑玄笺,(唐)孔颖达正义:《毛诗正义》,载(清)阮元校刻:《十三经注疏》,第292页。
⑥ (宋)洪兴祖撰,白化文等点校:《楚辞补注》,第63页。

流分布的。《叁》简1136A还出现了"渚下尉曹史"的记载,由于该木楬残损,释文不全,尚不能理解"渚下"与"尉曹史"之间的真实关系,但是"渚"已经从自然地貌的概念发展为与人类生产、生活关系密切的地理空间。

《贰》简467"上桐渚"似已为专名。《贰》简517"宝在崇渚下洗足,当在崇舍",崇为人名,所谓"崇渚""崇舍"表明了"渚""舍"的所有关系。从"在崇渚下洗足"可以推断出宝在"崇舍",说明"舍"与"渚"的空间位置关系应该十分接近,很有可能就是舍修建在渚上。实际上,居于渚上应是当时民众的主要居住模式之一,如《礼记·礼运》提到"故圣王所以顺,山者不使居川,不使渚者居中原,而弗敝也",①而渚也正以是否可以居住获得定义的,如《国语·齐语》:"渠弭于有渚。"韦昭注引贾逵:"水中可居者曰渚。"②《淮南子·墬形训》:"东方曰大渚。"高诱注:"水中可居者曰渚。"③《说文解字》引《尔雅》曰"小洲曰渚"是从自然地貌的角度定义,而贾逵、高诱等人则从是否适合人类居住这一角度加以解释。据此可以推测,《贰》简466"芎渚丘"应该是芎渚被开发后,形成的以丘为通名的聚落。

除渚之外,五一广场东汉简牍中,表示水中陆地还有州。《说文解字·川部》"州,水中可居者曰州,周绕其旁。"④前引《贰》简426有"柚州例游徼京",其中"柚州"为地名。与《贰》简426案相关,《贰》简428载:

> 兼南部游徼栩言,格杀亭长贼区义
>
>   十月廿三日开⑤
>
> 同产兄絜与捕者吏格斗,格杀絜解书

---

① (汉)郑玄注,(唐)孔颖达正义:《礼记正义》,载(清)阮元校刻:《十三经注疏》,第1427页。
② 徐元诰集解,王树民、沈长云点校:《国语集解》,第231页。
③ 何宁撰:《淮南子集释》,第331—332页。
④ (汉)许慎撰,(宋)徐铉校定:《说文解字》,第239页。
⑤ 长沙市文物考古研究所等编:《长沙五一广场东汉简牍(贰)》,第93页。

区义身犯杀害独栎例亭长和盗墓等数罪,在逐捕区义的过程中,兼南部游徼栩、柚州例游徼京、缦溪例亭长福抓捕了区义同产兄絜、母缥、絜妻狼等,在押解过程中,可能因絜等试图逃亡,从而发生冲突,导致絜被格杀。《壹》简 395 记载:

> 即日人事起居推本义不得,得义兄絜、母缥、絜妻狼,皆收缚,及
>
> 缥、狼载福船中。福其日铺时,起柚州,日未入到雍亭东岸,絜求出更
>
> 衣,絜、缥解,东上岸,得一大木,可长①

更衣,大小便的婉辞。王充《论衡·四讳》:"夫更衣之室,可谓臭矣;鲍鱼之肉,可谓腐矣。然而有甘之更衣之室,不以为忌;肴食腐鱼之肉,不以为讳。"②押解絜等人的船,从柚州出发,结合"州"的本义,柚州应是河中沙洲。柚州上设置了负责治安的"例游徼",说明柚州已经得到开发,很可能有人在上面居住,是否已经形成了一定规模的聚落,有待新资料进一步证实。船沿河行至雍亭东岸,暂停休息,再次证实不少河流的沿岸设置有亭负责治安。

与《肆》简 1262、《肆》简 1513 及《选释》简 24 所记赣等抢劫林等船案相关,《贰》简 603+837:"流亡。其月垂竟,不处日,赣等复俱夜之直州,尾入所貍臧,厚得黄缣二束,绢青六匹,缥八匹七尺,绢练十匹二尺,绢绛二匹,早一匹,青麦一匹,鲜支一"③。简文"赣等复俱夜之直州,尾入所貍臧"表明尾埋藏赃物的地点应该在直州。前引《选释》简 24 记载,尾、近等人在将赃物埋藏在沙土中之后,渡湘水亡匿。从这一系列接连的行为判断,尾等人埋藏赃物的

---

① 长沙市文物考古研究所等编:《长沙五一广场东汉简牍(壹)》,第 182 页。

② 黄晖撰:《论衡校释》卷二三《四讳篇》,第 1135 页。

③ 长沙市文物考古研究所等编:《长沙五一广场东汉简牍(贰)》,第 135 页。

地点应该也在湘水旁,则直州应位于湘水中。

在五一广场东汉简牍已经公布的资料中,关于州的资料不多,其中有一枚残简可以帮助我们推测州的性质。《壹》简 205 记载:"死罪死罪,奉得书,辄推□州丘里……"①此简有残损,"推"后一字未释。五一广场东汉简牍中,有"推辟"(如《壹》简 298＋299、《贰》简 435＋434 等)"推起"(如《壹》简 394、《贰》简 520 等)"推本"(如《壹》简 395、《叁》简 922 等)"推处"(如《壹》简 407 等)"推求"(如《贰》简 520、《贰》简 619 等)等词。因残存字迹较少,"推"后究竟为何字,不易判定。但是,根据文书格式及文义,可以推断"推□"应是表示案验、追寻等与案情调查相关的专有名词。那么,"州丘里"表示的就是调查的具体地域范围。州与丘、里并列,说明州与丘、里的性质相同,表示实际的居住地。与三杨庄遗址所反映的对河滩地开发类似,汉代社会稳定,经济发展,人口增加,导致耕地相对紧张,人们需要不断地开垦更多的土地,而州正是在河流冲积形成的特殊地貌上产生的一种新的聚落形态。渚、州等河流沙洲的开发,反映了自然与社会互动的真实一面。

综上所述,据长沙及其周边地区出土的东汉简牍文献反映,除了里之外,丘、冢间、渚及州等均已成为东汉时期居民的实际居住地。里的形态较为规整,丘、冢间、渚与州等是伴随着人口增长与土地资源的开发而自然形成的,应是分散型的聚落。由于冢间、渚及州的资料较少,具体详情有待更多简牍公布后,进一步论证。不过,从聚落是人类聚居地的性质看,自然聚落最终也会随着人口规模的增加,而演变为聚集型聚落。受地理环境的影响,聚落及其内部

---

① 长沙市文物考古研究所等编:《长沙五一广场东汉简牍(壹)》,第 136 页。

房舍都具有沿河流分布的特征。

里与丘的关系是学界讨论较多的问题,从长沙东汉简牍看,里是户籍登记单位,但同时也是居民实际居住地,原有的里在人口增加导致聚落规模扩大以及新聚落形成的过程中,并没有被废弃。丘成为居住点的原因,就是为了开垦新的土地资源,所以可以把丘看作是组织农业生产的基本单位,也就是耕作区。这必然对赋税征收方式产生影响,长沙东汉简牍反映丘已经是田租征收的基本单位,只是受材料性质所限,目前没有见到以丘为单位的田租征收等方面的籍簿,但是已经出现"租长"等负责征收丘民田租的吏员。

东汉长沙临湘及其周边地区的地貌,主要由山地、丘陵、岗地与平原构成,其间河流与溪水众多,河网密布。受这一地形地貌影响,在土地开发过程中,丘、冢间、渚、州等逐渐形成实际居住聚落。这些新形成的聚落仍然实行"比地为伍"的社会控制策略,如丘内设有小伍长。在社会治安方面,州内设有例游徼,一些交通要道为了防止奸慝发生,还置有例亭长。由此可见,东汉时期基层社会治理仍然大致延续了秦及西汉时期的策略,乡里社会的权力体系与治理结构仍然是一元化的。

结　语

　　聚落是人类生产与生活的场所,随着生产与生活方式的变化,聚落形态必然随之发生变化。进入文明社会以后,由于城市的出现,聚落分化为城市和乡村两种形态。战国秦汉时期,基层聚落有里、聚、落、格、丘、屯等多种名称。《史记》《汉书》"一年而所居成聚,二年成邑,三年成都""稍筑室宅,遂成聚落"等说法,表明时人观念中聚落是与城邑相对的定居场所。聚落建立在一定的地理环境基础上,同时作为整体社会的组成部分,与社会其他部分进行着经济的、社会的、文化的交流与融合。故此,战国秦汉时期的聚落具有自然与社会双重属性。

　　聚落的自然属性是指居址与周边地理环境的关系,反映了人类认识自然以及协调人类社会与自然关系的水平。例如,三杨庄遗址位于黄河弯道的凸岸一侧,十余处房舍的朝向均为坐北朝南偏西 10 度左右,这反映了人们在聚落选址、房舍朝向、居址与道路关系等方面的自然科学知识水平。特定社会生产力背景下,以居址为中心,人类与自然界物质交换的地理半径是有限的,这在农业社会表现得更为突出。间隔性分布是聚落自然属性的主要特征。随着新聚落产生,聚落在地理空间上的间隔会逐渐缩小,从而使聚落分布越来越密集化。

战国秦汉时期,由于铁质生产工具的广泛应用,农业耕作技术进步,促进了社会经济的发展,人口增加推动新聚落不断产生。从出土遗物、遗迹的类型学特征等因素分析,三杨庄遗址汉代聚落产生于西汉后期,就是在上述社会生产力发展背景下,汉代黄河两岸新增人口开发河滩地,并在河滩地兴建聚落的产物。与三杨庄遗址相距约5千米的乔小吴村发现了较多形制相同的建筑构件遗存,表明这里是与三杨庄遗址类似的另一处汉代聚落。也就是说,在当时新开发的河滩地上,人类的居址形式仍然是聚集型聚落,并非普遍意义上的散点式分布。

聚落的社会属性是指人类社会关系在聚落形态中的表现。从人类产生的那一刻起,聚落形态就受到社会关系的影响,聚落形态的变化反映了社会关系的复杂化及文明化进程。从社会与自然相对立的角度分析,聚落是人类组成一定社会关系认识自然、开发自然和应对自然变化的产物。因此,聚落的第一特征必然是聚居,并根据其所处的社会发展水平以某种具体形式表现出来。在这一层次上,聚落的社会属性与自然属性本质是相同的,只是视角不同。前者立足于社会,分析社会对自然的斗争与妥协;后者立足于自然,分析自然对社会的制约与影响。它们共同决定了聚落内部居址必然是以聚集的形式存在的。

聚落社会属性的本质是社会关系与国家权力结构的体现。中心聚落的出现、城邑的产生等反映了社会复杂化、层级化与文明化等历史进程。战国秦汉时期的聚落形态,如居址与其周边自然资源、居址与居址、居址内部结构等,无不体现了一定的社会关系。秦汉时期的"五口之家",说明商鞅变法时期确立的小家庭制度,随着统一的进程,在全国范围内得到了推广。这反映在居址内部结构上,就是出土文献与传世文献所提到的"一堂二内"式房舍建筑结构。三杨庄遗址汉代宅院"二进院"结构及居室、庭院、厨房等功能性房舍的分布,与"五口之家"和"一堂二内"基本符合,充分反映了汉代家庭结构特征。

间里化的聚落反映战国秦汉基层社会的治理体制通过间里外在的建筑结构将居民固定在居住区内,与之配合的是间里内部相互司察的里典、里老(里父老)与什伍组织,共同强化了对居民的人身控制。质言之,战国秦汉时期间里制度推广的根本目的是利用间里的建筑结构和行政组织进行社会控制。商鞅变法促进了聚落形态的间里化,行政权力干预了聚落的发展。这一点在岳麓秦简、里耶秦简中有明确的反映,里老与里典选拔条件、任命程序及所承担责任等法律规定,表明里老并非间里内自然社会秩序的代表,而是国家秩序对基层社会以血缘关系为纽带的自然社会秩序的吸收与整合,秦制与秦政所推行的基层社会治理政策是建立以中央集权为目的的一元化控制。这推动了聚落形态的间里化进程。但在这一政策推行过程中,以法治和吏治为主要特征的秦行政运行机制,忽略了原六国地区地理环境、经济发展水平、风土人情以及基层社会权力结构体系的显著差异,以行政权力强制性地将原有基层社会秩序纳入到国家权力体系中。这必然对原有基层社会秩序造成冲击,破坏了基层社会的稳定性。秦的速亡与此有着密切的关系。西汉建立以后,在道家与儒家思想影响下,基层社会的自然社会秩序得到了强化。基层社会的迅速稳定,奠定了西汉二百多年的繁荣发展局面。可以说,基层治理政策的得失直接决定了社会稳定与否,也必然会对聚落形态产生影响。

西汉中期以后,由于社会稳定和经济的发展,人口出现增长。受聚落自然属性的限制,即地理环境承载力的限制,新增人口必须开垦新土地,并兴建新聚落,以维持自身的存在与发展。此时,对基层社会的控制不再过度依赖于固化的闾里建筑结构,聚落的发展受到行政干预的力度降低,新聚落更多地表现出自然性特征,如三杨庄遗址汉代聚落宅院与农田的分布关系。需要指出的是,三杨庄遗址汉代聚落的形态特征并非仅仅是新开垦土地上的异常状态,它之所以能说明汉代聚落形态的多样性,正是因为它的代表性,即典型性。表面上看,三杨庄遗址汉代聚落各居址的布局似乎并没有规律,但将组成聚落的各种因素纳入视野的话,将会是另一番景象。例如,将道路系统纳入视野,三杨庄遗址十余处居址,基本是沿着南北主干道两侧分布,这与辽阳三道壕遗址聚落居址分布特征类似。如果再将作为聚落物质资料来源的周边环境系统纳入视野,这十余处居址的布局结构是相对比较集中的。与它相距约5千米的乔小吴村存在汉代聚落,说明当时河滩地聚落的分布具有明显的间隔性特征。也就是说,三杨庄遗址汉代聚落仍然具有聚集的特征,这是聚落作为人类聚居地这一本质所决定的。三杨庄遗址汉代聚落之所以表现为散点式分布特征,是因为它仍然处于聚落形成的过程之中,并不是聚落的最终形态。

根据文献记载和地质考古的研究成果,可以肯定三杨庄遗址汉代聚落的废弃,与新莽始建国三年(11年)"河决魏郡"有着密切的关系。故此,三杨庄遗址汉代聚落从西汉后期开始出现,到其被洪水淹没,历史短暂,并没有最终形成。这是它的形态与辽阳三道壕遗址和遂平小寨遗址这种历经二百余年形态固定的聚落存在显著差别的根本原因。这也反映了一个事实,在西汉人口增长、新聚落形成的过程中,与三杨庄遗址类似的聚落应当普遍存在。虽然它是一种过渡状态,但这种状态在某一时间断面上具有广泛性特征,它反映了汉代聚落发展的动态过程,它所表现出来的与闾里化聚落、聚集型聚落不同的特征,使它不仅具有了多样性,也具有了典型性,是汉代聚落形态的一种代表。

长沙东汉简牍反映,受地理环境影响,临湘县及其周边地区聚落、聚落内部房舍都具有沿河流分布的特征。除形态较为规整的闾里外,伴随着人口增长与土地资源的开发过程,分散型的聚落具有一定的普遍性,如丘、冢间、渚与州等广泛存在。此外,一些逃亡的罪犯在山林等藏匿地点也搭建有临时的房舍。从长沙东汉简牍看,里即是户籍登记单位,也是居民实际居住地。丘是实际居住地、农业生产基本单位及赋税征收基本单位的统一体。在丘、冢间、渚、州等新形成的聚落内,仍然实行"比地为伍"的社会控制策略,在交通要道或新开发区域,设置例亭长、例游徼等吏员维持治安。可见,东汉基层社会治理措施仍然延续了秦、西汉的策略,乡里社会的权力结构体系采取的仍然是一元化治理与控制策略。

总之,聚落的自然与社会属性共同决定了聚落形态的演变趋势。战国秦汉时期聚落形态的特征,从空间角度分析,由于疆域辽阔,各区域地理环境差异性较大,全国范围内聚落形态具有多样性特征,大致包括了分散型、聚集型和闾里化聚落三种模式。其中,分散型聚落的发展方向仍然是聚集型聚落。一些脱离了社会组织体系的山野散居聚落当然存在,这与当时国家社会控制力度有关,但这并不是一个稳定社会的常态。从时间角度分析,在行政权力的干预下,秦汉聚落形态的演变趋势存在明显差异。秦制与秦政建立中央集权行政运作机制的目的,使其追求在基层社会建立一元化的权力体系,表现在基层社会治理政策上就是闾里制度的推广,闾里的外部建筑形态与闾里内部吏员的设置是紧密配合的,这必然导致聚落形态的闾里化。汉代鉴于秦速亡的教训,更多地吸收和利用了基层社会的自然社会秩序,这就使汉代聚落表现出了根据社会经济自身发展规律进行演变的特征。

本书以出土资料为中心,采取专题研究的形式,对战国秦汉聚落形态演变规律及其与自然环境、社会组织等因素之间的关系作了分析,由于水平有限,所论所述肯定存在不少不足,乃至错误的地方,恳请方家斧正。笔者将继续关注战国秦汉聚落形态演变及相关问题,在新出资料的基础上,深化认识,以弥补本书研究的不足。

参 考 文 献

一、古典文献

1.（周）左丘明传,（晋）杜预集解,（唐）孔颖达正义:《春秋左传正义》,载（清）阮元校刻:《十三经注疏》,中华书局 1980 年版。

2.（汉）司马迁撰:《史记》,中华书局 1982 年版。

3.（汉）孔安国传,（唐）孔颖达正义:《尚书正义》,载（清）阮元校刻:《十三经注疏》,中华书局 1980 年版。

4.（汉）班固撰:《汉书》,中华书局 1962 年版。

5.（汉）许慎撰,（宋）徐铉校定:《说文解字》,中华书局 2013 年版。

6.（汉）荀悦撰,张烈点校:《汉纪》,中华书局 2002 年版。

7.（汉）史游撰,（唐）颜师古注:《急就篇》,《丛书集成初编》,商务印书馆 1936 年版。

8.（汉）刘熙撰,（清）毕沅疏证,王先谦补:《释名疏证补》,中华书局 2008 年版。

9.（汉）公羊寿传,（汉）何休解诂,（唐）徐彦疏:《春秋公羊传注疏》,载

(清)阮元校刻:《十三经注疏》,中华书局 1980 年版。

10.(汉)赵岐注,(宋)孙奭疏:《孟子注疏》,载(清)阮元校刻:《十三经注疏》,中华书局 1980 年版。

11.(汉)毛亨传,(汉)郑玄笺,(唐)孔颖达正义:《毛诗正义》,载(清)阮元校刻:《十三经注疏》,中华书局 1980 年版。

12.(汉)郑玄笺,(唐)孔颖达正义:《礼记正义》,载(清)阮元校刻:《十三经注疏》,中华书局 1980 年版。

13.(汉)郑玄注,(唐)贾公彦疏:《周礼注疏》,载(清)阮元校刻:《十三经注疏》,中华书局 1980 年版。

14.(晋)郭璞注,(宋)邢昺疏:《尔雅注疏》,载(清)阮元校刻:《十三经注疏》,中华书局 1980 年版。

15.(晋)陈寿撰,(宋)裴松之注:《三国志》,中华书局 1982 年版。

16.(晋)袁宏撰,张烈点校:《后汉纪》,中华书局 2002 年版。

17.(晋)葛洪撰,周天游校注:《西京杂记》,三秦出版社 2006 年版。

18.(南朝宋)范晔撰:《后汉书》,中华书局 1965 年版。

19.(北魏)郦道元著,陈桥驿校证:《水经注校证》,中华书局 2007 年版。

20.(后魏)贾思勰原著,缪启愉校释:《齐民要术校释(第二版)》,中国农业出版社 1998 年版。

21.(宋)洪兴祖撰,白化文等点校:《楚辞补注》,中华书局 1983 年版。

22.(元)马端临撰,上海师范大学古籍研究所、华东师范大学古籍研究所点校:《文献通考》,中华书局 2011 年版。

23.(元)王祯撰:《农书》,清乾隆武英殿活字印本,哈佛大学图书馆藏。

24.(元)王祯撰,缪启愉、缪桂龙译注:《东鲁王氏农书译注》,上海古籍出版社 2008 年版。

25.（明）宋应星撰：《天工开物》，明崇祯十年（1637）涂绍煃刻本。

26.（明）王崇庆等纂：嘉靖十六年《内黄县志》，《天一阁藏明代地方志选刊》，上海古籍书店 1963 年版。

27.（清）段玉裁注：《说文解字注》，中华书局 2013 年版。

28.（清）顾炎武著，（清）黄汝成集释：《日知录集释（外七种）》，上海古籍出版社 2014 年版。

29.（清）胡渭著，邹逸麟整理：《禹贡锥指》，上海古籍出版社 2013 年版。

30.（清）焦循撰，沈文倬点校：《孟子正义》，中华书局 2015 年版。

31.（清）刘宝楠撰，高流水点校：《论语正义》，中华书局 1990 年版。

32.（清）李棻等纂：乾隆四年《内黄县志》，中国国家图书馆藏本。

33.（清）孙诒让撰，王文锦、陈玉霞点校：《周礼正义》，中华书局 1987 年版。

34.（清）郭嵩焘：《史记札记》，商务印书馆 1957 年版。

35.（清）王念孙著，张其昀点校：《广雅疏证》，中华书局 2019 年版。

36.（清）王先谦撰，沈啸寰点校：《庄子集解》，中华书局 2012 年版。

37.（清）王引之撰，虞思征、马涛、徐炜君校点：《经义述闻》，上海古籍出版社 2018 年版。

38. 陈奇猷校注：《韩非子新校注》，上海古籍出版社 2000 年版。

39. 何宁撰：《淮南子集释》，中华书局 1998 年版。

40. 黄怀信、张懋镕、田旭东撰，黄怀信修订，李学勤审定：《逸周书汇校集注（修订本）》，上海古籍出版社 2007 年版。

41. 黄怀信撰：《鹖冠子汇校集注》，中华书局 2004 年版。

42. 黄晖撰:《论衡校释》,中华书局 2017 年版。

43. 黎翔凤撰,梁运华整理:《管子校注》,中华书局 2004 年版。

44. 王利器校注:《盐铁论校注》,中华书局 2015 年版。

45. 王明编:《太平经合校》,中华书局 2014 年版。

46. 徐元诰集解,王树民、沈长云点校:《国语集解》,中华书局 2002 年版。

二、考古资料

47. 安徽省文物考古研究所、泗县文物保护管理所:《安徽泗县刘圩汴河故道遗址发掘简报》,《东南文化》2011 年第 5 期。

48. 陈伟主编,孙占宇、晏昌贵等撰著:《秦简牍合集·释文注释修订本(肆)》,武汉大学出版社 2016 年版。

49. 陈伟主编:《里耶秦简牍校释(第一卷)》,武汉大学出版社 2012 年版。

50. 陈伟主编:《里耶秦简牍校释(第二卷)》,武汉大学出版社 2018 年版。

51. 成都文物考古研究所、新都区文物保护管理所、彭州市文物保护管理所:《四川成都市新都区界牌村汉代遗址发掘简报》,《成都考古发现(2009)》,科学出版社 2011 年版。

52. 东北博物馆:《辽阳三道壕西汉村落遗址》,《考古学报》1957 年第 1 期。

53. 甘肃省文物考古研究所编:《天水放马滩秦简》,中华书局 2009 年版。

54. 河北省文物局、中国人民大学北方民族考古研究所、中山大学人类学系:《方等与张家台》,文物出版社 2017 年版。

55. 河北省文物研究所、邯郸市文物管理处、永年县文物保管所:《永年县榆林遗址发掘简报》,载河北省文物研究所编:《河北省考古文集》,东方出版社 1998 年版。

56. 河北省文物研究所石太考古队:《井陉南良都战国、汉代遗址及元明墓葬发掘报告》,载河北省文物研究所编:《河北省考古文集》,东方出版社 1998 年版。

57. 河南省文物考古研究所、内黄县文物保护管理所:《河南内黄县三杨庄汉代庭院遗址》,《考古》2004 年第 7 期。

58. 河南省文物考古研究所、内黄县文物保护管理所:《河南内黄三杨庄汉代聚落遗址第二处庭院发掘简报》,《华夏考古》2010 年第 3 期。

59. 河南省文物考古研究所、内黄县文物局:《三杨庄汉代遗址》(内部资料),2007 年。

60. 河南省文物研究所:《河南遂平县小寨汉代村落遗址水井群》,《考古与文物》1986 年第 5 期。

61. 湖北省荆州博物馆编著:《荆州高台秦汉墓:宜黄公路荆州段田野考古报告之一》,科学出版社 2000 年版。

62. 湖北省文物考古研究所编:《江陵凤凰山西汉简牍》,中华书局 2012 年版。

63. 湖南省博物馆、湖南省文物考古研究所编著:《长沙马王堆二、三号汉墓》第一卷《田野考古发掘报告》,文物出版社 2004 年版。

64. 湖南省博物馆编:《马王堆汉墓研究》,湖南人民出版社 1981 年版。

65. 湖南省文物考古研究所、湘西土家族苗族自治州文物处:《湘西里耶秦代简牍选释》,《中国历史文物》2003 年第 1 期。

66. 湖南省文物考古研究所、中国人民大学历史系:《湖南益阳兔子山遗址七号井出土简牍述略》,《文物》2021 年第 6 期。

67. 湖南省文物考古研究所编著:《里耶发掘报告》,岳麓书社 2007 年版。

68. 湖南省文物考古研究所编著:《沅陵虎溪山一号汉墓》,文物出版社 2020 年版。

69. 湖南省文物考古研究院编著:《里耶秦简(叁)》,文物出版社 2024 年版。

70. 湖南省文物考古研究院、益阳市文物考古研究所、中国人民大学历史系编著:《益阳兔子山七号井西汉简牍》,上海古籍出版社 2023 年版。

71. 简牍整理小组编:《居延汉简(叁)》,"中研院"历史语言研究所 2016 年版。

72. 江苏省文物管理委员会:《江苏高邮邵家沟汉代遗址的清理》,《考古》1960 年第 10 期。

73. 李均明、何双全编:《秦汉魏晋出土文献散见简牍合辑》,文物出版社 1990 年版。

74. 里耶秦简博物馆、出土文献与中国古代文明研究协同创新中心中国人民大学中心编著:《里耶秦简博物馆藏秦简》,中西书局 2016 年版。

75. 连云港市博物馆、东海县博物馆、中国社会科学院简帛研究中心、中国文物研究所编:《尹湾汉墓简牍》,中华书局 1997 年版。

76. 刘海旺、朱汝生:《河南内黄三杨庄发掘多处西汉庭院民居》,《中国文物报》2006 年 1 月 13 日第 2 版。

77. 刘海旺、朱汝生:《河南内黄三杨庄汉代田宅遗存》,载国家文物局编:《2005 中国重要考古发现》,文物出版社 2006 年版。

78. 刘海旺、朱汝生:《河南三杨庄遗址发掘取得新收获》,《中国文物报》2009 年 1 月 28 日第 2 版。

79. 刘海旺:《河南秦汉考古发现与研究概要》,《华夏考古》2012 年第 2 期。

80. 刘庆柱、段志洪主编:《金文文献集成》第 44 册影印本《金文通释》,线装书局 2005 年版。

81. 吕凯:《山东枣庄发现汉代基层聚落遗址——其规模可能对应汉代行政单位"里"》,《中国文物报》2019 年 8 月 9 日第 8 版。

82. 吕凯:《山东枣庄市海子汉代聚落遗址》,载河南省文物考古研究院、山东省文物考古研究院、安徽省文物考古研究所、江苏省考古研究所、河北省文物研究所、陕西省考古研究院、山西省考古研究所编著:《黄淮七省考古新发现(2018 年)》,大象出版社 2020 年版。

83. 马王堆汉墓帛书整理小组:《长沙马王堆三号汉墓出土地图的整理》,《文物》1975 年第 2 期。

84. 马王堆汉墓帛书整理小组:《马王堆三号汉墓出土驻军图整理简报》,《文物》1976 年 1 期。

85. 马怡、张荣强:《居延新简释校》,天津古籍出版社 2013 年版。

86. 南京博物院、张家港市文广新局、张家港博物馆:《江苏张家港小山村遗址发掘简报》,《东南文化》2015 年第 2 期。

87. 山东省文物考古研究所:《章丘宁家埠遗址发掘报告》,载山东省文物考古研究所编:《济青高级公路章丘工段考古发掘报告集》,齐鲁书社 1993 年版。

88. 睡虎地秦墓竹简整理小组编:《睡虎地秦墓竹简》,文物出版社 1990 年版。

89. 谢桂华、李均明、朱国炤:《居延汉简释文合校》,文物出版社 1987

年版。

90. 杨小亮:《〈五一广场东汉简牍选释〉释文补正》,载李学勤主编:《出土文献》第 10 辑,中西书局 2017 年版。

91. 银雀山汉墓竹简整理小组编:《银雀山汉墓竹简［壹］》,文物出版社 1985 年版。

92. 张家山二四七号汉墓竹简整理小组编著:《张家山汉墓竹简［二四七号墓］(释文修订本)》,文物出版社 2006 年版。

93. 张显成、周群丽:《尹湾汉墓简牍校理》,天津古籍出版社 2011 年版。

94. 长江流域第二期文物考古工作人员训练班:《湖北江陵凤凰山西汉墓发掘简报》,《文物》1974 年第 6 期。

95. 长沙东牌楼东汉简牍研读班:《〈长沙东牌楼东汉简牍〉释文校订稿》,载卜宪群、杨振红主编:《简帛研究二〇〇五》,广西师范大学出版社 2008 年版。

96. 长沙市文物考古研究所、清华大学出土文献研究与保护中心、中国文化遗产研究院、湖南大学岳麓书院编:《长沙五一广场东汉简牍选释》,中西书局 2015 年版。

97. 长沙市文物考古研究所、清华大学出土文献研究与保护中心、中国文化遗产研究院、湖南大学岳麓书院编:《长沙五一广场东汉简牍(壹)》,中西书局 2018 年版。

98. 长沙市文物考古研究所、清华大学出土文献研究与保护中心、中国文化遗产研究院、湖南大学岳麓书院编:《长沙五一广场东汉简牍(贰)》,中西书局 2018 年版。

99. 长沙市文物考古研究所、清华大学出土文献研究与保护中心、中国文化遗产研究院、湖南大学岳麓书院编:《长沙五一广场东汉简牍(叁)》,中西书局 2019 年版。

100. 长沙市文物考古研究所、清华大学出土文献研究与保护中心、中国文化遗产研究院、湖南大学岳麓书院编:《长沙五一广场东汉简牍(肆)》,中西书局 2019 年版。

101. 长沙市文物考古研究所、清华大学出土文献研究与保护中心、中国文化遗产研究院、湖南大学岳麓书院编:《长沙五一广场东汉简牍(伍)》,中西书局 2020 年版。

102. 长沙市文物考古研究所、清华大学出土文献研究与保护中心、中国文化遗产研究院、湖南大学岳麓书院编:《长沙五一广场东汉简牍(陆)》,中西书局 2020 年版。

103. 长沙市文物考古研究所、中国文物研究所编:《长沙东牌楼东汉简牍》,文物出版社 2006 年版。

104. 长沙市文物考古研究所编:《长沙尚德街东汉简牍》,岳麓书社 2016 年版。

105. 中国社会科学院考古研究所、广州市文物考古研究所编:《西汉南越国考古与汉文化》,科学出版社 2010 年版。

106. 中国社会科学院考古研究所、河南省文物考古研究所编:《汉代城市和聚落考古与汉文化》,科学出版社 2012 年版。

107. 中国社会科学院考古研究所、郑州市文物考古研究院编:《中国聚落考古的理论与实践(第一辑)——纪念新砦遗址发掘 30 周年学术研讨会论文集》,科学出版社 2010 年版。

108. 中国社会科学院考古研究所编:《殷周金文集成》第八册,中华书局

1987 年版。

109. 中国社会科学院考古研究所编:《殷周金文集成》第十六册,中华书局 1994 年版。

110. 中国社会科学院考古研究所编:《殷周金文集成释文》,香港中文大学中国文化研究所 2001 年版。

111. 中国文物研究所、湖北省文物考古研究所编:《龙岗秦简》,中华书局 2001 年版。

三、著作

112.《黄河水利史述要》编写组:《黄河水利史述要》,黄河水利出版社 2003 年版。

113. 安作璋、熊铁基:《秦汉官制史稿》,人民出版社 2022 年版。

114. 白云翔:《秦汉考古与秦汉文明研究》,文物出版社 2019 年版。

115. 卜宪群:《秦汉官僚制度》,社会科学文献出版社 2002 年版。

116. 晁福林:《春秋战国的社会变迁》,商务印书馆 2011 年版。

117. 陈来:《古代思想文化的世界:春秋时代宗教、伦理与社会思想》,生活·读书·新知三联书店 2002 年版。

118. 陈松长主编:《岳麓书院藏秦简(肆)》,上海辞书出版社 2015 年版。

119. 陈伟:《秦简牍校读及所见制度考察》,武汉大学出版社 2017 年版。

120. 陈英杰:《西周金文作器用途铭辞研究(上、下)》,线装书局 2008 年版。

121. 陈直:《汉书新证》,中华书局 2008 年版。

122. 程有为:《程有为学术文集》,大象出版社 2017 年版。

123. 董恺忱、范楚玉主编:《中国科学技术史·农学卷》,科学出版社 2000 年版。

124. 杜正胜:《编户齐民——传统政治社会结构之形成》,联经出版事业股份有限公司 1990 年版。

125. 杜正胜:《古代社会与国家》,允晨文化实业股份有限公司 1992 年版。

126. 高亨:《商君书注译》,中华书局 1974 年版。

127. 高敏:《长沙走马楼简牍研究》,广西师范大学出版社 2008 年版。

128. 葛全胜等:《中国历朝气候变化》,科学出版社 2011 年版。

129. 郭沫若:《中国古代社会研究》,上海联合书店 1930 年版。

130. 郭沫若:《奴隶制时代》,新文艺出版社 1952 年版。

131. 郭文韬:《中国古代的农作制和耕作法》,农业出版社 1981 年版。

132. 郭文韬:《中国耕作制度史研究》,河海大学出版社 1994 年版。

133. 何双全:《双玉兰堂文集》,兰台出版社 1991 年版。

134. 侯外庐:《中国古代社会史论》,人民出版社 1955 年版。

135. 侯外庐:《韧的追求》,人民出版社 2015 年版。

136. 侯旭东:《近观中古史——侯旭东自选集》,中西书局 2015 年版。

137. 侯旭东:《北朝村民的生活世界:朝廷、州县与村里(增订版)》,商务印书馆 2022 年版。

138. 胡宝国:《将无同:中古史研究论文集》,中华书局 2020 年版。

139. 黄今言:《秦汉赋役制度研究》,江西教育出版社 1988 年版。

140. 黄今言:《秦汉史文存》,江西人民出版社 2016 年版。

141. 黄盛璋:《历史地理与考古论丛》,齐鲁书社 1982 年版。

142. 金其铭:《农村聚落地理》,科学出版社 1988 年版。

143. 雷于新、肖克之主编:《中国农业博物馆馆藏中国传统农具》,中国农业出版社 2002 年版。

144. 李伯谦:《文明探源与三代考古论集》,文物出版社 2011 年版。

145. 李伯谦:《感悟考古》,上海古籍出版社 2014 年版。

146. 李家浩:《著名中年语言学家自选集·李家浩卷》,安徽教育出版社 2002 年版。

147. 李零:《李零自选集》,广西师范大学出版社 1998 年版。

148. 李学勤:《简帛佚籍与学术史》,江西教育出版社 2001 年版。

149. 李学勤:《李学勤文集》,上海辞书出版社 2005 年版。

150. 李学勤原著,本书导读组读解:《中西学术名篇精读·李学勤卷》,中西书局 2017 年版。

151. 李亚农:《欣然斋史论集》,上海人民出版社 1962 年版。

152. 李宗侗:《中国古代社会新研》,中华书局 2010 年版。

153. 林甘泉:《中国古代政治文化论稿》,安徽教育出版社 2004 年版。

154. 林剑鸣:《秦史稿》,中国人民大学 2009 年版。

155. 林沄:《林沄文集·古史卷》,上海古籍出版社 2019 年版。

156. 凌文超:《走马楼吴简采集簿书整理与研究》,广西师范大学出版社 2015 年版。

157. 凌文超:《秦汉魏晋丁中制衍生史论》,河南人民出版社 2019 年版。

158. 刘敏:《秦汉编户民问题研究——以与吏民、爵制、皇权关系为重点》,中华书局 2014 年版。

159. 刘仙洲:《中国古代农业机械发明史》,科学出版社 1963 年版。

160. 刘兴林:《先秦两汉农业与乡村聚落的考古学研究》,文物出版社 2017 年版。

161. 鲁西奇:《中国历史的空间结构》,广西师范大学出版社 2014 年版。

162. 马新:《中国古代村落形态研究》,商务印书馆 2020 年版。

163. 潘吉星:《天工开物译注》,上海古籍出版社 2013 年版。

164. 齐思和:《中国史探研》,中华书局 1981 年版。

165. 齐涛:《魏晋隋唐乡村社会研究》,山东人民出版社 1995 年版。

166. 秦晖:《传统十论——本土社会的制度、文化及其变革》,复旦大学出版社 2004 年版。

167. 裘锡圭:《古代文史研究新探》,江苏古籍出版社 1992 年版。

168. 裘锡圭:《裘锡圭学术文集·古代历史、思想、民俗卷》,复旦大学出版社 2012 年版。

169. 裘锡圭:《裘锡圭学术文集·简牍帛书卷》,复旦大学出版社 2012 年版。

170. 沈刚:《长沙走马楼三国竹简研究》,社会科学文献出版社 2013 年版。

171. 沈刚:《秦简所见地方行政制度研究》,中国社会科学出版社 2021 年版。

172. 石声汉:《氾胜之书今释》,科学出版社 1956 年版。

173. 史其显主编:《内黄县志》,中州古籍出版社 1993 年版。

174. 宋超:《秦汉史论丛》,中国社会科学出版社 2012 年版。

175. 宋镇豪:《夏商风俗》,上海文艺出版社 2018 年版。

176. 苏卫国:《秦汉乡亭制度研究——以乡亭格局的重释为中心》,黑龙江人民出版社 2010 年版。

177. 谭其骧主编:《中国历史地图集》,中国地图出版社 1982 年版。

178. 谭其骧:《长水集》,人民出版社 1987 年版。

179. 田昌五、臧知非:《周秦社会结构研究》,西北大学出版社 1996 年版。

180. 童书业:《春秋史》,开明书店 1946 年版。

181. 万国鼎:《氾胜之书辑释》,中华书局 1957 年版。

182. 王爱清:《秦汉乡里控制研究》,山东大学出版社 2010 年版。

183. 王彦辉:《秦汉户籍管理与赋役制度研究》,中华书局 2016 年版。

184. 辛田:《春秋战国时期社会转型研究》,陕西人民出版社 2006 年版。

185. 邢义田:《秦汉史论稿》,东大图书股份有限公司 1987 年版。

186. 邢义田:《治国安邦:法制、行政与军事》,中华书局 2011 年版。

187. 徐卫民:《秦汉历史地理研究》,三秦出版社 2005 年版。

188. 严耕望:《中国地方行政制度史·秦汉地方行政制度》,上海古籍出版社 2007 年版。

189. 晏昌贵:《秦简牍地理研究》,武汉大学出版社 2017 年版。

190. 杨宽:《商鞅变法》,上海人民出版社 1955 年版。

191. 杨宽:《战国史》,上海人民出版社 1955 年版。

192. 杨宽:《战国史料编年辑证》,上海人民出版社 2016 年版。

193. 杨小亮:《五一广场东汉简牍册书复原研究》,中西书局 2022 年版。

194. 杨振红:《出土简牍与秦汉社会(续编)》,广西师范大学出版社 2015 年版。

195. 于振波:《走马楼吴简初探》,文津出版社 2004 年版。

196. 于振波:《简牍与秦汉社会》,湖南大学出版社 2012 年版。

197. 虞云国:《学史帚稿》,黄山书社 2009 年版。

198. 袁延胜:《秦汉简牍户籍资料研究》,人民出版社 2018 年版。

199. 臧知非:《战国秦汉行政、兵制与边防》,苏州大学出版社 2017 年版。

200. 张继海:《汉代城市社会》,社会科学文献出版社 2006 年版。

201. 张金光:《秦制研究》,上海古籍出版社 2004 年版。

202. 张荣强:《汉唐籍帐制度研究》,商务印书馆 2010 年版。

203. 张文军主编:《河南博物院》,长征出版社 2009 年版。

204. 张修桂:《中国历史地貌与古地图研究》,社会科学文献出版社 2006 年版。

205. 张政烺:《张政烺文史论集》,中华书局 2004 年版。

206. 长沙市文物考古研究所、中国文化遗产研究院编,刘涛、王素主编:《长沙东牌楼东汉简牍书法艺术》,文物出版社 2010 年版。

207. 赵秀玲:《中国乡里制度》,社会科学文献出版社 1998 年版。

208. 中国大百科全书总编辑委员会《地理学》编辑委员会、中国大百科全书出版社编辑部编:《中国大百科全书·地理学》,中国大百科全书出版社 1990 年版。

209. 中国农业博物馆编:《汉代农业画像砖石》,中国农业出版社 1996 年版。

210. 周长山:《汉代城市研究》,人民出版社 2001 年版。

211. 周振鹤:《周振鹤自选集》,广西师范大学出版社 1999 年版。

212. 周振鹤、李晓杰、张莉:《中国行政区划通史·秦汉卷》,复旦大学出版社 2017 年版。

213. 周振鹤:《中国地方行政制度史》,上海人民出版社 2019 年版。

214. 朱东润主编:《中国历代文学作品选(上编)》第 2 册,上海古籍出版社 1979 年版。

215. 朱凤瀚:《商周家族形态研究》,商务印书馆 2022 年版。

216. 朱桂昌:《秦汉史考订文集》,云南大学出版社 2009 年版。

217. 朱绍侯:《军功爵制研究(增订版)》,商务印书馆 2017 年版。

218. 邹逸麟:《椿庐史地论稿》,天津古籍出版社 2005 年版。

219. 邹逸麟:《中国历史地理概述(修订版)》,上海教育出版社 2005 年版。

220. 邹逸麟、张修桂主编:《中国历史自然地理》,科学出版社 2013 年版。

221. [德]卡尔·雅斯贝斯:《历史的起源与目标》,魏楚雄等译,华夏出版社 1989 年版。

222. [美]张光直:《考古学:关于其若干基本概念和理论的再思考》,曹兵译,陈星灿校,生活·读书·新知三联书店 2013 年版。

223. [美]张光直:《中国青铜时代》,生活·读书·新知三联书店 2013 年版。

224. [日]池田雄一:《中国古代的聚落与地方行政》,郑威译,复旦大学出版社 2017 年版。

225. [日]宫崎市定:《宫崎市定亚洲史论考》,张学锋、马云超等译,上海古籍出版社 2017 年版。

226. [日]泷川资言考证,杨海峥整理:《史记会注考证》,上海古籍出版社 2015 年版。

227. [日]守屋美都雄:《中国古代的家族与国家》,钱杭、杨晓芬译,上海古籍出版社 2010 年版。

228.［日］西嶋定生:《中国古代帝国的形成与结构——二十等爵制研究》,武尚清译,中华书局 2004 年版。

229.［日］佐竹靖彦主编:《殷周秦汉史学的基本问题》,中华书局 2008 年版。

230.［英］戈登·柴尔德:《考古学导论》,安志敏、安家瑗译,陈淳审校,上海三联书店 2013 年版。

四、论文

231. 白岩:《三杨庄汉代聚落的废弃与东汉黄河改道》,载中国社会科学院考古研究所、河南省文物考古研究所编:《汉代城市和聚落考古与汉文化》,科学出版社 2012 年版。

232. 白云翔:《秦汉时期聚落的考古发现及初步认识》,载中国社会科学院考古研究所、河南省文物考古研究所编:《汉代城市和聚落考古与汉文化》,科学出版社 2012 年版。

233. 卜宪群:《秦汉之际乡里吏员杂考——以里耶秦简为中心的探讨》,《南都学坛》2006 年第 1 期。

234. 卜宪群:《春秋战国乡里社会的变化与国家基层权力的建立》,《清华大学学报》2007 年第 2 期。

235. 卜宪群:《从简牍看秦代乡里的吏员设置与行政功能》,载中国社会科学院考古研究所、中国社会科学院历史研究所、湖南省文物考古研究所编:《里耶古城·秦简与秦文化研究》,科学出版社 2009 年版。

236. 卜宪群:《简帛与秦汉地方行政制度史研究》,《国学学刊》2010 年第 4 期。

237. 蔡旭:《里居与田居:秦简牍所见农民居所补论》,邬文玲、戴卫红主编:《简帛研究二〇二一(秋冬卷)》,广西师范大学出版社 2022 年版。

238. 曹婉如:《有关天水放马滩秦墓出土地图的几个问题》,《文物》1989年第 12 期。

239. 陈絜:《里耶"户籍简"与战国末期的基层社会》,《历史研究》2009 年第 5 期。

240. 陈絜:《周代农村基层聚落初探——以西周金文资料为中心的考察》,朱凤瀚主编:《新出金文与西周历史》,上海古籍出版社 2011 年版。

241. 陈侃理:《秦汉里吏与基层统治》,《历史研究》2022 年第 1 期。

242. 陈松长:《长沙走马楼西汉古井出土简牍概述》,《考古》2021 年第 3 期。

243. 陈文华:《从出土文物看汉代农业生产技术》,《文物》1985 年第 8 期。

244. 陈英杰:《金文中"君"字之意义及其相关问题探析》,《中国文字》新 33 期,艺文印书馆 2007 年版。

245. 陈直:《论居延汉简八事》,《北京大学学报》1963 年第 4 期。

246. 程有为:《内黄三杨庄水灾遗址与西汉黄河水患》,《中州学刊》2008 年第 4 期。

247. 程有为:《内黄三杨庄汉代庭院遗址与汉代聚落样式探讨》,载中国社会科学院考古研究所、河南省文物考古研究所编:《汉代城市和聚落考古与汉文化》,科学出版社 2012 年版。

248. 戴世君:《云梦秦律新解(六则)》,《江汉考古》2008 年第 4 期。

249. 戴卫红:《五一广场东汉简所见"例"职》,《中国社会科学报》2022 年 3 月 25 日第 5 版;又载清华大学出土文献研究与保护中心主编:《长沙五一广场简与东汉历史文化学术研讨会论文集》，清华大学出版社 2023 年版。

250. 杜正胜：《周秦城市——中国第二次"城市革命"》，载《古代社会与国家》，允晨文化实业股份有限公司 1992 年版。

251. 符奎：《三杨庄遗址形成的原因与过程》，《南昌师范学院学报》2014年第 4 期。

252. 符奎：《三杨庄遗址汉代聚落的形态》，《中国农史》2019 年第 5 期。

253. 高敏：《从嘉禾年间〈吏民田家莂〉看长沙郡一带的民情风俗与社会经济状况》，《中州学刊》2000 年第 5 期。

254. 郭涛：《北京大学藏秦〈水陆里程简册〉与秦汉时期的"落"》，《史学月刊》2018 年第 6 期。

255. 郭涛：《新出简牍与江汉聚落景观体系的重建》，《华中师范大学学报》2018 年第 4 期。

256. 韩国河、张继华：《汉代聚落考古的几个问题》，《中原文物》2015 年第 6 期。

257. 韩国磐：《试论春秋战国时土地制度的变化》，《厦门大学学报》1959年第 2 期。

258. 韩同超：《汉代华北的耕作与环境：关于三杨庄遗址内农田垄作的探讨》，《中国历史地理论丛》2010 年第 1 辑。

259. 何双全：《〈汉简·乡里志〉及其研究》，载甘肃文物考古研究所编：《秦汉简牍论文集》，甘肃人民出版社 1989 年版。

260. 何双全：《天水放马滩秦墓出土地图初探》，《文物》1989 年第 2 期。

261. 侯旭东：《长沙走马楼三国吴简"里""丘"关系再研究》，载武汉大学中国三至九世纪研究所编：《魏晋南北朝隋唐史资料》第 23 辑，武汉大学文科学报编辑部编辑出版 2006 年版。

262. 侯旭东:《北京大葆台汉墓竹简释义——汉代聚落自名的新证据》,《中国历史文物》2009 年第 5 期。

263. 侯旭东:《汉魏六朝的自然聚落——兼论"邨""村"关系与"村"的通称化》,载黄宽重主编:《中国史新论·基层社会分册》,联经出版事业股份有限公司 2009 年版。

264. 胡宝国:《〈史记〉〈汉书〉籍贯书法与区域观念变动》,载《周一良先生八十生日纪念论文集》,中国社会科学出版社 1993 年版。

265. 黄今言:《汉代聚落形态试说》,《史学月刊》2013 年第 9 期。

266. 黄盛璋:《江陵凤凰山汉墓简牍及其在历史地理研究上的价值》,《文物》1974 年第 6 期。

267. 蒋丹丹:《五一广场东汉简牍所见流民及客——兼论东汉时期长沙地区流动人口管理》,载邬文玲、戴卫红主编:《简帛研究二○一七(秋冬卷)》,广西师范大学出版社 2018 年版。

268. 晋文:《沅陵汉简〈计簿〉中的人口与"事算"新证》,《中国社会科学报》2021 年 12 月 22 日第 10 版。

269. 黎明钊:《里耶秦简:户籍档案的探讨》,《中国史研究》2009 年第 2 期。

270. 李伯谦:《关于文明形成的判断标准问题》,载中国社会科学院考古研究所、郑州市文物考古研究院编:《中国聚落考古的理论与实践(第一辑)——纪念新砦遗址发掘 30 周年学术研讨会论文集》,科学出版社 2010 年版。

271. 李恒全:《汉文帝未曾连续十余年不收田租再论》,《中国农史》2012

年第 2 期。

272. 李家浩:《先秦文字中的"县"》,《文史》第 28 辑,中华书局 1987 年版。

273. 李均明:《长沙五一广场东汉简牍所见身份认定述略》,载中国文化遗产研究院编:《出土文献研究》第 17 辑,中西书局 2018 年版。

274. 李均明:《五一广场东汉简牍所见"例亭"等解析》,《出土文献》2020 年第 4 期。

275. 李兰芳:《长沙五一广场出土 J1③:285 号木牍再释》,载西北师范大学历史文化学院、甘肃简牍博物馆、河西学院河西史地与文化研究中心、兰州城市学院简牍研究所编:《简牍学研究》第 7 辑,甘肃人民出版社 2018 年。

276. 李零:《西周金文中的职官系统》,载《李零自选集》,广西师范大学出版社 1998 年版。

277. 李晓筠:《论秦汉时期乡村机构的设置——从简牍等考古材料说开去》,《鲁东大学学报》2011 年第 2 期。

278. 李学勤:《〈奏谳书〉解说(上)》,《文物》1993 年第 8 期。

279. 连先用:《长沙五一广场简所见东汉临湘属乡考论》,载本书编委会编:《张旭华教授七十寿辰纪念文集》,郑州大学出版社 2022 年版。

280. 林甘泉:《从〈左传〉看中国古代城邦的政治体制》,《中国社会科学院研究生院学报》1998 年第 6 期;收入《庆祝杨向奎先生教研六十年论文集》编委会编:《庆祝杨向奎先生教研六十年论文集》,河北教育出版社 1998 年版。

281. 林甘泉:《秦汉帝国的民间社区和民间组织》,《燕京学报》新 8 期,北京大学出版社 2000 年版。

282. 林沄:《"百姓"古义新解——兼论中国早期国家的社会基础》,《吉林大学社会科学学报》2005 年第 4 期。

283. 刘海旺:《首次发现的汉代农业闾里遗址——中国河南内黄三杨庄汉代聚落遗址初识》,载《法国汉学》丛书编辑委员会编:《法国汉学》第 11 辑《考古发掘与历史复原》,中华书局 2006 年版。

284. 刘海旺:《新发现的河南内黄三杨庄汉代遗址性质初探》,载卜宪群、杨振红主编:《简帛研究二〇〇六》,广西师范大学出版社 2008 年版。

285. 刘海旺:《由三杨庄遗址的发现试谈汉代"田宅"空间分布关系》,载中国社会科学院考古研究所、广州市文物考古研究所编:《西汉南越国考古与汉文化》,科学出版社 2010 年版。

286. 刘海旺:《由三杨庄遗址考古发现试谈汉代聚落》,载中国社会科学院考古研究所、河南省文物考古研究所编:《汉代城市和聚落考古与汉文化》,科学出版社 2012 年版。

287. 刘海旺:《中原地区汉代聚落试探》,《中原文物》2016 年第 5 期。

288. 刘海旺:《三杨庄汉代聚落遗址考古新进展与新思考》,《中国史研究动态》2017 年第 3 期。

289. 刘乐贤:《长沙五一广场所出东汉孙诗供辞不实案再考》,载中国文化遗产研究院编:《出土文献研究》第 12 辑,中西书局 2013 年版。

290. 刘敏:《秦汉时期的"赐民爵"及"小爵"》,《史学月刊》2009 年第 11 期。

291. 刘庆柱:《汉代城市与聚落考古研究》,载中国社会科学院考古研究所、河南省文物考古研究所编:《汉代城市和聚落考古与汉文化》,科学出版社 2012 年版。

292. 刘瑞:《里耶古城北城壕出土户籍简牍的时代与性质》,《考古》2012

年第 9 期。

293. 刘欣宁:《居延汉简所见住居与里制——以"田舍"为线索》,载李宗焜主编:《古文字与古代史》第 3 辑,"中研院"历史语言研究所 2012 年版。

294. 刘兴林:《汉代铁犁安装和使用中的相关问题》,《考古与文物》2010 年第 4 期。

295. 刘兴林:《汉代农业聚落形态的考古学观察》,《东南文化》2011 年第 6 期。

296. 刘耀亮、许清海、李曼玥、张生瑞、刘海旺、朱建佳、Tristram Kidder:《河南省内黄县三杨庄全新世以来的孢粉学记录》,《第四纪研究》2013 年第 3 期。

297. 刘自稳:《试析里耶秦简的所属机构》,《国学学刊》2020 年第 3 期。

298. 鲁西奇:《散村与集村:传统中国的乡村聚落形态及其演变》,《华中师范大学学报》2013 年第 4 期。

299. 陆德富:《〈北京大葆台汉墓竹简释义〉读后》,《中国国家博物馆馆刊》2011 年第 10 期。

300. 罗开玉:《秦国"什伍"、"伍人"考——读云梦秦简札记》,《四川大学学报》1981 年第 2 期。

301. 罗小华:《五一广场简牍所见名物考释(一)》,载李学勤主编:《出土文献》第 14 辑,中西书局 2019 年版。

302. 罗小华:《五一广场简牍所见名物考释(三)》,载中国文化遗产研究院编:《出土文献研究》第 18 辑,中西书局 2019 年版。

303. 骆明、陈红军:《汉代农田布局的一个缩影——介绍淮阳出土三进陶院落模型的田园》,《农业考古》1985 年第 1 期。

304. 马力:《长沙五一广场东汉简牍"孙诗供辞不实案"考证》,载王捷主编:《出土文献与法律史研究》第 9 辑,法律出版社 2020 年版。

305. 马力:《五一广场简〈延平元年守史勤言调署伍长人名数书〉复原——兼论东汉临湘县的伍长与地方司法》,载王沛主编,黄海执行主编:《出土文献与法律史研究》第 10 辑,法律出版社 2021 年版。

306. 马新、齐涛:《汉唐村落形态略论》,《中国史研究》2006 年第 2 期。

307. 马新:《试论战国秦汉时期的村落结构》,《中国史研究》2023 年第 3 期。

308. 齐思和:《商鞅变法考》,《燕京学报》1947 年第 33 期。

309. 秦晖:《传统中华帝国的乡村基层控制:汉唐间的乡村组织》,《中国乡村研究》2003 年第 1 期。

310. 裘锡圭:《关于商代的宗族组织与贵族和平民两个阶级的初步研究》,《文史》第 17 辑,中华书局 1983 年版。

311. 裘锡圭:《湖北江陵凤凰山十号汉墓出土简牍考释》,《文物》1974 年第 7 期。

312. 冉艳红:《秦代乡里编组的形成:聚落设计与行政体制》,《中国历史地理论丛》2022 年第 4 辑。

313. 冉艳红:《典、老选任与秦代国家统治的赋役逻辑——岳麓秦简〈尉卒律〉"置典老"条试释》,《中国社会经济史研究》2023 年第 3 期。

314. 沈刚:《长沙走马楼三国吴简所见乡、丘、里关系臆解》,载中国魏晋南北朝史学会等编:《中国魏晋南北朝史学会第十届年会暨国际学术研讨会论文集》,北岳文艺出版社 2011 年版。

315. 沈刚:《里耶秦简所见民户簿籍管理问题》,《中国经济史研究》2015

年第 4 期。

316. 沈刚:《从塑造到瓦解:汉代居住区形态的一种解说》,载中国中古史集刊编委会编:《中国中古史集刊》第 3 辑,商务印书馆 2017 年版。

317. 沈刚:《再论吴简中的丘——从长沙五一广场东汉简牍谈起》,载复旦大学历史学系等编:《中国中古史研究》第 9 卷,中西书局 2021 年版。

318. 史晓雷:《我国至晚在金代初年已经出现砘车》,《中国科技史杂志》2011 年第 3 期。

319. 宋超:《长沙走马楼吴简中的"丘"与"里"》,载长沙市文物考古研究所编:《长沙三国吴简暨百年来简帛发现与研究国际学术研讨会论文集》,中华书局 2005 年版。

320. 宋超:《走马楼吴简中的"丘"与"里"再探讨》,载长沙简牍博物馆、北京吴简研讨班编:《吴简研究》第 2 辑,崇文书局 2006 年版。

321. 宋镇豪:《商代邑制所反映的社会性质》,《中国史研究》1994 年第 1 期。

322. 苏俊林:《简牍所见秦及汉初"有爵寡"考论》,《中国史研究》2019 年第 2 期。

323. 苏卫国、岳庆平:《走马楼吴简乡丘关系初探》,《湖南大学学报》2005 年第 5 期。

324. 孙家洲:《从内黄三杨庄聚落遗址看汉代农村民居形式的多样性》,《中国人民大学学报》2011 年第 1 期。

325. 孙涛:《释五一广场汉简第 22 号简"潳丘"》,简帛网 2017 年 12 月 16 日,http://www.bsm.org.cn/? hanjian/7686.html。

326. 孙铁林、屈军卫:《西汉置东武阳县考》,《濮阳职业技术学院学报》

2013 年第 2 期。

327. 孙铁林、屈军卫:《从黄河下游河道历史变迁探寻古漯川流经轨迹》,《濮阳职业技术学院学报》2016 年第 3 期。

328. 孙闻博:《中国古代县制起源新论》,《历史研究》2024 年第 1 期。

329. 谭其骧:《马王堆汉墓出土地图所说明的几个历史地理问题》,《文物》1975 年第 6 期。

330. 仝晰纲:《秦汉乡官里吏考》,《山东师大学报》1995 年第 6 期。

331. 仝晰纲:《春秋战国时期乡村社区的变异及其社会职能》,《文史哲》1999 年第 4 期。

332. 王爱清:《关于秦汉里与里吏的几个问题》,《社会科学辑刊》2006 年第 4 期。

333. 王邨、王松梅:《近五千余来我国中原地区气候在年降水量方面的变迁》,《中国科学》1987 年第 1 期。

334. 王国维讲授、刘盼遂记:《观堂学书记》,《国学论丛》1930 年第 2 卷第 2 号。

335. 王进锋:《西周时期里的管理形态——兼论里与邑的关系》,《社会科学》2018 年第 1 期。

336. 王萍:《岳麓秦简〈尉卒律〉"削爵"考》,载邬文玲、戴卫红主编:《简帛研究二〇二〇(秋冬卷)》,广西师范大学出版社 2021 年版。

337. 王祁:《"里君百姓"与西周"里"组织形成》,《历史研究》2024 年第 4 期。

338. 王素:《长沙走马楼三国吴简研究的回顾与展望》,载北京吴简研讨班编:《吴简研究》第 1 辑,崇文书局 2004 年版。

339. 王星光、符奎:《三杨庄遗址所反映的汉代农田耕作法》,《中国农史》2013 年第 1 期。

340. 王彦辉:《田啬夫、田典考释——对秦及汉初设置两套基层管理机构的一点思考》,《东北师大学报》2010 年第 2 期。

341. 王彦辉:《秦汉时期的乡里控制与邑、聚变迁》,《史学月刊》2013 年第 5 期。

342. 王彦辉:《早期国家理论与秦汉聚落形态研究——兼议宫崎市定的"中国都市国家论"》,《中国社会科学》2014 年第 6 期。

343. 王彦辉:《聚落与交通视阈下的秦汉亭制变迁》,《历史研究》2017 年第 1 期。

344. 王勇:《内黄三杨庄汉代遗址农耕环境论析》,《中国农史》2014 年第 6 期。

345. 王涌泉、徐福龄:《王景治河辨》,《人民黄河》1979 年第 2 期。

346. 王子今:《大葆台汉墓竹简"樵中格"的理解与"汉代聚落自名"问题》,《中国国家博物馆馆刊》2011 年第 10 期。

347. 王子今:《内黄三杨庄遗址考古发现与秦汉乡村里居形式的考察》,载中国社会科学院考古研究所、河南省文物考古研究所编:《汉代城市和聚落考古与汉文化》,科学出版社 2012 年版。

348. 邬文玲:《张家山汉简〈二年律令〉释文补遗》,载卜宪群、杨振红主编:《简帛研究二○○四》,广西师范大学出版社 2006 年版。

349. 吴忱、许清海、马永红、阳小兰、梁文栋:《黄河下游河道变迁的古河道证据及河道整治研究》,载中国地理学会历史地理专业委员会《历史地理》编辑委员会编:《历史地理》第 17 辑,上海人民出版社 2001 年版。

350. 吴海燕:《"丘"非"乡"而为"里"辨》,《史学月刊》2003 年第 6 期。

351. 吴益中:《秦什伍连坐制度初探》,《北京师院学报》1988 年第 2 期。

352. 武同举:《河史述要(续)》,《国学论衡》1936 年第 7 期。

353. 邢义田:《汉代的父老、僤与聚族里居——〈汉侍廷里父老僤买田约束石券〉读记》,《汉学研究》1983 年第 1 卷第 2 期。

354. 邢义田:《龙山里耶秦代迁陵县城遗址出土某乡南阳里户籍简试探》,简帛网 2007 年 11 月 3 日,http://www.bsm.org.cn/? qinjian/4954.html。

355. 邢义田:《从出土资料看秦汉聚落形态和乡里行政》,载黄宽重主编:《中国史新论·基层社会分册》,联经出版事业股份有限公司 2009 年版。

356. 徐畅:《东汉三国长沙临湘县的辖乡与分部——兼论县下分部的治理方式与县廷属吏构成》,《中国史研究》2022 年第 4 期。

357. 徐福龄:《河南境黄河古堤》,《人民黄河》1984 年第 1 期。

358. 徐福龄、杨国顺:《考察武陟至馆陶黄河故道的简况》,《人民黄河》1985 年第 1 期。

359. 徐海亮:《黄河故道滑澶段的初步考查与分析》,载中国地理学会历史地理专业委员会《历史地理》编辑委员会编:《历史地理》第 6 辑,上海人民出版社 1988 年版。

360. 徐日辉:《"邽丘"辨——读天水〈放马滩秦墓出土简图〉札记》,载中国地理学会历史地理专业委员会《历史地理》编辑委员会编:《历史地理》第 14 辑,上海人民出版社 1998 年版。

361. 徐卫民:《秦内史置县研究》,《中国历史地理论丛》2005 年第 1 辑。

362. 徐喜辰:《论国野、乡里与郡县的出现》,《社会科学战线》1987 年第 3 期。

363. 晏昌贵、郭涛:《里耶简牍所见秦迁陵县乡里考》,载武汉大学简帛研究中心:《简帛》第 10 辑,上海古籍出版社 2015 年版。

364. 晏昌贵:《天水放马滩木板地图新探》,《考古学报》2016 年第 3 期。

365. 杨剑虹:《从简牍看秦汉时期的乡与里组织》,载陕西历史博物馆馆刊编辑部编:《陕西历史博物馆馆刊》第 3 辑,西北大学出版社 1996 年版。

366. 杨先云:《虎溪山汉简〈计簿〉所载沅陵侯国》,简帛网 2021 年 3 月 1 日,http://www.bsm.org.cn/? hanjian/8349.html。

367. 杨振红:《秦汉官僚体系中的公卿大夫士爵位系统及其意义——中国古代官僚政治社会构造研究之一》,《文史哲》2008 年第 5 期。

368. 杨振红:《吴简中的吏、吏民与汉魏时期官、吏的分野——中国古代官僚政治社会构造研究之二》,《史学月刊》2012 年第 1 期。

369. 杨振红:《秦汉时期的"尉""尉律"与"置吏""除吏"——兼论"吏"的属性》,载武汉大学简帛研究中心主办:《简帛》第 8 辑,上海古籍出版社 2013 年版。

370. 于振波:《从简牍看汉代的户赋与刍稿税》,《故宫博物院院刊》2005 年第 2 期。

371. 于振波:《走马楼吴简中的里与丘》,《文史》2005 年第 1 辑。

372. 虞云国:《春秋县制新探》,《晋阳学刊》1986 年第 6 期。

373. 袁延胜、崔林:《长沙五一广场东汉简牍中的户籍问题》,载邬文玲、戴卫红主编:《简帛研究二〇二〇(秋冬卷)》,广西师范大学出版社 2021 年版。

374. 臧知非:《先秦什伍乡里制度试探》,《人文杂志》1994 年第 1 期。

375. 臧知非:《周代里制性质索隐》,《史学集刊》2024 年第 2 期。

376. 张斌:《汉代的田庐》,《中国农史》2016 年第 2 期。

377. 张春龙:《里耶秦简中迁陵县学官和相关记录》,载李学勤主编:《出土文献》第 1 辑,中西书局 2010 年版。

378. 张春树:《汉代边地上乡和里的结构——居延汉简集论之二》,原载《大陆杂志》第 32 卷第 3 期,收入《大陆杂志史学丛书》第 3 辑第 2 册《秦汉中古史研究论集》,大陆杂志社 1970 年版。

379. 张凤:《秦汉时期农业文化与游牧文化聚落的比较研究》,《考古》2011 年第 1 期。

380. 张金光:《秦乡官制度及乡、亭、里关系》,《历史研究》1997 年第 6 期。

381. 张荣强:《孙吴"嘉禾吏民田家莂"中的几个问题》,《中国史研究》2001 年第 3 期。

382. 张荣强:《湖南里耶所出"秦代迁陵县南阳里户版"研究》,《北京师范大学学报》2008 年第 4 期。

383. 张潇:《河北平原中南部汉代聚落遗址的初步认识》,载河北省文物局、中国人民大学北方民族考古研究所、中山大学人类学系编:《方等与张家台》,文物出版社 2017 年版。

384. 张政烺:《古代中国的十进制氏族组织》,《历史教学》1951 年第 2 卷第 3、4、6 期。

385. 赵平安、罗小华:《长沙五一广场出土 J1③:285 号木牍解读》,《齐鲁学刊》2013 年第 4 期。

386. 郑君雷:《辽东汉代乡聚的性质、形态和社会生活——辽阳三道壕遗址补议》,载魏坚、吕学明主编:《东北亚古代聚落与城市考古国际学术研讨会论文集》,科学出版社 2014 年版。

387. 郑肇经:《贾让三策与河流的综合利用》,《华东水院学报》1957 年第 1 期。

388. 周长山:《汉代的里》,《大同职业技术学院学报》2001 年第 2 期。

389. 周振鹤:《西汉地方行政制度的典型实例——读尹湾六号汉墓出土木牍》,《学术月刊》1997 年第 5 期。

390. 周振鹤:《县制起源三阶段说》,《中国历史地理论丛》1997 年第 3 辑。

391. 朱凤瀚:《先秦时代的"里"——关于先秦基层地域组织之发展》,载唐嘉弘主编:《先秦史研究》,云南民族出版社 1987 年版。

392. 朱桂昌:《古"聚"考说》,载云南大学历史系编:《纪念李埏教授从事学术活动五十周年史学论文集》,云南大学出版社 1992 年版。

393. 朱桂昌:《关于帛书〈驻军图〉的几个问题》,《考古》1979 年第 6 期。

394. 朱莉娜、贾俊侠:《汉代关中地区聚落形态及其政治经济景观》,《唐都学刊》2013 年第 3 期。

395. 朱绍侯:《西汉初年军功爵制的等级划分——〈二年律令〉与军功爵制研究之一》,《河南大学学报》2002 年第 5 期。

396. 朱绍侯:《〈秦汉时期的"赐民爵"及"小爵"〉读后——兼论汉代爵制与妇女的关系》,《史学月刊》2009 年第 11 期。

397. 庄小霞:《长沙五一广场东汉简 CWJ1③:285 号木牍文书结构新探》,载中国社会科学院历史研究所学刊编委会编:《中国社会科学院历史研究所学刊》第 11 集,中国社会科学出版社 2019 年版。

398. 邹逸麟:《黄河下游河道变迁及其影响概述》,《复旦学报》1980 年"历史地理专辑"。

399. [韩]金秉骏:《汉代聚落分布的变化——以墓葬与县城距离的分析

为线索》,《考古学报》2015 年第 1 期。

400.［美］齐德淳（Tristram R. Kidder）、李明霖：《三杨庄汉代遗址地学考古和古环境研究》,载中国社会科学院考古研究所、河南省文物考古研究所编：《汉代城市和聚落考古与汉文化》,科学出版社 2012 年版。

401.［美］张光直：《关于中国初期"城市"这个概念》,《文物》1985 年第 2 期。

402.［美］张光直：《考古学中的聚落形态》,胡鸿保、周燕译,陈星灿校,《华夏考古》2002 年第 1 期。

403.［日］渡边信一郎：《中国第一次古代帝国的形成——以龙山文化时期到汉代的聚落形态研究为视角》,魏永康译,杨振红审校,载《中国史研究》2013 年第 4 期。

404.［日］宫川尚志：《六朝时代的村》,夏日新译,载刘俊文主编：《日本学者研究中国史论著选译》第 4 卷《六朝隋唐》,中华书局 1992 年版。

405.［日］宫崎市定：《关于中国聚落形体的变迁》,黄金山译,载刘俊文主编：《日本学者研究中国史论著选译》第 3 卷《上古秦汉》,中华书局 1993 年版。

406.［日］宫崎市定：《中国聚落形态的变迁——关于邑、国、乡、亭、村的考察》,张学锋、马云超等译：《宫崎市定亚洲史论考》,上海古籍出版社 2017 年版。

407.［日］江村治树：《古代城市社会》,载［日］佐竹靖彦主编：《殷周秦汉史学的基本问题》,中华书局 2008 年版。

408.［日］松丸道雄：《殷周春秋史总说》,载［日］佐竹靖彦主编：《殷周秦汉史学的基本问题》,中华书局 2008 年版。

409. ［日］增渊龙夫:《说春秋时代的县》,索介然译,载刘俊文主编:《日本学者研究中国史论著选译》第 3 卷《上古秦汉》,中华书局 1993 年版。

五、学位论文

410. 陈剑:《先秦时期县制的起源与转变》,吉林大学 2009 年博士学位论文。

411. 程嘉芬:《汉代司隶地区聚落体系的考古学研究》,吉林大学 2015 年博士学位论文。

412. 符奎:《秦汉农业聚落的形态与耕作技术——以三杨庄遗址为中心的探讨》,郑州大学 2013 年博士学位论文。

413. 李明霖:《平原地区全新世水文环境演变与人类活动研究——以田螺山遗址、三杨庄遗址为例》,北京大学 2012 年博士学位论文。

414. 刘海旺:《汉代农耕聚落考古学研究》,郑州大学 2017 年博士学位论文。

415. 陶传祥:《汉代基层聚落变迁研究》,兰州大学 2017 年硕士学位论文。

416. 王爱清:《秦汉里制研究》,苏州大学 2005 年硕士学位论文。

417. 王焕:《鲁东南苏北沿海地区汉代聚落形态研究》,山东大学 2014 年硕士学位论文。

418. 辛田:《春秋战国时期社会转型研究》,陕西师范大学 2006 年博士学位论文。

419. 徐俊刚:《〈长沙东牌楼东汉简牍〉集释》,吉林大学 2014 年硕士学位论文。

420. 张信通：《秦汉里治研究》，河南大学 2013 年博士学位论文。

六、外文资料

421.［日］白川静：《金文通释》，白鹤美术馆 1969 年刊行。

422.［日］池田雄一：《中国古代の聚落と地方行政》，汲古书院 2002 年版。

423.［日］宫崎市定：《中国における聚落形体の变迁について——邑・国と郷・亭と村とに对する考察》，《大谷史学》1957 年 6 月第 6 号。

424.［日］关尾史郎：《长沙吴简所“丘”をめぐる诸问题》，长沙吴简研究会：《嘉禾吏民田家莂研究——长沙吴简研究报告集》第 1 集，东京，2001 年。

425.［日］日比野丈夫：《乡亭里についての研究》，《东洋史研究》1955 年第 14 卷第 1、2 号合刊。

426.［日］松本光雄：《中国古代の邑と民・人との关係》，《山梨大学学芸学部研究报告》三，1952 年。

427.［日］松本光雄：《中国古代社会における分邑と宗と赋について》，《山梨大学学芸学部研究报告》四，1953 年。

428.［日］松丸道雄：《殷周国家の构造》，《岩波世界講座歷史》4《古代 4》，岩波书店 1970 年版。

429.［日］小嶋茂稔：《“丘”についての一试论》，载长沙吴简研究会：《嘉禾吏民田家莂研究——长沙吴简研究报告集》第 1 集，东京，2001 年。

430.［日］增渊龙夫：《春秋战战国时代の社會と国家》，《岩波世界講座歷史》4《古代 4》，岩波书店 1970 年版。

431. Karl Jaspers, *The Origin and Goal of History*, New Haven and London：

Yale University Press，1953.

432. Cho－yun Hsu，*Ancient China in Transition：an Analysis of Social Mobility*，722－222 *B.C.*，Stanford California：Stanford University Press，1965.

433. Tristram R.Kidder，Haiwang Liu，Qinghai Xu，Minglin Li，"The Alluvial Geoarchaeology of the Sanyangzhuang Site on the Yellow River Floodplain，Henan Province，China"，*Geoarchaeology*，2012，Vol. 27，Issue 4.

434. V. Gordon Childe，"The urban revolution"，*The Town Planning Review*，2020，Vol.21，No.1.

435. Emrys Jones，*Human Geography*，New York：Praeger，1966.

436. K.C.Chang，*Rethinking Archaeology*，New York：Random House，1967.

后　记

关注战国秦汉聚落形态演变研究,可以说既是我学术兴趣扩展的必然,也是学术生涯的一个偶然。2009 年开始读博时,师从郑州大学王星光先生,主要从事中国农业历史的研究。原本打算从地方科技史或农业历史入手,撰写一篇博士学位论文,已经着手搜集了不少资料,但是在启动论文撰写工作之前,有幸认识了河南省文物考古研究院刘海旺先生,这改变了我博士论文的选题,也改变了我的学术兴趣和学术道路。

刘海旺老师当时正主持三杨庄遗址的发掘工作,在一次次请教和交流之后,我认识到三杨庄遗址在汉代基层社会研究中的巨大价值。刘老师也时不时地鼓励我从农业史的角度分析、解读三杨庄遗址,这坚定了我研究三杨庄遗址的决心。于是,在刘老师的安排下,我从 2010 年开始,就一直在三杨庄遗址工地从事相关的考古调查、勘探与发掘工作。这一过程一直持续到我离开河南,到北京求学。

2015 年 7 月,承蒙卜宪群先生不弃,接纳我到中国社会科学院历史研究所从事博士后研究工作,这打开了我的眼界,开启一个新的学术世界。说实话,由于之前并没有深入接触过简帛学,到历史所之后,我在相关研究上遇到了很大的困难。卜老师很快就敏锐地发现了这个问题,不仅给我讲授了简帛学的理论与方法,一字一句地批改我的习作,还嘱咐我多向历史所秦汉史研究室、在京高校的老师们请教、学习。

杨振红老师当时是秦汉史研究室主任,邬文玲老师是副主任,她们在生活与学习上都给我提供了无私的帮助。跟随杨老师学习岳麓书院藏秦简的过程中,我学到了很多知识,受益匪浅。秦汉史研究室的宋艳萍老师、戴卫红老师、凌文超老师、庄小霞老师、曾磊老师、王天然老师、刘丽老师等都以各种方式帮助过我。中国社会科学院简帛研究中心、历史所秦汉史研究室是秦汉出土文献研究的学术中心,能够在这里学习,实乃人生一大幸事。孙晓老师、朱昌荣老师、赵凯老师、刘中玉老师也给予过我不少指导、鼓励和帮助。这里向他们说一声:"谢谢!"

首都师范大学的蔡万进老师为我讲授了秦汉史研究的理论与方法等相关课程,至今仍然记得每周从通州梨园出发,换乘地铁到首都师范大学上课的情景,路途虽远,但一路上内心都处于激动与喜悦之中。

我对简帛学知识的学习,还得益于在京高校组建的各个读简班。由于精力有限,仅能坚持每周参加由姜守诚老师在中国人民大学国学院组织的读简班,断断续续参加了北京师范大学的京师出土文献研读班。这个过程之中,感谢孙闻博、徐畅、张欣、单印飞等老师们的帮助。

我所接受的上述三个方面学术训练的成果,即农学史、秦汉考古及简帛学,构成了本书的主要内容,如果将与本书相关的已经发表论文罗列出来,将一目了然,它们是:

1.《三杨庄遗址出土石磙浅识》,《中国农史》2013 年第 6 期。

2.《秦汉间里户数初探》,《中国农史》2016 年第 1 期。

3.《三杨庄遗址汉代聚落的耕作环境与方法》,《中国农史》2017 年第 1 期。

4.《秦简所见里的拆并、吏员设置及相关问题——以〈岳麓书院藏秦简(肆)〉为中心》,《安徽史学》2017 年第 2 期。

5.《秦西汉间里编伍原则浅识》,载杨振红主编:《代地历史文化论集》,广西师范大学出版社 2018 年版。

6.《三杨庄遗址汉代聚落的形态》,《中国农史》2019 年第 5 期。

7.《三杨庄遗址汉代聚落的形成与废弃》,载邹芙都、赵国壮主编:《西部史学》第七辑,西南大学出版社 2021 年版。

8.《间里化与自然性:秦汉聚落形态的演变》,《中国史研究》2022 年第 2 期。

9.《环境与社会的互动:从新出简牍看东汉基层社会聚落》,《社会科学》2023 年第 3 期。

上述诸文中,《三杨庄遗址出土石磙浅识》《秦汉间里户数初探》是在郑州大学读博期间,接受农学史学术训练之后的习作成果;《三杨庄遗址汉代聚落的耕作环境与方法》《三杨庄遗址汉代聚落的形成与废弃》是到三杨庄遗址工地工作之后,接受考古学思维,将农学史、环境史与秦汉考古实例相结合研究的成果;《秦简所见里的拆并、吏员设置及相关问题——以〈岳麓书院藏秦简(肆)〉为中心》《秦西汉间里编伍原则浅识》《环境与社会的互动:从新出简牍看东汉基层社会聚落》是学习简帛学的成果;《三杨庄遗址汉代聚落的形态》《间里化与自然性:秦汉聚落形态的演变》是利用农学史、环境史、秦汉考古与简帛学理论和方法,综合考察秦汉聚落形态演变的成果。

因学习农业历史而走上研究三杨庄遗址出土农田遗迹、农业生产工具与农耕环境之路,又因无法全面解读三杨庄遗址,想从秦汉出土文献中寻找突破口,进而选择赴京从事博士后研究,这其中想必真是偶然与必然的结合吧!不得不说,特别感谢恩师卜宪群先生将我收入门下,不然我的这第一本书是无论如何也不能问世的。桃李不言,下自成蹊。感谢卜老师为学生所做的默默无闻的付出!

其实,感情上亏欠最多的是家人。2017年到浙江师范大学工作之前,我一直处于在外地漂泊的状态之中,这让独自一人带孩子、照顾家人的妻子格外辛苦。但是,米红一直毫无怨言地支持我,我想这不是一本属于我,而是属于她的专著。我出生于河南省淮滨县的一个农民家庭,父亲符喜道部队转业后,在县城一家单位上班,母亲丁纪兰一直在农村务农,含辛茹苦把我们兄弟三人抚养长大已属不易,感谢他们对我辗转求学的理解与支持。

本书为国家社会科学基金一般项目"出土资料与战国秦汉聚落形态演变研究"(18BZS029)成果。结项时,盲审专家提出了很好的评审意见,本书采纳了部分意见,对相关内容作了修改与调整,在此对各位专家表示衷心的感谢!

在三杨庄遗址考古工地期间,有幸和美国华盛顿大学齐德淳(Tristram R. Kidder)教授、司徒克(Michael Storozum)博士、秦臻博士、李明霖博士,以及河南省文物考古研究院朱汝生老师一起工作,除了要感谢他们的研究给了我很大启发外,我还很怀念和他们一起工作、生活的点点滴滴。到浙江师范大学工作之后,经常向马力、孙晓磊、王挺斌等学友请教问题,他们知无不言、言无不尽,他们的治学精神深深感动和影响着我,非常感谢他们对我的帮助。书中所用三杨庄遗址、海子遗址照片由河南省文物考古研究院、山东省文物考古研究院提供,感谢刘海旺先生、吕凯先生授权使用。

2023 年,受组织委派,我参加了中央组织部、共青团中央援青博士服务团,在挂职青海两弹一星干部学院党委委员、副院长期间,时任中共浙江师范大学党委组织部部长的吕迎春同志,多次询问我的科研进展情况,督促出版专著。本书的出版过程中,浙江师范大学人文学院葛永海院长、吴洪涛书记、王荣华副院长、胡铁球老师也多次关心、询问进展情况。人民出版社翟金明先生为本书的出版和编辑付出了辛苦努力,指出了不少错误。在此向各位领导和师友表示衷心的感谢!

由于自身才疏学浅,本书又是根据新出材料所作的专题性研究,并不能涵盖战国秦汉聚落形态演变的全部内容,对相关问题的认识也还存在不足之处,欢迎各位师友一如既往地批评、指正。

2024 年 5 月 5 日
于金华丽泽花园

责任编辑：翟金明

封面设计：汪　阳

图书在版编目（CIP）数据

出土资料与战国秦汉聚落形态演变研究 ／ 符奎著.

北京 ： 人民出版社，2024.12. -- ISBN 978 - 7 - 01 - 027034 - 0

Ⅰ．K878.34

中国国家版本馆 CIP 数据核字第 2024ZA0345 号

出土资料与战国秦汉聚落形态演变研究

CHUTU ZILIAO YU ZHANGUO QINHAN JULUO XINGTAI YANBIAN YANJIU

符　奎　著

人民出版社 出版发行

（100706　北京市东城区隆福寺街 99 号）

北京汇林印务有限公司印刷　新华书店经销

2024 年 12 月第 1 版　2024 年 12 月北京第 1 次印刷

开本：710 毫米×1000 毫米 1/16　印张：21　插页：4

字数：318 千字

ISBN 978 - 7 - 01 - 027034 - 0　定价：128.00 元

邮购地址 100706　北京市东城区隆福寺街 99 号

人民东方图书销售中心　电话（010）65250042　65289539